AF185714

Brigitte Nueber

Erfüllt sich der Traum?

Dieses Buch wurde digital nach
dem neuen „book on demand"
Verfahren gedruckt.

Gedruckt in der Europäischen Union
auf umweltfreundlichem, chlor- und
säurefrei gebleichtem Papier.

Für den Inhalt und die Korrektur
zeichnet der Autor verantwortlich.

© 2014 Vindobona Verlag

ISBN 978-3-902935-42-7
Umschlagfoto:
Hotpotato70 | Dreamstime.com
Umschlaggestaltung, Layout & Satz:
Vindobona Verlag

www.vindobonaverlag.com

1

Der Gemischtwarenhändler Johann Übel in Erdberg, hatte gerade sein kleines Geschäft geöffnet und fein säuberlich ausgekehrt. Die Sacharindosen gefüllt und frischen Maisgrieß in die Lade geschüttet, dann die Stellage mit den Kondensmilchdosen abgestaubt und vom Kalender den Zettel:

„Sonntag, 14. Mai 1916 abgerissen, weil heute ja schon Montag, der 15., war. Die hintere Tür ging auf und über einem roten, wollenen Tuch tauchte das Gesicht der Hausbesorgerin Voglhuber auf. Der Gemischtwarenhändler erschrak immer, wenn er das Gesicht der Voglhuber unvermutet auftauchen sah. Keiner wusste warum? Er wusste es selber nicht recht. Er glaubte aus Erfahrung ihr Erscheinen als böses Omen nehmen zu müssen. Meistens geschah bald darauf ein Unglück. Ein Marktamtskommissär der nachschauen kam, die neue Powidel-sendung sich als verdorben herausstellte, eine Steuermahnung eintraf oder er sich mit dem Wurstmesser in den Finger schnitt. Herr Übel erschrak auch diesmal heftig und brachte nichts als die Frage: „Na?" heraus. Frau Voglhuber verstand die Bedeutung, nickte mit dem Kopf und sagte: „Es geht los! I geh jetzt um die Hebamme!" Und fort war sie. Herr Übel zog das Stockerl unter der Budel hervor und setzte sich drauf, denn seine Beine waren schwach geworden. So was! War sein erster Gedanke. Sein zweiter: Hoffentlich lassen s mich nicht dazu! Wer diese Worte für herzlos hielt, würde sich schwer irren. Im Gegenteil, niemand freute sich über das bevorstehende Ereignis mehr als er. War es doch ein Beweis, dass nach jahrelanger Dürre ein Jahr der Fruchtbarkeit folgen konnte. Endlich wusste er warum er tagein, tagaus in seinem Gewölbe stand und den mageren Reichtum der aus Salzgurken, Quargeln und Heringen kam, Monat für Monat in den Kreditverein für Gewerbetreibende getragen hatte. Von stiller Rührung erfasst und von Sorgen getrieben, stand er auf, verriegelte die Ladentür und ging in seine Wohnung, die gleich hinten im Hof zu ebener Erde lag. Frau Schestak, die Nachbarin, empfing ihn lächelnd und flüsterte: „Kommen s nur! Ise grad Pause. Frau hotte eh schon nach Ihnen gefragt!" So wurde er zum Bett mit den blauen Überzügen geholt, in dem seine Frau ihrer schweren Stunde entgegen sah. Er war auf Zehenspitzen geschlichen, saß nun auf der äußeren Kante des Bettes, wischte mit seiner großen Hand der Frau die Schweißperlen von der geröteten Stirne, tätschelte ihre Wangen und sagte: „Halt dich brav Resi! Bist ja meine Alte, gelt?" Frau Schestak bemerkte ein neuerliches schmerzhaftes Zucken um den Mund der Frau Resi und sah, wie sie ihre Hände in die Tuchent krallte. Sie schaffte Herrn Übel schleunigst hinaus und er war ihr dafür sehr dankbar. Jetzt konnte er seine Tränen, ohne Zeugen fließen lassen. Es waren wirklich Tränen, die da auf die grauen Pflastersteine des düsteren Hofes niedertropften. Einige hatte er mit seinem großen, blau rot karierten Taschentuch, mit dem er auch seinen Bart wischte, aufgefangen.

Der alte Schustermeister Schestak, der da hinten in seinem finsteren Kleisterloch saß, hatte es bemerkt. Er nagelte weiter kleine Lederflecken auf die löchrigen Sohlen eines alten Stiefels und sang dazu:

Der Mensch weint allemal in seinem Jammertal. In Freude und in Schmerzen, weint von ganzem Herzen und hat auch alle Grund dazu, weil ist des Leben schwer genu.

Herr Übel hörte nichts von dieser gereimten Weisheit. Er fühlte sich plötzlich so einsam und überflüssig wie noch nie in seinem Leben und fühlte dabei – auch wie noch nie in seinem Leben – das Bedürfnis nach Teilnahme. Er beschloss, auf ein Vierterl in die Stehweinhalle Stowasser zu gehen. Die Zeit war schlecht gewählt, weil so früh, am Morgen niemand anwesend war als der Schankbursche Ferdl, der sich mit dem waschen der Gläser die Zeit vertrieb.

„Servus, Ferdl" grüßte Herr Übel. „Servus, Herr Greißler!" grüßte Ferdl und schenkte gleich ein Viertel Spezi, einen Finger über dem Strich ein. Herr Übel hob das Glas zum Mund, aber er brachte keinen Schluck hinunter. „Weist Ferdl!" fing er an, „gewöhnlich vertrag ich des Gesöff in der Früh nicht. Es drückt mir den Kaffee hinauf. Verstehst? Aber heut mach ich eine Ausnahme. Mei Alte…!"

„Aha", meinte Ferdl, „ich gratulier!" „Halt aus!" wehrte Herr Übel ab, es kommt erst. A Bub oder a Madl. Ma weiß noch nix!

„A Bua oder a Madl, was anderes kann s ja nicht werden", tröstete ihn Ferdl und er polierte die Gläser weiter, dass es nur so schlurrte und knautschte. Inzwischen war Madame Auer dort angekommen, wo man sie ersehnt hatte. Sie schaute die Frau Resi kurz an: „Na, s ist gar nicht so eilig. Meinen Kaffee hätten s mich noch austrinken lassen können". Frau Resi war mit dem Urteil nicht zufrieden. „Wann s nur schon vorüber wär!" jammerte sie. „Wann s nur schon vorüber wär!" Die Frau Schestak sagte nichts weiter als: „No ja, no ja, no ja!"

Herr Übel hielt es nicht lange in der Weinhalle aus. Erstens, weil ihm das Gesöff wirklich den Kaffee hinauf drückte, zweitens weil der Ferdl zu wenig Verständnis für seine Lage hatte und weil es noch mehr Leute gab, die von der bevorstehenden Vermehrung der Familie wissen sollten. Fix no amal, wie würd ich mit meiner Alten schimpfen, wenn sie so auf an Tratsch ging wie ich jetzt. Sagte er sich! Er ging von Haus zu Haus, blieb überall eine Weile, trank einen Schnaps, ehe er weiterzog und kam so recht in Stimmung.

Jessas, der Schwiegervater! fiel ihm ein. Der musste doch verständigt werden, wenn es auch ein bisschen weit bis zu ihm war. Er schlug sofort den Weg zur Erdbergerstraße ein.

Über der Toreinfahrt des sogenannten Maria – Theresien Schlössels, dem letzten Rest einer einmal angesehenen Jagdschloßanlage, hing ein breites Schild, dem Wetter und Wind schon kräftig zugesetzt hatten. Trotzdem konnte man noch lesen: „Martin Leutgeb, Sargtischler" stand darauf. Das war Herrn Übels Schwiegervater.

Die Torflügel standen weit offen, so dass man von der Straße in den Hof sehen konnte. Er war nicht allzu groß, dieser Hof mit seinen offenen Stiegengängen. An seinem hinteren Ende führte zwischen zwei kleinen niedlichen Häuschen, deren Wände von kunstsinnigen, aber ungeübten Händen mit farbenprächtigen Malereien geschmückt waren. Eine Stiege führte in den Garten hinunter. Zwischen den Steinplatten des Hofes wucherte Löwenzahn und Moos zierte die primitive Wasserrinne des Abflusses. An den Wänden wuchsen Fliederbäume, die in voller Blüte standen. Es war ein Stück Romantik. Da sitzt schon wieder einer! dachte Herr Übel, während er durch die dunkle Toreinfahrt ging. Er sah schlecht, weil er seinen Zwicker nicht auf der Nase hatte. Im Schatten saß die alte Frau Leutgeb, seine Schwiegermutter, mit ihrem Stickrahmen. „Na, Johann", rief sie lachend, „du hast es aber eilig, willst mich gar über den Haufen rennen?"

„Küss die Hand Frau Mutter" er beugte sich hinunter und gab ihr zwei Küsse, auf jede Wange einen.

„I seh' halt gar so schlecht ohne mein 'Zwicker." „Was macht die Resi?" „Sie lasst die Hand küssen, vielmals. Grad haben s ihr die Hebamme geholt!" „Ist s war?" rief die Leutgebin erfreut. „Martin! Martin! Anni komm runter, der Johann ist da!"

„Gleich Mutter" hörte man oben eine helle Stimme rufen und aus dem Kellerlokal, das seine Werkstätte war tauchte der alte Leutgeb auf. Er trug einen Sarg aus Fichtenbrettern in eine Ecke des Hofs und stellte ihn dort auf mehrere andere Särge, die schon dort aufgeschlichtet waren. Dann kam er her, wischte die Hände am Schurz ab und reichte sie dem Schwiegersohn. „Grüß Gott Johann! Was schreist denn so, Mutter?" „Der Resi haben s die Madam geholt", flüsterte die Frau geheimnisvoll. „I hab gewusst, es muss dieser Tag sein, aber i bin do erschrocken, wie s der Johann gesagt hat." Auch der alte, stattliche Mann mit den schlohweißen Haaren war einen Augenblick lang betroffen. „I wünsch ihr das Beste" sagte er dann, „ihr zwei habt s lang genug drauf gewartet, bis euch der Himmel gesegnet hat. Jetzt könnt s Gott danken!" „Amen" murmelte die Alte.

Da kam es schnell die Stiege herunter und dem zukünftigen Vater an den Hals geflogen. Er spürte ein Busserl, wie er seit langem keines mehr bekommen hatte. „Aber Madl" rügte die Leutgebin lächelnd. „Alles was recht ist, Anni, aber das g hört sich nicht!" „Ich hab alles gehört" rief das junge Mädchen. „I werde heut' noch Tante! Das hab i immer werden wollen! Na, darf i dann mein Schwager kein Busserl geben?" „Na, was denn, aber freilich!" lachte Herr Übel glücklich und er betrachtete seine Junge Schwägerin, die mit erhitztem Gesicht gerade vom Küchenherd gekommen war. „Sag einmal Anni, wie machst du das eigentlich? Du wirst von Tag zu Tag hübscher! Die Figur, des Gesichterl und der blonde Lockenkopf!" „Mach mir keine Komplimente, Johann!" rügte sie. „Halt dich an deine Frau, wenn du wem schmeicheln willst. Die ist auch nicht ohne, die Resi und gerade jetzt! Mein Gott, das muss schön sein!"

Na ja, sie hat ja recht, dachte Herr Übel. Die Resi ist a Prachtweib, mit graden Gliedern und an gesunden Verstand. Aba, die Anni, die ist ganz was anderes, was Besonderes... genau konnte er es nicht einmal in Gedanken ausdrücken. Und überhaupt! Sie tat ihm recht Leid, die Anni, wegen der Dummheit da, er wusste es schon ...

Der alt Leutgeb hatte Sesseln geholt und Herr Übel war gezwungen worden, ein wenig auszurasten. Sie sprachen vom Geschäft, aber es war sehr traurig. Was soll man verkaufen, wenn man nichts hat? Alles rationiert und bis auf den Deka eingeteilt, damit nur ja niemand zu viel bekommt. „Es ist a schwere Zeit" seufzte er. Der alte Leutgeb nickte. „Ich kann nicht klagen, mein Geschäft geht immer. Schau her! Er zog aus dem Brustlatz der Schürze ein Bündel Papiere: Bestellscheine!

„Dreihundert fürs Garnisonsspital, hundertfünfzig für die Anatomie auf der Währingerstraße, zweihundert für die Spitalbaracken in der Maroltingergasse. Alle Tage kommen ein Haufen Aufträge, dass i gar nimmer nach komm! Auch a Menge kleine, für die Kinder! Ja, ja wann a Krieg ist, haben s die Sargtischler gut!" Auch die Alte nickte zufrieden. Sie war es gewöhnt, Särge und nichts als Särge herumstehen zu sehen, es war nichts Besonderes für sie. „Muss das sein, dass jetzt so viele Menschen sterben?" fragte Anni, „ich versteh s nicht!"

„Es muss sein, Anni, wenn du s a nicht verstehst", sagte der Alte. „Es sind zu viele Menschen da, einer isst dem anderen, sein Brot weg." „Schauen s, Herr Vater, die Welt ist so groß, sie könnt doch alle Menschen ernähren. Die Not ist da, weil die einen zu viel und die anderen zu wenig haben!"

„Madl, Madl, das sind Schlagworte, vor denen i dich immer gewarnt habe", sagte der Alte erregt. „Hab ich dir nicht gesagt, was das für Menschen sind, die so reden? Vaterlandsverräter, Halunken, so wie der ... Na ich will nichts sagen. Also es sind zu viele Menschen da und die haben sich versündigt. Deshalb ist die große Buße über sie gekommen. Wenn st die Heilige Schrift liest, wirst finden ..."

„Lass die Anni in ruh" bat die alte Leutgebin. „Sie ist jung und junge Leute sind allerweil ein bisschen rapplert. I war ja einmal a so!" Der Alte schwieg wirklich aber man merkte, dass er gerne noch weiter darüber gesprochen hätte. Es war ja sein größter Wunsch, Anni zu seinen Ansichten zu bekehren, dieses Mädel, das so merkwürdig aus der Art schlug. Die Leutgebs, saßen da schon sehr lange auf dem Grund und sie waren alle fromm und hart. Soll es doch ein Leutgeb gewesen sein, der den König Richard Löwenherz, der wie ein gehetztes Wild durch das Land floh, erkannt und seinem Herrn, dem Herzog Leopold, angezeigt haben. Nun, das war gewiss nur eine

Geschichte, für die es keinen Beweis gab, aber sie passte sehr gut zu seiner Art. In früheren Zeiten hätte man es Mannesstolz und Bürgertugend genannt. Heute war es nichts anderes als ein Dickschädel.

Einmal war ein Aufstand unter den Hausparteien ausgebrochen. Sie wollten die Särge nicht mehr sehen, die im Hof aufgestapelt waren. Es graute ihnen davor. Einmal war ein Kind verloren gegangen, ein kleines, blondes Mädchen. Nach langem Suchen, fand man es schlafend in einem Sarg, indem es sich versteckt hatte. Das schlug dem Fass den Boden aus. Da bekam der Sargtischler die Kündigung! „Auch gut" sagte der Alte und ließ das Haus durch einen Agenten kaufen. Es kostete die Ersparnisse seines ganzen Lebens. Als er es hatte, lud er alles auf, fuhr zum Tor hinaus, kehrte um und wieder hinein. Als Mieter war er ausgezogen, als Hausherr zog er ein und stapelte seine Särge weiter mitten im Hof. Zur Freude der Kinder und zum Schrecken der Erwachsenen. Dabei blieb es!

Am meisten hatte Anni unter seiner Strenge zu leiden gehabt. Biegen oder Brechen! War sein Lieblings Sprichwort. Merkwürdig: Resi, die ältere der beiden Schwestern, die immer brav war und alles machte, was er wollte, hatte er gerne gehabt. Sein Lieblingsmädchen aber, an der er viele Stöcke zerbrochen und an das er viele Worte verschwendet hatte, war immer Anni gewesen. Der alte Mann kämpfte jetzt noch immer um dieses Kind, mit der Hast eines Menschen, der nicht mehr viel Zeit hat. Ob Anni es wusste? Sie fühlte es vielleicht. Sie war jetzt erwachsen und vernünftig tat sie alles, um ihn froh und glücklich zu machen.

„Der alte Schediwy schleicht schon wieder da herum", sagte er plötzlich mit verbissenem Gesicht. „Drei Mal ist er schon am Tor vorbeigegangen. Will er was von dir?" Er schaute das Mädchen scharf an. „Aber Herr Vater" rief Anni, „Sie wissen doch ..." „Ich möchte dir s auch nicht raten, Anni!" brummte der Alte.

Anni war rot geworden. Ihre Augen gingen zwischen Vater und Mutter und der Toreinfahrt hin und her. Im ersten Augenblick hatte sie fortlaufen wollen. Dann aber ist sie geblieben, denn gerade kam auf knarrenden Bambuskrücken ... tap ... tap ... ein einbeiniger Mann die eiserne Treppe aus dem Stockwerk herunter. Mühselig humpelte er, eine Ziehharmonika auf dem Rücken, über das holprige Pflaster des Hofes. Sein junges, kluges Gesicht war mager und von krankhafter Blässe. Während er die alte Militärkappe zog, um den Hausherrn zu grüßen, konnte man auf seinem Schädel eine furchtbare Narbe sehen. Seine flackernden Augen schienen jetzt noch das Entsetzliche zu spiegeln, das er gesehen und erlebt haben mochte. Er war nur kurz stehen geblieben, dann humpelte er weiter, in die dunkle Toreinfahrt hinein. Dort, wo er von den Leuten im Hof nicht mehr gesehen werden konnte, lehnte er sich gegen die Mauer und wartete. Anni war einige Schritte zur Seite gegangen und schaute wo der Invalide stand. Der nahm die rechte Hand vom Krückengriff und machte eine verneinende Bewegung. Nichts! ... Wieder nichts! dachte Anni.

Herr Übel, machte sich beladen mit Segenswünschen für seine Frau, auf den Heimweg. Die Teilnahme, die er überall gefunden hatte, fühlte er wie einen warmen Umhang. Sie machte sein Herz leichter und linderte in der bangen Stunde, seine Ungeduld.

Wenn er sonst fuchsteufelswild wurde, wenn sich vor seinem Geschäft eine Menge Frauen drängten, die Maisgrieß kaufen wollten und dabei nicht gerade vornehme Reden führten, war er jetzt froh, so einen Wirbel zu finden. Die Sicherheitswache hatte die Frauen mit einem strengen „Zurück" in eine schöne Schlange gebracht und er wurde in strengem Amtston empfangen: „Na, dass endlich da sind, Herr Übel! Sagte der Oberwachmann Sekira. „Sie wissen doch, dass die Lebensmittelgeschäfte die gesetzlich vorgeschriebene Zeit über offenhalten müssen."

„Entschuldigen s schon, Herr Inspektor", erwiderte er höflich, aber bestimmt, „ich habe a Geburt zu Haus. Das Gesetz möchte ich kennen, das mir verbietet, das Geschäft bei einer Geburt, nicht zu zusperren!" „Na ja", brummte der Wachmann, „die Leute werden halt ungeduldig".

„Habt s es gehört?" tuschelte es in der Reihe der angestellten Frauen, „er hat a Geburt! In der Zeit, wo unsere Männer in den Schützengräben liegen! Da kann nur so a ausgefressener Greißler a Geburt haben! Na so was!"

„Ruhe" brüllte der Wachmann. Die Maisgrießausgabe begann.

In der Wohnung hinten war inzwischen die Sache ein Stück weiter gegangen. Die Hebamme Auer stand vor einer Schüssel mit heißem Wasser, tauchte ihre dicken Arme hinein und schrubbte sie mit einer Bürste. „Geht ihnen die Haut nit abi?" erkundigte sich Frau Schestak. „Na!" erklärte die Madame kurz. „Jetzt gehen s weg da. Net rühren s mir die Gummihandschuh an! Wollens mi ins Kriminal bringen?"

„No, no" verteidigte sich Frau Schestak. „Jeschuschmaria! Was jetzt für Geschichten machen! Zu meiner Zeit, da könnt i was erzählen…"

Frau Voglhuber, die Hausbesorgerin, saß bei Frau Resi und redete ihr gut zu. „Was glauben s denn! I hab sieben gehabt! Sieben! Wissens, was das heißt? Vier Buam und drei Madeln. Siebenmal hab ich s erlebt und jedes Mal hab i gesagt: Nimmer wieder, um kann Preis der Welt! Dann ist doch eins nach dem anderen kommen. Sieben!" Es klang wie Trompetengeschrei durch die Stube.

„Jetzt sein s schon stad mit ihren Geschichten!" befahl Madame Auer. „Ob sieben oder sechs ist Wurscht!"

Herr Übel wusste nichts von allem. Er ahnte es nur. Die Maisgrießlade war bis auf den Grund leer, der Powidelberg bis auf einen schäbigen Rest zusammengesunken und die Stellage mit den Kondensmilch-büchsen ausgeräumt. Er hatte seine Pflicht als Mensch und Greißler getan und wieder für einen Tag das Seine, zum siegreichen Durchhalten beigetragen. Ermattet auf sein Stockerl gesunken, konnte er sich seinen privaten Sorgen zuwenden. Also, was wird jetzt die Resi machen? Er schlich auf den Hof hinaus, zu seiner Wohnung und horchte. Was er hörte, schnitt ihm das Herz entzwei. Nie mehr tu ich der Resi so was an! Schwor er auf dem Rückweg. Einmal ist genug!

Bald nachdem Herr Übel das Haus seiner Schwiegereltern verlassen hatte, konnte auch Anni, zum Tor hinaus huschen. Der Vater war in der Werkstatt unten und die Mutter saß über ihrem Stickrahmen gebeugt, niemand bemerkte es. Sie lief um die nächste Hausecke, blieb dort stehen und schaute die Erdbergstraße hinunter. Richtig! Dort drüben, auf der anderen Seite, ging der alte Schediwy langsam am Tor des Schlössels vorbei. Jetzt hatte er sie bemerkt und steuerte zu ihr hinüber. Anni drückte sich in ein dunkles Haustor und bald stand der Mann neben ihr. Das Mädchen konnte vor Erregung kaum sprechen.

Es griff hastig nach seiner Hand um sie fest zu drücken. „Was..." flüsterte es, „was..." In ihren Augen lag eine bange Frage. „Der Bub ist da" und es schaute sich lauernd um.

„Karl? Auf Urlaub?" Anni hatte den Alten am Ärmel gefasst. „Nein... nicht auf Urlaub", sagte der Mann ausweichend. „Jesus, ist ihm was zugestoßen?" „Na, na er ist ganz gesund!"

„Da komm ich noch heut 'zu dir, Vater Schediwy" rief Anni.

Der Mann hob abwehrend die Hände. „Um Gottes willen, nicht! Niemand darf s wissen, dass er da ist, der Bub! Du sollst um zwölf beim Gitter sein, soll ich dir sagen, dort kommt er hin", flüsterte er geheimnisvoll und ging schnell davon. Anni stand wie erstarrt an der Mauer. Er ist da... Um zwölf...!

Drinnen im Hof des Hauses quiekte eine Ziehharmonika. Das konnte nur der Invalide sein. Anni spähte durch die bunten Scheiben der Glastür. Ja, er saß dort, ein Bild des Jammers und spielte das „Isonzomädel". Anni stand und wartete. Jetzt kam noch „Seemannslos" daran, dann „So küsst nur eine Wienerin" aus der neuen Operette im Apollotheater. Dann knarrte die Hoftür und der Invalide kam heraus. Im Gehen wickelte er eiserne Zweiheller-Stücke aus dem Papier. „Herr Sawitsch!"

„Sie Fräulein Anni? Haben s mich nicht verstanden? Ich hab ihnen doch gedeutet das nichts gekommen ist, nicht einmal eine Karte." „Er ist da!" stieß Anni heraus, „aber nicht auf Urlaub". „Verwundet im Spital?" „Nein, nein ... niemand darf s wissen!" Sawitsch stieß einen Pfiff aus. Ah! Aber er sagte nichts, was er dachte behielt er für sich. „Möchten Sie mir einen großen Gefallen tun und zum Vater Schediwy gehen? Vielleicht sagt er ihnen mehr." Sie holte aus der Geldbörse, einen bunten Schein hervor und steckte ihn in die Manteltasche des Invaliden. „Fräulein Anni" rief er abwehrend, „Sie wissen, ich mag das nicht. Glauben s weil ich zu Ihnen halt, müssen s mir immer was zustecken?" „Sie verlieren doch ihren Verdienst, wenn Sie statt in die Höfe zum Vater Schediwy gehen. Sein s doch nicht kindisch!" sagte sie, wobei ihre Stimme einen herzlichen Ton annahm. Der Invalide sah sie an. Die roten Flecken verschwanden fast augenblicklich aus seinem Gesicht, als er die bittenden Augen, des Mädchens sah. „Sie sind so gut, Fräulein Anni, wie werde ich ihnen das einmal vergelten können?" Er hat Augen wie ein Hund, wie ein treuer Hund, dachte Anni, die noch im Hausflur stehen geblieben war. Dann als das Tap … tap… seiner Krücken verklungen war, eilte sie davon. Der alte Leutgeb trug gerade wieder einen Sarg in den Hof, als sie zurückkam. Aber er schöpfte keinen Verdacht, denn das Mädchen hatte einen Bund Zwiebel in der Hand, als käme sie gerade von der Kräutlerin nebenan. Oben in der Küche setzte sie sich auf einen Schemel und starrte vor sich hin. … Er ist da! … Heute Nacht beim Gitter!…

In der Wohnung des Ehepaars Übel stand es besser, als ein Lauscher an der Tür es hätte vermuten können. „Bisserl Geduld noch, dann ist es vorüber" ermunterte die Hebamme. Frau Schestak sagte: „In Bibel steht: Mit Schmerzen sollst du gebären, Frau Resi. Wollen s gescheiter sein wie Bibel?"

„I hab sieben gehabt" schwor Frau Voglhuber. „Sieben!" Frau Resi sah und hörte nichts. Alles Leid der Welt hatte sich auf sie gehäuft und sie wollte nichts, als sich davon befreien. Sie zahlte den Preis, den jedes Weib bezahlt, ehe es Mutterfreuden hat und sie gebar den kleinen Erdenbürger, der später den Namen Johann tragen sollte.

Die Hebamme hob das Kind auf, drehte es hin und her, als wollte sie an ihm einen Fehler entdecken, gab ihm ein paar kräftige Klappse auf den kleinen Hintern, dass es erschreckt das Mäulchen zum ersten Schrei öffnete. Badete es und steckte es in das vorbereitete Steckkissen. Sein Geschrei erfüllte die Stube und drang hinaus in den Hof und in die Gänge des Hauses. Es war ein zorniges Geschrei, das sich überschlug, eine in Töne übersetzte grenzenlose Wut. Die, wenn nichts anderes, so doch eine gesunde Lunge zeigte. Er riss die Mutter aus ihrer wohltätigen Ohnmacht und erfüllte sie mit Freude, Stolz und Sorgen. „Bleibens liegen" mahnte Frau Schestak und sie drückte die Wöchnerin in ihre Polster zurück. Die Hebamme brachte das Kind und legte es feierlich in die Arme der Mutter und sagte im reinsten Hochdeutsch: „Es ist ein gesunder Knabe! Ich gratuliere von ganzem Herzen!"

„Jessas, der Vater!" erinnerte sich die Hausbesorgerin, „der weiß noch nix!" sie rannte fort um die Neuigkeit zu überbringen. „Er soll die Waag mitbringen!" rief ihr die Hebamme nach, unsicher, ob sie noch gehört worden war.

Herrn Übels Aufregung hatte gerade den Höhepunkt erreicht. Jetzt, da er wieder einsam und verlassen in seinem Geschäft saß, drangen quälende Gedanken auf ihn ein. Am liebsten wäre er noch einmal zur Wohnungstür geschlichen, aber er traute sich nicht. Vor der Stehweinhalle grauste ihm und wieder zu den Nachbarn zu gehen, wie ein altes Tratschweib, jetzt wo der Beweis seiner Männlichkeit bald ans Tageslicht kommen sollte, genierte er sich.

Da schepperte die Glocke an der Geschäftstür. Ein altes Frauerl kam zaghaft herein. Ob das das Geschäft von Resi und Johann Übel sei? – Ja. – Ob sie Frau Resi sprechen könnte.

„Mei liebe Frau, zuerst müssen s mir sagen warum", sagte Herr Übel. Die Alte wollte mit der Sprache nicht recht heraus. „Warum? Na, weil halt so." sie sei eigens von Margareten daher zu Fuß gegangen und sie würde es der Frau Resi schon sagen. „Mei Frau ist krank", erklärte er ungeduldig, „na, eigentlich nicht krank, aber sie kann jetzt niemanden brauchen, sie kriegt jeden Augenblick a Kind!"

„Soso, na wenn sie halt dann kommen könnt. Es ist eine geheime Wichtigkeit!" „Kommen s halt in den nächsten Tagen. Mittwoch oder Donnerstag. I wird s meiner Alten schon sagen!"

Herr Übel bemerkte, wie gebrechlich sie war, als sie die zwei Stufen mit Mühe hinauf stieg und dann am Gehsteig ängstlich links und rechts schaute. Von Margareten bis daher zu Fuß! Wenn s wahr ist! Aber er hatte schon ins Geldladel gegriffen und dann fühlte die Alte eine Krone in ihrer welken Hand. „Aba lieber Herr", stotterte sie ganz außer sich, „i hab nicht betteln wollen, meiner Seel' und Gott nicht! I bin... i bin..." „Raunzen s nicht, Mutterl", sagte er streng, „fahren s jetzt schön mit der Tramway nach Haus und kommen s in ein paar Tag wieder, so am Abend". Bei dieser Gelegenheit hatte er bemerkt, dass der Oberwachmeister Sekira noch immer hin und her, durch die Gasse ging. Mit ihm hätte er ein Plauscherl machen können. Aber auf den Oberwachmeister war er augenblicklich bös. Er belegte ihn insgeheim mit den Kosenamen: Pülcher und dreckiger Hund, weil er sein gutes Recht auf die Geschäftssperre, angezweifelt hatte. Wenn grad niemand da war, stürzte der gern ein Stamperl Nuss hinunter. Vor den Leuten aber möchte er den Scharfen spielen. Nein, so dumm war er nicht, dass er sich solche Falschheit gefallen lassen würde.

In seiner Verzweiflung griff er nach der „Kronen Zeitung „, die noch so auf dem Gasometerkastel lag, wie sie von der Austrägerin hingelegt worden war. Er holte den verschmierten Zwicker aus dem Schurz hervor und klemmte ihn auf die Nase. Er war aber sofort sehr enttäuscht. Gleich auf der ersten Seite der Zeitung stand, statt einem interessanten Eifersuchtsmord oder der Entführung einer Dollarprinzessin durch einen Zigeunerprimas: Ein großen Sieg der Verbündeten mit explodierenden Granaten und das Porträt des Siegers, war links oben im Eck abgebildet. Der Krieg wuchs ihm schon beim Hals heraus. Seit bald zwei Jahren nichts als Siege! Ihm wären eine Stange Krakauer, ein Laib Emmentaler und ein paar Dosen Ölsardinen lieber gewesen. Denn in seinem Hirn konnte die Devise der Patrioten: Durchhalten bis zum Verrecken! Keinen Platz finden. Er legte die Zeitung verärgert wieder weg und steckte den Zwicker in den Schurz zurück.

Da stürzte die Hausbesorgerin Voglhuber herein und keuchte: „A Bua is! A Bua is, Herr Übel! Kommens schnell und nehmen s die Waage mit!" Seine Beine wurden schwach. Er schickte ein inbrünstiges Stoßgebet zum Himmel empor, nahm die Waage und die Gewichte und rannte hinter der Hausbesorgerin her. Er hatte noch nie ein Kind bekommen und niemand hatte ihn darüber aufgeklärt, wie man sich in so einer Lage, da benehmen sollte. Sein goldenes, ein wenig verfettetes Wienerherz jedoch, wies ihm den richtigen Weg. Würdevoll trat er ans Bett, nahm Frau Resis Hand, küsste sie und sagte: „I dank dir, Alte! Warst brav, jawohl, das muss i schon sagen!" Frau Resi wusste nicht, wie ihr geschah. Sie hatte lange gebraucht, festzustellen, wann ihr das letzte Mal, ja, ob ihr überhaupt schon einmal die Hand geküsst worden war. In Erdberg, ging man gleich auf s Ganze, wenn man seiner Liebe Ausdruck verleihen wollte. Galanterien dieser Art waren seltene Ereignisse. Sie war glücklich, zerrte an ihrer Hand, während der Herr Gemahl diese wie in einem Schraubstock festhielt und flüsterte: „Aber Johann, möchtest nicht wenigstens unseren Kleinen anschauen?" Das hatte er in seiner Seligkeit ganz vergessen. Nun beugte er sich über den neuen Erdenbürger und betrachtete ihn mit den verliebten Augen des Erzeugers. Lieb ist er, ganz du, Resi! Weinen kann er a schon! Jessas, die herzige kleine Locken mitten am Kopferl! Süß, meiner Seel!"

„Gewogen ist er noch nicht!" stellte die Hebamme fest und sie ging gleich daran, es nach zu holen.

„Vier Kilo dreiundzwanzig!" verkündete sie. „Vier zweiundzwanzig!" verbesserte Herr Übel, die Waage geht um an Deka vor!" Frau Schestak und die Hausbesorgerin rissen ihre Mäuler weit auf, denn nun stellte es sich heraus, warum ihnen die im Geschäft des Herrn Übel gekauften Margarine und Powidel - Portionen stets so klein vorgekommen waren. Keine sagte ein Wort, jede aber dachte: Ein Deka vor? So ein ausgeschamter Betrüger. Sie schworen sich, dieses Geheimnis nicht mit ins Grab zu nehmen. Frau Resi wollte jetzt ihre Ruhe haben und schickte alle hinaus. Herr Übel steckte jeder ein Sackerl Mehl und ein Vierterl Zucker zu, gab der Hebamme den Lohn und war nun alle Sorgen los. Von der Erdberger Pfarrkirche schlug es drei Uhr. Zeitungsjungen kamen herbeigelaufen und schrien einen großen Sieg der Verbündeten aus.

„Wir haben gesiegt, i und mei Alte!" brummte er in seinen Bart, während er die Ladentür von außen zu sperrte. „Bei unserem Sieg, gibt s keine Toten. Das soll uns der
Boroewitsch nachmachen, wenn er s kann." Zum Oberwachmann Sekira, der gerade vorüber ging, sagte er: „I
sperr' mein Geschäft, Herr Inspektor, i hab a Geburt zu
Haus, wenn s erlauben. Das Gesetz möchte ich kennen,
das des verbietet. Habedieehre!" Steckte den Schlüssel
ein und ging in die Stehweinhalle Stowasser.

2

Am Nachmittag brachte ein zerlumpter Bursche einen Brief ins Schlössel. Herr Übel kündigte darin in seiner großen, ungelenkigen Schrift die glückliche Geburt eines Sohnes an und bat im Namen seiner Frau um baldigen Besuch von Schwiegereltern und Schwägerin. „Geht s nur!" meinte der alte Leutgeb. „Ich werde mein Enkerl noch zeitig genug kennen lernen. Männerbesuch bei einer Wöchnerin, schickt sich nicht. Aber grüßt schön von mir!" Er schnitt eigenhändig den schönsten Flieder ab und machte daraus ein Bukett. Die alte Leutgebin kannte ihren Mann zu gut, als dass sie noch weiter versucht hätte, ihn zum Mitgehen zu überreden. Er liebte es die Selbstbeherrschung bis zum Exzess zu treiben und eben, weil er endlich, endlich Großvater geworden war, glaubte er seine Freude verbergen und unterdrücken zu müssen. Er hobelte weiter seine Sargbretter und vertröstete sich auf den nächsten Sonntag. „So ist dein Vater", sagte sie in der Stube zur Anni, während sie sich zum Ausgehen ankleideten. „So ist er immer gewesen, ein echter Dickschädel, aber ein seelensguter Mensch. Man muss ihn halt nur kennen. Ja, ja!" Anni sagte nichts darauf. Die wenigen Stunden, die seit dem geheimen Treffen mit dem alten Schediwy vergangen waren, hatten sie furchtbar niedergedrückt, sie aus der Ruhe, die sie sich mühsam errungen hatte, jäh aufgeschreckt.

Was war los? Was war mit Karl geschehen? Furchtbar waren die Stunden der Ungewissheit. Dort lag das

Paket mit den fertigen Stickereien, das sie heute noch in die Stadt hätte bringen sollen. Sie wagte sich aber nicht aus dem Haus, um die Rückkehr des Invaliden nicht zu versäumen.

Sawitsch kam und kam nicht. Wo war er nur so lange? „Was hast denn heute wieder, Anni?" jammerte die alte Leutgebin, die sich eben das dichte weiße Haar durchkämmen ließ, „warum bist denn so tramhapert. Reiß mi net so!" „Kopfweh hab ich, Frau Mutter!" Das war die ständige Ausrede, wenn Anni nach ihrer Traurigkeit gefragt wurde. Dann sagte die Alte meist: „I hab mein Leben noch nie Kopfweh gehabt, dös ist so a moderne Krankheit. No ja, das weh tut glaub ich schon!" Der Vater aber sah darin nur Faxen und empfahl einen Kneippgang durch das taufeuchte Gras.

„Das zieht die Hitzen raus!" meinte er. Aber Anni hatte es noch nie versucht. Es wäre ja auch nicht notwendig gewesen. Sie wollte nur ihre Ruhe haben. Ruhe vor den Menschen mit ihren neugierigen Fragen.

Endlich, als die beiden Frauen zum Ausgehen bereit waren, kam Sawitsch zurück. Noch ehe man ihn sah, konnte man seine Bambusstöcke hören. Tap ... tap ... Anni suchte sofort eine Gelegenheit, um mit ihm ungestört sprechen zu können. Sie nahm den Krug und eilte zur Wasserleitung, die unten im Hof war. „Ich war zuerst bei ihm in der Wohnung", berichtete er, „niemand zu Hause, auch nicht die Frau. So bin ich nach Zwischenbrücken hinaus, wo er in der Fabrik arbeitet. Dort hab ich warten müssen auf die Mittagspause. Endlich ist er aus dem Tor gekommen. Er war sehr dasig, denn er hat mit dem Werkmeister einen argen Streit gehabt, wegen der zwei Stunden, die er blau gemacht hat. Er lasst ihnen sagen, dass sie sich keine Sorgen machen brauchen. Um zwölf beim Gitter sein. Der Karl will ihnen alles selber erzählen. Mehr hab ich aus ihm nicht rauskriegen können".

Es war nichts Neues, was Anni da gehört hatte, aber sie begann schon wieder zu zittern. „Sonst nichts? Bitte, bitte sagen sie mir die Wahrheit!" „Ich hab 'die Wahrheit gesagt. Der alte Schediwy weiß, warum er nicht mehr sagt. Das hat gewiss seinen Grund!" Das Mädchen drang nicht weiter in den Invaliden, obwohl es noch immer zweifelte. Es musste warten und versuchen über die endlosen Stunden hinwegzukommen.

Mutter und Tochter machten sich auf den Weg. „Mein Gott, wie schön wohnen wir, gegen die armen Leute da", flüsterte Anni ihrer Mutter zu, als sie durch die schmalen Gassen gingen. „Unser Schlössel ist ja auch ein altes Haus, aber so... wie diese Kaluppen da ..." Das Mädchen war immer wieder entsetzt, wenn es in die Gegend zwischen Erdberg und Landstraße kam, die man wohl kaum so in einer anderen Großstadt Europas fand. Hier zwanzig Gehminuten von der Ringstraße entfernt, die die Wiener gerne die schönste Straße der Welt nannten, eine halbe Stunde vom Zentrum der Residenz mit ihren Marmorpalästen, Kirchen und Monumenten, war ein weites Gebiet mit ebenerdigen Hütten, deren Armseligkeit sich kaum schildern lässt. Die Wohnungen hinter den buckligen Mauern waren Niststätten von Tuberkulose und Rachitis, Tummelplätze von Ratten und Ungeziefer, die hier in einem Labyrinth von Mauerlöchern und offenen Kanälen, unfassbar und unausrottbar waren. Höhlen, deren Feuchtigkeit und Düsternis, zum schleichenden Tod ihrer Bewohner führten. Die Straßen waren ungepflastert, wie vor zweihundert Jahren, jeder Regen verwandelte sie in einen Morast auf dem der Kot schwamm. Jeder Windhauch entlockte ihnen im Sommer, wenn es trocken war, dichte Staubwolken, mit dem Gestank von Schmutz und Fäulnis. Spurlos war die Zeit an diesen Elendsquartieren vorbei gegangen. Es schien, als wollte die Stadt von diesem entsetzlichen Schandfleck nichts wissen. Kein Fremder, verirrte sich in dieses Viertel, kein Fremdenführer leitete Reisegesellschaften dort hin. Keine Erzherzogin fand es der Mühe wert, statt zu einem Wohltätigkeits-Festes oder zum Blumenkorso im Prater, hier her zu kommen. Die wenigsten Wiener kannten dieses Viertel aus eigener Anschauung, denn es lag gut versteckt. Nur zwei Dinge gab es, die von ihm sprachen: Das Wienerlied und die Aquarelle der Maler. Wer aber draußen in Grinzing oder Sievering, beim Heurigen, die Lieder singen hörte oder selber sang, in denen die Romantik der Erdbergergasseln verherrlicht wurden, war stolz auf die Wiener Eigenheit und kümmerte sich nicht weiter darum. Das Ruinenviertel lag inmitten des feudalen dritten Gemeindebezirks mit seinen Gesandtschaftspalästen, Klöstern und Kirchen, Sehenswürdigkeiten allerersten Ranges. Hier konnte man das Phlegma – die Gleichgültigkeit bewundern, mit dem sich die Verwalter Wiens jeden Abend zum Schlafen in ihre weichen Betten legten. Die Gewohnheit ist eine Macht, die das Volk weit mehr abhängig macht, als es eine konservativste Regierung zu tun im Stande wäre. Der Mensch leidet schweigend Not, weil er immer Not gelitten hat. Er leidet Not aus Gewohnheit, aus Geistesträgheit, er leidet Not, weil er die Not lieb gewonnen hat. Die Menschheit hat stets einen Anstoß gebraucht, um sie aus ihrem Dämmerschlaf zu rütteln. Dieser Anstoß kommt selten, sehr selten! Anni vergaß nie, was sie einmal gesehen hatte, dachte und grübelte, versuchte, was sie schlecht fand, im Geiste besser zu machen. Sie litt mit den Leidenden und dieses Mitleid lag über ihr, wie ein Heiligenschein. Mit starren Augen ging sie durch die Kinder. Die vielen Kinder, die da schmutzig und halb nackt vor den Häusern auf der Erde saßen. Manche balgten sich im Rinnsal, andere hockten still und bleich auf den Stiegen, rührten sich kaum, weil sie zu schwach dazu waren. Ihre unschuldigen Augen sahen verständnislos in diese grausame Welt. Dort lag ein kleines Mädchen vor dem Kanalgitter, schaute in die stinkende Finsternis hinunter, spuckte durch die Stäbe, wieder und immer wieder und freute sich daran. Auch die alte Leutgebin sah es und lächelte. „So ein Bauxerl!" meinte sie, „die Mutter weiß gewiss nicht, dass es da liegt und sich das Baucherl verkühlt!"

„Die Mutter ist gewiss in der Fabrik", sagte Anni, „in der Munitionsfabrik, Granaten füllen". „Aber, geh!" rügte die Alte, „du siehst alles so schwarz. Wie i so klein war, bin i auch auf der Gassen herum gerannt und es hat mir nicht geschadet. Es ist halt schon so!" Dort stand ein Häuschen. Die Mauern zeigten tiefe Risse, der Schornstein neigte sich merklich zur Seite, das Schindeldach senkte sich. Erst gestern war die Feuerwehr hier gewesen und hatte es gepölzt, ihm Stangen unter die Müden Arme geschoben, dass es nicht zusammen bricht. Auch hier wohnten Menschen. Kinder fanden die Streben sehr geeignet, daran ihre Kletterkünste zu erproben. Ein Bub hatte eine Klampfe in der Hand und hackte die Erde unter einer der Stützen weg. Ein Mann stürzte aus dem Haus auf ihn zu, gab ihm zwei tüchtige Ohrfeigen und schrie: „Mistviech, elendiges! Willst, dass uns das Dach auf den Schädel fallt?" Heulend rannte der Bub in das wackelige Haus.

„Warum reißen s die Kaluppen nicht nieder? Es ist eine Schande, so was, in einer Stadt wie Wien?" fragte Anni. „Ja, was glaubst denn!" belehrte sie die Alte. „Die meisten Leute sind da geboren und wollen da auch sterben. Ja mit was für an Geld sollen s denn bauen?" Glaubst du die Banken borgen den armen Leuten ein Geld? Na, na! Vielleich findet sich einmal eine Gesellschaft, die die ganzen Gründe kauft. Aber das ist halt schwer! Es sind immer noch Leute da die nicht verkaufen wollen. Um kann Preis! Jetzt haben s noch ein Dach über dem Kopf, wenn aber einmal da Häuser stehen, wo die Wohnungen zu teuer sind, nachher können s unter der Reichsbrücke wohnen oder im Kanal!"

Das Haus, in dem sich Geschäft und Wohnung des Herrn Übel befand, war nicht das Ärgste. Es war immer wieder repariert worden und machte von außen, einen ganz netten Eindruck. Innen aber war es wie die meisten anderen: dunkel, feucht und eng. Über den schmalen Hof konnten sich die Nachbarn in die Fenster sehen. Das nahe Beisammen wohnen schloss Geheimniskrämerei oder Eigenbrötlerei aus. Da hieß es, sich vertragen oder streiten. Meist war das zweiter der Fall. Wenn eine Frau ihren Waschtrog daher stellen wollte und eine Andere hatte sich den Platz schon ausgesucht, da gab es Krawall. Jeder Zentimeter war kostbar und um jeden wurden Schlachten geschlagen. Erst zwischen den Frauen, dann rückten die Männer an, zum Schluss kam die Polizei und brachte eine scheinbare Versöhnung zustande, wenn sie nicht plötzlich, die eben noch Zerstrittenen gemeinsam gegen sich hatten. Denn mit der Polizei hatte hier niemand gerne etwas zu tun. Es war ja kein Verbrecherviertel, sondern ein Viertel ehrlicher, aber bettelarmer Leute, die alles, was sie verdienten, für die Erhaltung des nackten Lebens hergeben mussten. Darum war das Geschäft des Herrn Übel eine Goldgrube, aus der das Gold allerdings kreuzerweise herausgeholt werden wollte.

Frau Leutgeb und Anni gingen zuerst in das Geschäft, um ihn zu begrüßen. Noch einmal sperrte er zu und führte sie zu seiner Frau. Der Besuch erregte im Haus Aufsehen. Die alten Leutgebs galten hier für die Leute als steinreich, weil sie ein stattliches Haus hatten und ein gut gehendes Geschäft. Eifrig wurde darüber geflüstert, ob denn der Schwiegersohn mit dem Schwiegervater wieder versöhnt sei, wo es doch so einen großen Krach gegeben hatte.

Der Tratsch, der in seiner Höhle geschlummert hatte, kam wieder hervor, reckte und streckte sich, denn er witterte gute Zeiten. Mit dem Tratsch ist es wie mit der Schneelawine. Wie ein Kieselsteinchen, auf das eine Gämse getreten war, eine Lawine ins Rollen bringen kann, umso größer wird, je mehr sie sich dreht, so kann ein Wort, ganz harmlos daher gesagt, genügen um eine Tratschlawine los zu lassen. Eine Schneelawine lässt sich aufhalten, sich wegräumen, nachdem das Unglück geschehen ist. Die Tratsch-lawine aber kommt nie zum Stillstand. Sie muss sanft an Altersschwäche sterben, aber dann sind meist auch schon jene tot, die sie ausgelöst haben.

Der „Krach", den Herr Übel mit seinem Schwiegervater gehabt haben soll, war lange das Tagesgespräch von Erdberg gewesen. Man erfuhr nichts Genaues darüber, aber eben das Ungewisse ist die Nahrung, die der Tratsch braucht, um fett und rund zu werden. Einen Krach hatte es gegeben. Das stand fest. Wegen der Anni und dem

Schediwy – Karl. Darüber waren sich die Kaffeeschwestern jedenfalls einig. Mitten in diesem Krach war auf einmal der Herr Übel verwickelt gewesen. Wieso? Warum? Den Herrn Übel wagte man nicht zu fragen. Und die Frau Resi? - War so verschlossen wie eine Auster. Sie wisse überhaupt nichts von einem Krach. Im Gegenteil! Weil nun der „Krach „in Wahrheit gar nicht so arg war, musste er entsprechend aufgebauscht werden.

Anni hatte wieder einmal eine Auseinandersetzung mit dem alten Leutgeb gehabt und Herr Übel hatte sie dabei in Schutz genommen. Punktum! Aus! Dass davon eine Spannung zwischen Schwiegervater und Schwiegersohn zurückgeblieben war, ist bei der rechthaberischen Veranlagung des Alten nicht verwunderlich. Die beiden mieden sich eine Zeitlang, ohne dass die Familien einander entfremdet worden wären. Das freudige Ereignis hatte sie wieder restlos ausgesöhnt. In ganz Erdberg aber erzählte man sich bereits, dass die Frau Resi enterbt worden sei und sich Herr Übel aus Verzweiflung jeden Tag einen Rausch antrinke. Darum war das Aufsehen groß, als es sich im Haus herumredete, dass der große Fliederstrauß, den Anni mitgebracht hatte, vom alten Leutgeb eigenhändig geschnitten und an Frau Resi geschickt worden war. Die Frau Schestak hatte es mit eigenen Ohren gehört und brühwarm an die Frau Voglhuber weitergegeben. Der Tratsch witterte gute Zeiten.

Also saßen alle drinnen, um Frau Resis Bett! „Die Freud, was mir die Resi gemacht hat!" rief Herr Übel immer wieder. „Nach so vielen Jahren doch noch a Kleines! Und noch dazu ein Bub!"

„Du hast schon immer eins aus dem Waisenhaus adoptieren wollen!" schmollte die glückliche Mutter.

„Siehst es, ist gar nicht nötig gewesen!" „Aba, na nichts hab i wollen!" bestritt Herr Übel jetzt einen alten Vorsatz. Es hat ja immer gewusst wie sehr sich seine Frau wegen der Kinderlosigkeit kränkte. So war er auf den Gedanken gekommen einen armen Waisenbub an Kindesstatt anzunehmen. Frau Resi hatte zugestimmt. Sie war bereit ihre Mutterliebe, einem fremden Kind zu geben. Langsam hatte sie sich damit vertraut gemacht, bis das Problem auf natürliche Weise gelöst worden war. Jetzt verleugnete er die gehabte Absicht ganz und gar, als könnte er damit dem Weib alles Leid abbitten, dass es die Jahre über stumm ertragen hatte.

Die Familienidylle wurde bald von Kunden gestört, die das Geschäft geschlossen fanden und nun nach hinten in die Wohnung kamen. Gerne ging er mit und Anni begleitete ihn, während die alte Leutgebin bei ihrer Tochter blieb.

Es war Abend geworden und Kunden kamen, um ihr spärliches Nachtmahl zu kaufen. Viel Auswahl gab es freilich nicht. Quargel, dürre Pferdewurst, Powidel, Suppenkonserven, Bücklinge. Diese Menschen waren ja so bescheiden. Sie hatten sich an den Kriegszustand gewöhnt. Waren es früher zwei Heringe gewesen, die sie nach Hause brachten, so musste die Familie jetzt eben mit einem auskommen. Während Herr Übel seine Kunden bediente und immer wieder seufzend nach dem verschmierten Buch griff, in dem so manche Schuld „bis Samstag" geschrieben stand, für die aber dieser Samstag niemals kommen wollte, saß Anni im Hintergrund auf dem Stockerl und betrachtete ihren Schwager verstohlen. Ja, ja, er hieß nicht umsonst in der Umgebung „der narrische Greißler". Er hatte so eine eigene Art, die zum Lächeln reizte, obwohl man eigentlich nicht sagen konnte woran das lag. Seine Person wirkte tragisch – komisch, sein Wesen neigte zur Sentimentalität, die in großen Gesten seinen Ausdruck fand. Seine diensteifrige Krämerseele hatte Zeiten, in denen sie sich stolz aufbäumte und wunderliche Purzelbäume schlug. Anni kannte ihn besser. Sie war längst über lächerliche Äußerlichkeiten zu seinem Herzen gedrungen, das viel zarter besaitet war, als die rauen Reden es vermuten ließen. Sie lächelte nicht, als sie den kleinen dicken Mann hinter der Budel, von seinen schmerzenden Hühneraugen gequält, hin und her gehen sah. Denn Hühneraugen, verderben den Charakter nicht.

Herrn Übel war es ebenso ergangen wie den meisten braven Österreichern in Erdberg oder wo anders. Er war der patriotischen Stimmung, jener historischen Julitage unter dem Motto: „Die Russen und die Serben, die hauen wir auf Scherben!" mit Haut und Haar erlegen und hatte über das Manifest „An meine Völker!" das die „Kronen Zeitung" auf der ersten Seite gebracht hatte, Tränen der Begeisterung vergossen. Nicht genug damit! Er hatte eigenhändig einen Stein in die Auslage des serbischen Friseurs Dragutin Mirkewitsch, geworfen und erst viel später behauptet, das nur aus Freundschaft für den Glasermeister Wenzel gemacht zu haben. Er verfeindete sich aus reiner Vaterlandsliebe mit dem Schildermaler, weil er sich beharrlich weigerte, ein bei ihm bestelltes Geschäftsschild zu übernehmen. Er wollte keine „Delikatessenhandlung" mehr sein, sondern ein ganz gewöhnlicher, fremdwortfreier deutscher Greißler. Er war auch derjenige, der in Erdberg den Gruß „Gott strafe England!" eingeführt hat. Wenn man die Gespräche, die um diese Zeit in der Stehweinhalle Stowasser geführt worden waren aufgeschrieben hätte, so könnte man die Meinung des Herrn Übel nachlesen: In drei Wochen ist der Krieg aus. Wenn die Russen noch dazu kommen, dann dauert er halt einen Monat! Das bekannte Wort: Rrrrrtsch, abidraht! Das einmal ein berühmter Wiener auf seine politischen Gegner geprägt hatte, war überaus lächerlich. Weil sich die Feinde der Monarchie über Nacht vermehrten, wie die Schwammerln nach einem Regen. Es wäre alles in schönster Ordnung gewesen, wenn sich die Weltgeschichte nach den weisen Aussprüchen des Herrn Übel gerichtet hätten. Als die vorhergesagten vier Wochen um waren, wurde der Krieg verlängert. Mit dem Rrrrtsch, abidraht! Ging es wie mit den australischen Bumerangs, die bekanntlich auf den zurückkommen, der sie wirft. Inzwischen hatte man sich an Verschiedenes gewöhnt und gelernt, sich über nichts zu wundern. Man sagte bei jeder Gelegenheit: „Jetzt ist Krieg!" und entschuldigte damit die Zugsverspätungen, die frühe Haustorsperre, die gedrosselte Straßenbeleuchtung, die schlechte Qualität der Kleiderstoffe, das Sacharin im Zichorienkaffee, das Dörrgemüse, die Kondensmilch und schließlich auch die Misserfolge der Generale. Logisch : Im Frieden kann niemand eine Schlacht verlieren. Herr Übel hatte sich zum Wirtshausstrategen entwickelt. Mit einer Schachtel Streichhölzer und etlichen „hätt' ma" und „wär n ma" entwickelte er vor den erstaunten Augen seiner Freunde auf dem Schanktisch, die einzige richtige Theorie moderner Kriegsführung.

„Passt s auf! Der Zündstein ist Lemberg. Unsre Front ist da! Versteht s? Die Russen kommen von dort..." Das erklärte er täglich. Schließlich wollte sich keiner mehr von ihm die Schlacht bei Lemberg erklären lassen, während die vor den Russen flüchtenden Bewohner Krakaus, mit der Nordbahn bereits in Wien angekommen waren. Die

Bozener Infanteriedivision, hatte der russischen Übermacht nicht standhalten können. 400.000 Mann, waren tot oder verwundet und 100.000 in russischer Gefangenschaft. Er konnte leicht Patriot sein, hatte ihn doch sein Bläh-hals daran gehindert die Voraussetzung für einen Soldaten zu haben. Obwohl er schon als Knabe den sehnlichsten Wunsch hatte, einmal einem Veteranenverein anzugehören und durch seine kriegerische Würde den Erdberger Umgang zu verschönen. Er war im Frieden von einer Assentierungskommission ein für alle Mal als untauglich erklärt worden. Zahlte geduldig seine „Krüppelsteuer" und wünschte, dass sein Vaterland nicht so tief ins Unglück gestürzt werde, um dieses „ein für alle Mal" zu wiederrufen. In den kohlenlosen Kriegswintern war die Glut seines patriotischen Herzens allmählich abgekühlt. Als er eines Tages von einem langen Einkauf, statt Salami, Paprikaspeck, Stearinkerzen, Schokolade und Seife nur Klo-Papier, auf seinem Handwagen mit nach Hause brachte, sagte er resigniert: dass man das jetzt machen könne, wozu er das Papier mitgenommen hätte! Seine Gesinnung, war der Erfahrung nicht gewachsen, denn seine materialistische Denkweise, ließ sich durch idealistische Schlagworte nicht mehr länger unterdrücken. Er besaß ein feines Ohr für Frotzeleien, denn er hätte sich seine Greißlerei gerne vollgestopft, mit Waren, vorgestellt und hasste nichts mehr als einen leeren Ladentisch und Lücken in den Stellagen. Jetzt gab es nichts als Lücken, sozusagen eine geschlossene Reihe von Lücken. Die Käseglocke bedeckte das absolute Nichts, wie man es besser nicht hätte demonstrieren können. Die Wurstmesser begannen zu rosten, die leeren Haken, luden nun jeden Lebensmüden ein, von ihnen Gebrauch zu machen, der Petroleumbehälter klang hohl, wenn man darauf klopfte. Es gab nur zwei Schubladen in denen noch etwas drinnen war. Eine für Maisgrieß und eine für Reibsand – die eine links, die andere rechts, damit man sie nicht verwechseln konnte. Sein einziger Trost war der Powidel geblieben, zwar in kriegsmäßiger Qualität, aber immer noch zu haben. Powidel aber ist ein schwacher Trost!!

In schlaflosen Nächten dachte er darüber nach, wieso das Schicksal so grimmig auf Österreich im Allgemeinen und auf sein Geschäft im Besonderen herabgefallen war. Die Lösung war: Der Krieg ist schuld daran! Seit dieser Zeit hatte er auf den Krieg einen Zorn, er ignorierte ihn einfach ganz und gar. Er kehrte in das Friseurgeschäft des Dragutin Mirkewitsch zurück, das er bisher gemieden hatte, gelobte sich gelegentlich ein Schild mit der Aufschrift „Delikatessenhandlung“ zu bestellen. nahm eine Zeitung nur zur Hand, wenn es wichtig war und sah auf die offiziellen Kriegsberichte mit Verachtung herab. Aber auch bei seiner Flucht ins Extreme war er der „narrische Greißler“ geblieben. Endlich war der letzte Kunde gegangen. Er räumte die Geldlade aus, machte Kassa, zog einen dicken Strich in seinem Schuldenbuch, um festzustellen, wie viel er an dem berühmten „Samstag“ erwarten konnte und wendete sich dann seiner jungen Schwägerin zu, die noch immer still auf dem Stockerl saß. Er war betroffen als er das Mädchen weinen sah. Gleich ging er hin, strich ihm über s Haar: „Aber Tschapperl! Hast wieder einen Streit mit dem Vater gehabt? Na geh Anni sei gescheit!“ Diese Worte lösten in Anni s Brust einen Krampf aus, den sie so lange zurückgehalten hatte. Sie schlug die Hände vor s Gesicht und weinte bitterlich. Herr Übel stand dabei und war machtlos. Dann ging er schnell hinaus und schloss die Holzladen vor der Eingangstür. Dass nichts zu tratschen haben, die Leut'! dachte er dabei, kam zurück und setzte sich neben Anni nieder. Das Mädchen hatte sich gefasst, hatte die Tränen zurückgedrängt und griff nun nach seiner abgearbeiteten Hand. „Sei nicht bös, Schwager", sagte sie bittend, „Manchmal weiß ich mir nicht mehr zu helfen. Du bist der erste Mensch heute, vor dem ich mich nicht verstecken muss. Sei nicht bös, Johann!"

„Aba na!" sagte er verlegen, „du weißt ja, dass wir zwei voreinander nichts verstecken brauchen. Oda?" „Der Karl ist wieder da!" flüsterte das Mädchen fast unhörbar. „Heute Nacht will er mit mir reden. Niemand darf s wissen!" „So?" meinte Herr Übel und ein Schreck durchfuhr ihn. „Ich werde mit ihm reden!" stieß das Mädchen hervor. „Hast vergessen, was du dem Vater versprochen hast?" fragte er leise. „Trotzdem! Trotzdem! Ich hab s in der Not versprochen, dem Vater zuliebe und der Mutter. Ich hab gewusst, dass ich s nicht halten werde, nicht halten kann. Verstehst das, Johann?" Es klang so verzweifelt. „Ja, ja, i versteh s schon. Du bist ganz anders wie die zwei Alten, Ihr werdet s nichtmehr zusammen kommen. Aber schau, Anni, es reibt di auf, du gehst zu Grunde dabei. Hab i nicht recht?"

„Was liegt daran!" sagte das Mädchen. „Gegen seine Natur kann man nichts. Schau Johann, es gibt Gebote, die stärker sind als das vierte Gebot: Du sollst Vater und Mutter ehren... Es gibt Gebote, die keinen Namen haben, die nur da sind und einen zwingen..., zwingen". Er hatte schweigend zugehört." I hab immer geglaubt, das mit dem Karl ist so eine Dummheit von dir, so eine Einbildung. Vielleicht hast du gedacht: Weil der Vater den alten Schediwy nicht leiden kann, justament! Aber jetzt sehe ich, dass doch anders ist!" „Ich kenn kein Justament! Möchte ich mich sonst so quälen?" „Hast ihn so gern, den Karl?" „Ja! Ich hab ihn sehr gern!" Sie schwiegen eine Weile. „Dann musst du s auskämpfen, Anni!" „Ja!" „Weißt du was das heißt?" „Ich weiß das, der Vater wird seine Meinung niemals ändern. Für ihn sind die Schediwys eine Bande von Vaterlandsverrätern und ehrlose Lumpen, die sich drücken, wenn s das „Gott erhalte!" gespielt wird und am Sonntag in die Versammlung gehen, in die Arbeiterversammlung! Ja", rief Anni heftig. „es ist wahr, dass sie das tun. Aber sie wissen warum! Und ich weiß es auch!" „Die Politik ist a Unglück!" jammerte Herr Übel. „Das ist nicht Politik! Das ist Schicksal! Man wird mit ihm geboren, man kann nicht anders!" sagte Anni. „Weiß, dass viel gelogen wird auf der Welt, dass der eine den anderen schlecht macht. I weiß, dass der alte Schediwy nicht schlecht ist. I kenn ihn."

„Er hat sein Leben lang gearbeitet wie ein Pferd, für die Frau und die Kinder. Getreten haben sie ihn und gedemütigt, aber er ist aufrecht gestanden. Heute geht er noch in der Fabrik. Jetzt ist Krieg, da geht der Herr Betriebsleiter mit der Revolvertasche am Gürtel herum, und in der Hand hat er eine Hundspeitsche. Er schlägt gleich zu, wenn was nicht stimmt. Glaubst du, so ein Mensch, der sein Leben lang friedfertig war und jetzt Granaten drehen muss, der steht gerne auf, wenn das „Gott erhalte „gespielt wird?" „Das versteht der Vater nicht. Der hat nie gehungert und ist nie mit der Peitschen angetrieben worden, der ist nie auf der schwarzen Liste gestanden und von Fabrik zu Fabrik um Arbeit betteln gegangen. Dem haben s nicht drei gesunde Kinder erschossen, draußen irgendwo in Polen, der ist nie eingesperrt gewesen für seine Überzeugung, während das Weib zu Haus halb verhungert ist."

„Ja, ja! I glaub s schon, dass das hart ist und an Menschen rebellisch macht. Aber was hast denn du davon, Anni, hast du nicht immer wie eine Prinzessin gelebt?" „Aber ich spür s doch!" rief das Mädchen, „ich spür s da drinnen... da drinnen...". Sie sprachen nichts mehr, sie gingen in die Wohnung zurück, wo die alte Leutgebin noch immer am Bett ihrer Tochter saß. Acht Uhr war es, als sie sich auf den Heimweg machten. Vier Stunden noch! Dachte Anni, vier Stunden!

Eine laue Mainacht lag über der schlummernden Stadt. Der Mond breitete sein friedliches Licht darüber, lugte in alle Gassen und Höfe und ließ den Donaustrom aufleuchten wie ein silbernes Band. Groß und klar, wandelten die Sterne dahin, als Erwecker einer Sehnsucht, die ihr Ziel nicht kennt. Längst waren alle Lichter in dem Schlössel in Erdberg verloschen. Einsam lag der Hof vom Mondlicht erfüllt und die Giebel und Erker warfen bizarre Schatten. Leise plätscherte durch die Stille ein feiner Strahl der undichten Wasserleitung. Manchmal bewegte es sich dort im Brennholzstoß oder es raschelte im Laub ... Katzen. Hin und wieder drangen, gedämpft, Geräusche von Schritten auf der Straße, durch das mächtige Tor. Entfernten sie sich so schnell wie sie sich genähert hatten so waren es späte Heimkehrer. Die des Rayonspostens, der Sicherheitswache klangen schwer und bedächtig, oft anhaltend, während Kürze und Taktmäßigkeit, von leisem Klirren begleitet, die Militärpatrouille verriet. Irgendwo in der

Ferne pfiff eine Lokomotive. Dann schlug eine Turmuhr. Der dumpfe, lang nachzitternde Schlag kündete
eine halbe Stunde vor Mitternacht.

Anni saß am Fenster ihrer schmalen Schlafkammer.
Oft lauschte sie an der Tür. Dort nebenan lagen die Eltern.
Schwer und röchelnd gingen die Atemzüge des Vaters.
Manchmal seufzte er gequält, dann knarrte das Bett. Das
war die Mutter die so schwer einschlafen konnte. Drei,
vier Stunden lag sie wach, bis sie endlich einschlummerte.
Anni begann vor Erregung zu zittern obwohl die Nacht-
luft doch so lind war. Sie versuchte sich zu beruhigen.
Legte die Arme auf das Fensterbrett und legte ihren Kopf
darauf. Wie kalter Schauer lief es über ihren Rücken, nur
die Wangen glühten und in den Schläfen hämmerte es. –
Dreimal rief die Kuckucksuhr! –

Sie erhob sich, warf ihren Mantel über, schlich zur
Tür und lauschte wieder... Wie froh war sie jetzt, dass
sie daran gedacht hatte, die knarrenden Angeln mit Öl
zu schmieren. Geräuschlos bewegte sich die Klinke, geräuschlos öffnete sich die Tür. Anni stand im Schlafzimmer der Eltern. Sie war darauf vorbereitet, von der
Mutter gehört zu werden und hatte sich eine Ausrede
zurechtgelegt. Nichts regte sich. Die Mutter schlief. Wenn
nur die Bretter nicht knarren, dachte sie.

So schlich sie hinaus. Wie ein Dieb! Wie ein Dieb!
Raunte es in ihr. Erst draußen auf dem Gang, wagte sie
es wieder zu atmen, obwohl auch hier die Gefahr noch
nicht vorbei war. Von den Leuten von Gegenüber konnten
sie gesehen werden. Nur ein Augenpaar folgte ihr. Es war
dort im Dunkeln und folgte der Mädchengestalt, die über
die Veranda huschte. Auch Sawitsch, der Invalide, hatte
gelauert. Sein wundes Herz kam in dieser Nacht nicht zur

Ruhe. „Wenn es einen Gott gibt, so soll er dich schützen, Anni!" flüsterte er. Es klang wie ein Gebet über gefaltete Hände gesprochen. Dann grub er seinen Kopf tief in die ärmlichen Lumpen, die sein Lager waren. Anni ahnte nichts davon! Nur noch die Holztreppe, dann stand sie im Hof und schnell war sie im Dunkel des Gartens verschwunden. Dort konnte sie sich frei bewegen, denn vom Haus aus konnte man nicht her sehen. Schell ging sie auf das Gitter zu, hinter dem noch ein unbebautes Grundstück lag.

Es raschelte in den Zweigen, dann fühlte das Mädchen einen schweren Gegenstand, der aus der Höhe herabgesprungen war. Anni erschrak heftig! Aber sie erkannte sofort, dass der Mitternachtsspuk, Miezi ihr Lieblingskätzchen war. Schnurrend rekelte es sich in Annis Armen, rieb seinen Kopf an ihrem Kinn und fuhr ihr mit der rauen Zunge über das Gesicht. Anni hüllte es in ihren Mantel und nahm es mit zum Gitter. Dort setzte sie sich auf den Steinsockel und spähte in die Nacht.

Zur selben Zeit bewegte sich unten auf der Mistablagerungsstätte an der Schlachthausbrücke etwas. Dort stand umgeben, von Aschenhaufen, Schuttbergen und Wassertümpeln, die Arbeitsbaracke eines Darmwäschers. Totenstill war es in dieser Gegend, der nachts jeder Mensch in weitem Bogen auswich. So totenstill, dass man das leise Plätschern des Kanalwassers hören konnte und das Rauschen der Bäume in den Praterauen. Plötzlich öffnete sich eine Tür der Baracke. Sie öffnete sich nur einen winzigen Spalt. Im Raum war es stockfinster. Dann wand sich eine Gestalt heraus und verschwand eilig im Schatten der offenen Halle. Hier waren an langen Schnüren

Kalbsdärme und Schweinsblasen zum Trocknen aufgehängt. Dann wurde die Tür von innen geschlossen. Es dauerte lange, bis die Gestalt wieder ins Mondlicht hinaus trat. Es war ein Mann der schnell auf die Böschung des Donaukanals zulief und hinter ihr verschwand. Still war es auf dem Platz der Baracke wieder, nur erfüllt von dem penetranten Gestank tierischer Fäulnis und dem Geruch der Abfälle, die von den Mistbauern hier abgeladen wurden.

Der Mann schlich lautlos im Schutz der steilen Böschung dahin. Oft hielt er an und lauschte. Dann sprang er in langen Sätzen vorwärts, bis ihn der Schatten eines Steinhaufens oder eines Schiffes verschlang. Jedes Geräusch ließ ihn erstarren, hielt ihn minutenlang horchend, gebannt. Es dauerte eine halbe Stunde bis er sich aufrichtete und mit großen Schritten über die „Lände", in die finstere Schwalbengasse floh. Das unverbaute Grundstück war sein Ziel. Der Mann hielt kurz an und horchte auf das wilde pochen seines Herzens.

Anni saß noch immer auf ihrem Platz am Sockel, die Augen in die Finsternis gebohrt. Sie wartete auf den Schlag der Turmuhr, auf das was kommen sollte. Wie furchtbar lang ist eine Minute, im Dunkeln. Sie zählte Sekunde um Sekunde aber es steigerte nur ihre Unruhe und verstärkte ihre Qual. Sie hielt das schnurrende Kätzchen am Schoß, froh, in dieser Stunde die Wärme des Tieres zu fühlen. Längst hatte es Mitternacht geschlagen. Die Turmuhr dröhnte: Halb eins! Wird er noch kommen?

Da! Anni hatte ein Geräusch gehört. Sie konnte nicht mehr sitzen bleiben sie sprang auf und ließ das Kätzchen ins Gras hopsen. Ihre Hände krampften sich um die Gitterstäbe. „Karl!" rief sie ganz leise „Karl!" Der

Mann schwang sich über das Gitter und stand nun neben dem Mädchen im Garten. Anni warf sich an seine Brust, ihre Lippen suchten seine, im großen Durst der Sehnsucht. Sie schmiegte sich an ihn, als wollte sie mit ihm verschmelzen, eins mit ihm werden. Er hielt sie fest, denn er fühlte, wie schwach das Glück des Augenblickes sie gemacht hatte. Sie brachten kein Wort heraus. Was sind Worte, wenn die Seelen ineinanderfließen? Anni hörte nicht das fauchende Kätzchen, das sie gegen den Fremden verteidigen wollte, sie spürte nicht den üblen Geruch, den seine Kleider ausströmten. Nicht den alten Stoppelbart an seinem Kinn, sie fühlte nur ihn, ihn um den sie geweint, den sie sehnsüchtig erwartet hatte, in der furchtbarsten Nacht ihres jungen Lebens. Behutsam löste der Mann das bebende Mädchen aus seinen Armen, zwang sie sanft auf den Steinsockel nieder, setzte sich neben sie und nahm ihre Hände in die seinen.

„Hör mir zu, Anni!" sagte er mit erzwungener Ruhe. „Du musst die Wahrheit wissen!"

„Die Wahrheit?" – „Warum ich hier bin. Ich habe meinen Posten verlassen, bin ein Deserteur!" „Nicht! Nicht!" flüsterte das Mädchen. „Frag ich nach dem Warum, wenn du nur bei mir bist?" Der Mann schwieg eine lange Weile. Er gab sich ganz dem beglückenden Rausch, in das ihn das Mädchen gebracht hatte, hin. „Ich bin ein Mörder!" sagte er dann jäh entschlossen und löste seine Hände von ihr. Er fühlte den furchtbaren Schrecken, der sie durchfuhr. Er sah zwei entsetzte Augen aus einem blassen Gesicht auf ihn starren. „Ein Mörder?" wiederholte sie tonlos. „Ich habe es bewusst getan. Ich habe es tun müssen..." Sagte er.

Fliederbüsche streuten ihren Duft durch den Garten, leise rauschten die Zweige. Anni saß da, an die Gitterstäbe gelehnt, die Hände krampfhaft verschlungen, die Augen hinaufgerichtet zu den funkelnden Sternen. Ihr Gesicht war Leichen blass. Leiser und leiser fühlte sie ihren Herzschlag werden, versiegen, verlöschen, vergehen. „Weil ich an dich gedacht habe!" sagte der Mann. Es klang wie aus einer fernen Welt, der sie entrückt war. Dann ein Schluchzen, ein wildes, heißes, schmerzliches Schluchzen. Langsam tastete sie ... nach dem Mann. Da kniete er vor ihr, grub seinen Kopf in ihren Schoß, umklammerte sie mit der Kraft der Verzweiflung. „Verlass mich nicht, Anni! Verlass mich nicht!" Sie beugte sich nieder, hob den Kopf des Mannes auf und küsste ihn auf die Stirn. „Du kannst kein Mörder sein", flüsterte sie, „sonst könnte ich dich niemals so lieb haben!"

3

Der kleine Schani, dessen Geburt das Eheglück der Eltern vertieft und bereichert hatte, wurde bald zu einem Zankapfel. Unbeschwert vom Ballast philosophischer Erkenntnisse, hatte Herr Übel stets an die alten Weisheiten der Bibel und an die der „Kronen Zeitung" geglaubt und daraus die Stärke gewonnen, die ihn das Leben ertragen ließ. Nichts war bisher imstande gewesen, Diese Einstellung zu ändern. Über die Käseglocke gesehen, hatte ihm die Welt ihr Bild vermittelt, mit dem er zufrieden gewesen war – bis ihn der Krieg aus seiner Gleichgültigkeit gerissen hatte.

Bei einer neuerlichen Musterung, schenkte der Herr Stabsarzt seinem „Ein-für-allemal-Bläh-hals", nicht die geringste Aufmerksamkeit. Der lebensrettende C- Befund war nur seinem etwas verfettetem Herzen zuzuschreiben. Jetzt wollte er nur mehr die Gegenwart vergessen. Es berührte ihn das alles, so sehr, bis er auf die echte Tragik seiner Schwester Sophie und seines jungen Neffen Peter aufmerksam wurde. Ihr Ernährer lag draußen irgendwo unter einem kleinen Grashügel in Russland begraben. Herr Übel verstand diese Tragik der Witwen und Waisen nicht anders, als man dem Volk diese Tragik zu verstehen gelehrt hatte. Durch Jahrhunderte! Der Orientale neigt sich dem Fatum, dem Unabänderlichen, der Russe in slawischem Phlegma sein Nitschewo! spricht, so sagt der Österreicher: „Da kannst halt nichts machen" Es ist halt so!"

Herr Übel hätte sich gerne der Zukunft zugewendet, da die Gegenwart widerwärtig war. Die Zukunft aber lag verhüllt und jeder, den man fragte, zuckte nur mit den Schultern. So entdeckte er die guten, alten Zeiten, die so gut und so alt waren, dass er sich aus ihnen nicht mehr losreißen konnte. Er genoss sie aus Büchern, die er sich teils ausborgte, teils in Antiquariaten billig zusammenkaufte. Da war ihm plötzlich klar geworden, warum er die Gegenwart nicht leiden konnte. Weil er die Zeit der Helden und Heroen versäumt hatte – seine Zeit. Da hatte es auch Krieg gegeben mit gegenseitigem Schädelspalten und Stechen mit langen Messern. Ja, aber nirgends stand geschrieben, dass dadurch ein ehrlicher Geschäftsmann um seine Existenz gebracht oder ein, einmal ausgesprochenes „Ein...für...allemal" widerrufen wurde. Die Helden, von denen er las, ließen ihn die Entdeckung machen, dass er einer von ihnen war, ohne es bisher gewusst zu haben. Ihr Bruder im Geist, der ihre Taten ohne Umstände für seine hinnahm. Er stellte sich vor, wie er sich als zweiter Achilles fühlen würde. Na, ja wenn einer Achilles heißt, dann kann er nichts anderes werden als ein Held. Versteht sich! I Heiß Johann und bleib ein Greißler. Ich werde mein Lebtag kein Held mehr! Ich nicht! Wenn er aber ein Kind bekommen würde, sogar einen Sohn, dem würde der Namen alle Wege zum Ruhm ebnen!

Ganz geheim in seinem Westentaschl hatte er zwei Zettel verborgen. Es standen Namen darauf, die er sich aus den Büchern abgeschrieben hatte. Drei für ein Mädel und drei für einen Buben. Da stand: Penelope, Kleopatra, Aspasia und: Achilles, Odysseus, Herakles. Er war felsenfest davon überzeugt, dass ohne diese Namen eine Heldenlaufbahn nicht beschritten werden könnte und dachte öfter, während er las: Ja, wenn wir an General Achilles oder Herakles hätten, nachher wär der Krieg schon lange aus! Sofort nach der Geburt seines Sohnes hatte er den Zettel mit den Mädchennamen in den Mistkübel geworfen. Den brauchte er nicht mehr. Wichtig war jetzt nur der, für den Buben. Ohne eigenes Verschulden wurde der kleine Schani dadurch zum Zankapfel zwischen seinen Eltern.

Einige Tage nach dem großen Ereignis ging es der Frau Resi so gut, dass sie das Bett verlassen und es sich im bequemsten Stuhl ein Plätzchen zurechtmachen konnte. Mit dem kleinen Schani war ein neuer Geist in der kleinen, niedrigen Wohnung eingezogen ... zufriedene Häuslichkeit. Jetzt war aus der Gemeinschaft zweier Menschen eine richtige Familie geworden. Da waren die Mutter und der Vater, sie saßen bei Tisch, aßen ihr Nachtmahl, lasen oder redeten was und nebenan lag der Kleine, der genährt, beruhigt und die ganze andere Zeit über bewundert werden wollte. Man erkannte es gleich. Auf dem Tisch lagen nicht mehr kunterbunt die verschiedenen Sachen herum. Zwirn und Stopfholz, das leere Kaffeehäferl von der Jause, alte und neue Zeitungen, der Kamm mit ausgekämmten Haaren, Lottozettel und sogar die Reibbürste oder ein Paar Schuhe. Manchmal musste Herr Übel für seinen Nachtmahlspeck energisch Platz machen... Nein, der Tisch war jetzt leer und weiß gedeckt, nichts stand darauf wie die Petroleumlampe mit sauber geputztem Zylinder und alles sah so sauber aus! Herr Übel brauchte auch sein Nachtmahl, nicht mehr mit dem Taschenmesser aus dem Papier essen, so wie früher. Er bekam Teller und Besteck, musste nicht um Salz in die Küche gehen, sondern hatte, bequem wie ein Gast im Sacher, das Salzfässchen in griffbereiter Nähe. Das alles hatte sich Frau Resi in der Langeweile des Wochenbettes ausgedacht. Ihr Sohn sollte von allem Anfang an das beste Beispiel vor Augen haben und zu einem ordentlichen Menschen erzogen werden. Vater und Mutter hatten gute Vorsätze, wenn auch verschiedene. Der Vater wollte aus ihm einen Helden machen, die Mutter nur einen ordentlichen Menschen. Phantasie und Wirklichkeit saßen Hand in Hand an der Wiege des kleinen Schani. An diesem Abend saß, Frau Resi in ihrem bequemen Stuhl, einen Polster hinter dem Kopf und eine Tuchent vor sich. Sie las gerade den spannenden Fortsetzungsroman der „Kronen Zeitung", wo der Kaiser Josef in der Verkleidung eines armen Handwerksgesellen, der schönen Schusters - Tochter Maltschi seine Liebe gesteht. Wie immer stand auch heute dort, wo es am spannendsten wurde, „Fort- setzung folgt".

Frau Resi, die den Kaiser Josef gar so gerne hatte, weil er ein so lieber, guter, fescher Herr war, ließ die Zeitung sinken und schaute vor sich hin, um sich von der schönen Geschichte los zu lösen. Dann traf ihr Blick, Herrn Übel, der ihr gegenüber saß und mit Behagen einen Teller Haferflockensuppe auslöffelte und dann einer Schüssel Erdäpfelgulasch auf den Leib rückte. Sie konnte nicht ahnen, dass sie einen verkappten Helden vor sich hatte, der nur durch widerliche Umstände, Ge- stalt und Aussehen eines Erdberger Greißlers hatte. Ein Kaiser Josef ist er freilich nicht! dachte Frau Resi, aber ein lieber, guter Mensch, so dass man ihn gern haben kann. „Schmeckt s dir, Johann?" fragte sie mild. „Die Schestak kocht für uns mit, bis ich wieder auf n Damm bin!" „Ich möchte die Schestak nicht küssen, selbst wenn s aus Zucker wär, aber das Erdäpfelgulasch schmeckt dulli." Er beugte sich wieder über die Schüssel. „Hörst, Johann", sagte sie nach einer Weile", sollten wir, unseren Kleinen nicht bald taufen lassen?" „Natürlich!" bejahte er. „Wen nehmen wir als Göd?" „In Herrn Stowasser!"

„Hast kann besser n als den Bsuff?" „Alte, des verstehst du nicht!" erklärte er. „Da Herr Stowasser ist Gemeinderat, er sitzt in der Kommission, was die Erdäpfelverteilung über hat und kann mi beim Sauerkraut protegieren. Ich möchte dich bitten, dass d von dem Bsuff nichts laut werden lasst. Mit so einer Persönlichkeit, muss man sich vertragen. Verstehst?" „Na ja, wenn du glaubst, meinetwegen", gab sie zu, „vielleicht kann er unserem Buam später an Posten verschaffen!" „Na, sixt es, Resi", meinte er überlegen. „Ma muss politisch sein heutzutage. Ohne Protektion, bist' heute der letzte Dreck. Wann i heut oder morgen einrücken muss und auf dem Feld der Ehre fallen sollt, so hat der Bua wenigstens an Göd, was a große Geigen spielt." „Jessas, Johann, hör auf!" jammerte sie, „Wie kannst du nur so herzlos reden? Hast zum Glück an C = Befund und kommst irgendwo zur Brückenwache." „Es ist Krieg, da weiß kein Mensch wohin er kommt!" Das konnte man nicht bestreiten.

„Hast schon nachdacht wie er heißen soll?" fragte Resi, um auf ein anderes Thema zu kommen. Herr Übel kramte in seiner Westentasche. „Ich hab mir s aufgeschrieben: Achilles, Odysseus, Herakles!"

„Wie?" fragte Frau Resi erschrocken. „Achilles, Odysseus, Herakles!" wiederholte er stolz. „Das versteh ich nicht!" sagte die Frau. Er schob die leere Schüssel weg, holte den Zwicker aus dem Schurz, klemmte ihn auf die Nase und holte tief Luft. „Natürlich verstehst du s nicht, Resi", begann er seine Erklärung, „aber wann i dir sag, dass die Namen von Helden san. Hast noch nix von einer Achillesferse oder von der Irrfahrt des Odysseus, dem sei Frau, die Penelope, wegen an Teppich treu geblieben ist, gehört? Oder vom Herakles, auch Herkules genannt, der war dem König Augias sein Kuhstall ausgemistet hat, so dass man heute noch sagt, wann irgendwo a rechter Dreck ist, sagt: Es ist a Kuhstall des Augias! Ha?"

„Vom Herkules hab i schon was gehört", gestand die Frau verschüchtert. „s steht auf der Nähschachtel". „Jawohl!" stöhnte er erleichtert, „da steht Herkules – Garn drauf! Na, weil er trotz seiner Stärke das Garn nicht zerreißen könnt!" „Da muss er nicht besonders stark, gewesen sein", meinte Frau Resi. „I begreif nicht, wie du auf so narrische Namen gekommen bist!" „Weil der Bub Vorbilder haben muss, verstehst? Oder glaubst, i will, dass er so ein Schüsserlgreißler wird wie ich? Er muss was Höheres werden, damit wir stolz sein können!"

„Da gebe ich dir recht", begütigte sie, „aber schau, du heißt Johann, dein Vater selig hat a Johann geheißen..." „Hör mir auf, mit die Johann!" wehrte er ab. „Mei Vater heißt Martin. Wenn st schon nicht Johann willst, so nenn man Martin. Der heilige Martin war auch ein Held, a Ritter, der seinen Mantel mit dem armen Bettler geteilt hat. Glaubst das ist kein Vorbild für den Kleinen?" „Schnecken!" erboste sich Herr Übel. „Ös Weibsbilder seid s in den frommen Geschichten zu Haus, aber nicht im Leben. Was wisst s ihr, von an Charakter, der sich nach dem Namen richtet." „Wie willst ihn nennen?" erkundigte sie sich noch einmal. „Achilles..." „Das passt doch gar nicht zu uns, sind mir Fürsten oder Grafen? Wie soll man den Kleinen dann rufen, solang er ganz klein ist und auf der Erden herumrutscht? Acherl oder

Chillerl?" sie lachte hell auf. „Für mi wird er immer der kleine Schani bleiben. S Abbild von sein narrischen Vater."

Herr Übel wollte gerade mit der Faust auf den Tisch hauen, echt heldenmäßig, als die Frau Schestak herein kam, um sich zu erkundigen wie das Erdäpfelgulasch geschmeckt hat. Mit dem unfehlbaren Instinkt der Haushyäne witterte sie sofort die Zwietracht. Sie kam aber beiden als Unparteiische gerade recht und man konnte ihr den Fall unterbreiten. Sie ließ sich alles ganz genau erklären. „Wissen S was", verkündete sie darauf, „nennen S ihnere Klanitschkerl Calafatti! Ise a narrisch, aber Leit wissens wenigstens, wos des is!" Die Eheleute wussten nicht, wie sie das auffassen sollten: ernst oder heiter. Sie kamen auch nicht dazu, denn es klopfte. Die Hausbesorgerin Voglhuber, in ihr rotes Tuch gewickelt, kam herein und verkündete, mit vor Neugier zitternder Stimme, dass ein altes Mutterl soeben nach der Wohnung der Frau Übel gefragt habe. Es käme aus Margareten wegen einer geheimen Wichtigkeit. „Jeschuschmaria!" rief Frau Schestak gespannt und Herr Übel haute doch noch mit der Faust auf den Tisch, wie er es vor gehabt hatte, nur dass er jetzt sagte: „Sakra, Adaxel! das hab i ganz zum Erzählen vergessen, Resi. Alsdann, wo ist jetzt des Muatterl?"

„Do ise!" Frau Schestaks Nase wurde immer spitzer. Zwischen ihr und der Hausbesorgerin tauchte aus der dunklen Küche ein altes, verhutzeltes Weiblein im Schein der Lampe auf. Herr Übel erkannte es gleich wieder. „Guten Abend wünsch ich!" grüßte es verlegen und machte vor jedem der Anwesenden ein Buckerl. „Is da, bitt schön, die Frau Übel? I bin... i möchte... i komm aus Margareten wegen einer geheimen Wichtigkeit. I bin z

Fuß hergegangen!" „No ja", meinte Herr Übel leutselig, „des hab i schon gehört, dass S aus Margareten kommen, z Fuß, wegen einer geheimen Wichtigkeit". „Ja, ja, is eh so!" nickte das Weiblein. „Dort sitzt meine Frau. Hocken sie sich nieder, Muatterl." „Gehörn die Frauen da a zur Familie?" fragte es, Und zeigte auf die beiden Frauen.

„Na", erklärte er, „aber sie tun so, wie wann s gehöraten!" „No, no!" entrüstete sich Frau Schestak. Die Hausbesorgerin aber sagte: „Ogottogott! Die Wichtigkeit! Zum Glück sind wir auch noch wer. Mir haben a eigenes Loch, wo wir Geheimnisse haben können!" „Ist gut!" entschied Herr Übel, „gehen s dorthin"! Die beiden Frauen zogen sich beleidigt zurück. Sie gingen tratschen!

Herr Übel wartete eine Weile, bis die schlurfenden Schritte im Hof verklungen waren. Die Frau soll ich kennen? dachte Frau Resi. „Alsdann jetzt reden S einmal, Sie machen ja das ganze Haus rebellisch mit der Geheimnistuerei." „Ich ... i komm aus der Castelligasse!" gestand das Muatterl ..., aus Margareten. „Von der frau Sophie?" rief Resi in plötzlicher Erleuchtung. „San sie vielleicht die Nachbarin?" „Ja, ja, i bin die Nachbarin. Aba die Frau Sophie schickt mich nicht. Die weiß nix. Um Gottes willen!" „Alsdann von meiner Schwester kommen S", seufzte er erleichtert, „jetzt wissen wir s wenigstens. Ist dort was passiert"? „Na...na... passiert ist grad nix. Aber der Kleine tut mir so leid, der Peter. I hab nimmer länger zuschauen können. Gehst zum Herrn Übel, was der Onkel und Vormund ist, hab i mir dacht. Und so bin i halt z Fuß..." „Warum haben sie mir das nicht schon neulich gesagt?" forschte er. „Weil i mi nicht getraut hab", gestand das Mutterl. „Sie haben so grantig drein geschaut. Einer Frau sagt man so was leichter. Frauen, haben allerweil mehr Gefühl." „Was ist mit dem Peter?" fragte Frau Resi. „Wie? Mit n Peter? A, mit n Peter ist nix." „Schauen S Muatterl"; griff er ein, „so kommen wir nicht weiter. Sie haben doch gesagt, dass der Peter ihnen leid tut". „No ja, hab i eh gesagt!" „Jessas, aber warum tut er ihnen leid?" stöhnte Herr Übel. „Na, weil seine Mutter, die Frau Sophie, rapplert worden ist." „Was ist sie worden?" fragten beide wie aus einem Mund. „Rapplert"! „Meinen sie narrisch?" „Ja, in Gottes Namen ! aba i habs net gsagt!" „So erzählen s doch,... So erzählen s doch...narrisch ist die Sophie worden?" „So, wie ma halt narrisch wird" erklärte das Mutterl. „Zuerst hat man gar nicht s gemerkt. Mein Gott, wenn a gesunde, fesche Frau in die besten Jahre Witwe wird, da redet so ein armes Weib bald was zusammen. Da ist halt der Schmerz und die Verzweiflung. Aba es ist doch über a Jahr her, dass den Herrn Ingenieur getroffen hat. Da tröstet man sich doch schon, für gewöhnlich. Da hat sie erst angefangen, rapplert z werden. Zuerst hat sie gar nichts mehr geredet, mit keinem Menschen nicht. Dann hat s zu Beten und zum Weinen angefangen. S Bild von ihrem Seligen ist im Zimmer gelegen, mit schwarzen Mascherln schön aufgeputzt. Rundumadum hat s Kerzen aufgestellt und hat aus einer Kiste an Betschemel gemacht mit an Polster. In ganzen Tag ist gekniet und hat gebetet und geweint oder hat geflucht. Ja geflucht hat sie gar schaurig, dass man s am Gang a hat hören können. Das Kaiserbild hat s mit an Schürhaken ganz zerteppscht. Mein Gott, so was!" Herr Übel wechselte mit seiner Frau bedeutungsvolle Blicke. „So, so!" meinte er nachdenklich, „und weiter?" „Sie ist nimmer in die Arbeit gegangen, hat nix kocht und dem armen Buben nix zum Essen gegeben. Er hat a beten müssen und vor dem Kruzifix schwören, dass er kein Soldat nicht wird und gleich desertiert, wann s ihn dazu holen. Er hat mir s selber erzählt, der kleine Peter, weil i ihn immer reingerufen hab zu mir. Mein Sohn, der was bei der Tramway is, hat gesagt: „Des ist nicht zum Anschaun, Mutter! Ruf das arme Kind und gib ihm was zum Essen. Und wenn er was zu lernen hat, fürs Gymnasium, kann er s a bei uns machen." Mei Sohn ist halt a guter Mensch. „Gott soll s ihm lohen!" flüsterte Frau Resi. „Oh, der liebe Gott lasst über meinen Sohn nichts kommen, er hat ihn gar gern", sagte das Mutterl, „Wenn er a so a Freigeist ist, wie man sagt. Der liebe Gott hat sie denkt: Den Franz? Der darf nicht erschossen werden im Krieg, der gehört seiner alten Mutter. Er hat ihm schon früher, in seiner weisen Voraussicht den Zeigefinger von der rechten Hand in der Maschine abgezwickt. Jetzt kann er nicht schießen mit an Gewehr. Aba in die Remis am Gürtel, wo er Schlosser ist, ist er der beste Arbeiter. Er ist so viel gut, der liebe Gott!" Das Mutterl hatte Tränen in den Augen. Auch Herrn Übel würgte es. „Und ... und ... da sind sie hergekommen?" „Ja, das i sie bitt, sie möchten einmal nachschauen kommen in die Castelligasse, weil sie sind doch der Vormund." Jetzt wussten sie alles, mehr als das Weiblein sagen konnte. Sie waren fast beschämt, dass sie nicht öfter nach der Witwe und ihrem Sohn geschaut hatten. Es war halt ein bisschen weit von Erdberg nach Margareten. Die Sophie war ja immer eine recht resolute Person gewesen, die schwere Zeiten überstanden hatte ohne zu klagen. Wer hätte ahnen können, dass der Verlust ihres Gatten sie um den Verstand bringen würde? Das: „Da kannst nix machen!" gilt immer für die anderen. Der große Schmerz zerreißt nur die eigene Brust. „Ja, ich wird kommen, bald,

morgen vielleicht schon!" versicherte Herr Übel. „Ich be-
dank mich für die Mühe, die sie sich gemacht haben."
„Wir lassen uns a bei dem Sohn bedanken, für sei Mitleid, er hat gewiss a gutes Werk getan!" fügte Frau Resi
hinzu. Herr Übel schämte sich fast, als er dem Mutterl
seine Tat belohnte. Aber was von Herzen gegeben wird,
darf von Herzen genommen werden. Er sperrte extra die
hintere Ladentür auf, stopfte das Täschchen, der Alten
mit Zucker voll und gab noch eine Büchse Kondensmilch
und ein paar Suppenwürfel darauf. Dann führte er die alte
Frau durch den dunklen Hausflur und durch die Gasse
bis zur Straßenbahn und bat die Schaffnerin, sie darauf
aufmerksam zu machen, wo sie umsteigen musste. Auf
dem Rückweg schüttelte er immer wieder den Kopf. Das
Schicksal seiner Schwester berührte ihn.

4

Im Namensstreit war einstweilen Herr Übel, Sieger geblieben. Die Debatte war ja durch das Mutterl unterbrochen und nachher nicht mehr aufgenommen worden. Er hatte sich bei jeder Gelegenheit zurückgezogen und verschönte sich die Viertelstunde vor dem Einschlafen durch Gedanken über die Begriffsstützigkeit, der Frau und die geistige Überlegenheit des Mannes. Sie gipfelte etwa in dem Satz: Es geht nix über a höhere Bildung! Auch an seine Schwester und seinen kleinen Neffen dachte er, doch er schob diese Gedanken bald beiseite. Dann schlummerte er hinüber und träumte von seinen Helden und deren Abenteuern. Frau Resi hingegen lag lange wach. Sie starrte auf das Kruzifix über der Zimmertür, das matt aus dem Dunkel schimmerte und bemühte sich, die sonderbare Wandlung ihres Gatten, die ihr erst heute offenbar geworden war, zu begreifen. Was hat er nur? Was hat er nur? Fragte sie sich hundertmal im Geist und ihre Seele suchte ängstlich Rat.

Ist die Kriegskost daran schuld, kränkte er sich über den schlechten Geschäftsgang, hat ihn die Freude über den Sohn närrisch gemacht oder ist gar der Frau Schestak ein wenig Rattengift ins Erdäpfelgulasch geraten? Jedenfalls nahm sie sich vor, gleich morgen früh alle Schnüre vor ihm weg- zu räumen, weil es doch schon vorgekommen ist, dass sich ein Narr aus purer Hetz aufgehängt hat.

Woher er die vielen Heldennamen nur wusste? Sie kannte nur einen Helden: Den Kaiser Josef. Von einem anderen ist nie was in der „Kronen Zeitung" gestanden. Richtig! Die wollte er ja nicht mehr lesen – ein weiterer Beweis beginnender Sinnesverwirrung. Nur seine Bücher, die er sich ausborgte oder zusammen kaufte, die ja! Sie hatte ihn schon gefragt: „Johann, was liest du denn da?" Dann war seine Antwort: „So Bücher halt, was d nicht verstehst, Alte!" Das ganze Kastl war voll davon. Morgen würde sie der Sache auf den Grund gehen. Sie schlief erst ein, als der Wecker schon geläutet hatte und Herr Übel schnaufend und gähnend aus seinem Bett gekrochen und in seinen Laden geschlurft war. Er kam erst gegen elf Uhr vormittags zurück, nachdem der Rummel um das Sackerl Mehl und die acht Laib Brot vorüber war. „Ich geh' jetzt Wege machen!" erklärte er, „zum Herrn Stowasser und in die Pfarre. Wo sind die reinen Hemden? A paar frische Socken kannst mir a geben!" Er wusch sich umständlich, salbte die Reste seines Haares mit Pomade, nahm die Schnurrbartbinde um und zog mit edler Grazie – wie die alten Helden ihre Brustpanzer – sein frisches Hemd an. Frau Resi sagte nichts. Sie hatte die Schnüre schon weg geräumt und nachgeschaut, ob das Kastl mit den Büchern auch offen war. Ja sogar, als die Frau Schestak hereinkam und fragte: „No, wie geht es klane Calafatti?" kam sie nicht auf das gestrige Gespräch zurück, sondern antwortete nur: „Gut geht s ihm. Wie soll s ihm denn gehen, mein Schanerl? Er ist a rechter Zuckerbub!" Auch Herr Übel schluckte den Calafatti hinunter. Er kramte aus einer alten Zigarrenschachtel die nötigen Dokumente zusammen.

„Servus, Resi!" grüßte er dann mit erzwungener Heiterkeit, „um zwölf herum bin i wieder da!" „Möchtest du die Schnurrbartbinde nicht da lassen, Johann?" fragte sie, wie es meist notwendig war, wenn er geschniegelt und gebügelt aus dem Haus ging. „Sixt, die hätt i bald vergessen!" Er legte sie ab, zog die äußeren Schnurrbarthaare zu zwei unternehmungslustigen Spitzen aus, die bis zu den Augenwinkeln reichten, zwirbelte mit Daumen und Zeigefinger daran und sagte: „Schau mi gut an Alte! Wenn i so daher komm, glauben die Leute i bin a Fiaker vom Brillantengrund. Oda net?" „I was eh, dass da fescher Kampel bist", bestätigte die Frau, „aber so narrisch!" Herr Übel gab ihr ein geschmalzenes Busserl und machte sich gut gelaunt auf den Weg. Zuerst in die Stehweinhalle Stowasser.

„Servus, Ferdl!" sagte er. „Servus, Greißler!" erwiderte Ferdl und schenkte gleich ein Vierterl Spezi, einen Finger über den Strich hoch, ein. „Ist der Herr Stowasser da?" erkundigte sich Herr Übel. „Im Keller! Wollen s mit ihm reden?" „No, was denn, sonst frag i ja nicht!" „I was nicht, ob das möglich ist, es ist a neuer Wein gekommen." „Ah so!" nickte Herr Übel verständnisvoll und trank von seinem Vierterl. Ferdl ging zur Kellertür und brüllte in die Finsternis hinunter: „Herr Chef der Übel-Greißler ist da. Er will mit ihn a reden." Keine Antwort. Ferdl stieg ein paar Stufen tiefer und brüllte seine Botschaft noch einmal hinunter. „Was für a Greißler ist da?" kam es nach einer Weile von unten zurück. „Der Übel-Greißler!" – Pause „Was will er?" „Mit ihnen reden!" – Pause „Reden will er?" „Jo... mit ihnen!" schrie Ferdl krebsrot vor Zorn. Er sah aus, als wollte er jeden Moment hinuntersteigen und den Chef verhauen. „Was will er reden?" forschte es aus der Finsternis weiter.

„Das hat er nicht gesagt!" Ferdl wand sich in Krämpfen. Sein sonst sympatisches Gesicht nahm einen wahrhaft teuflischen Ausdruck an. Seine Sechserlocke war ihm ins Gesicht gefallen und hatte sich im linken Nasenloch festgehakt. Herr Übel stand erwartungsvoll auf den Schanktisch gestützt und sagte nichts als: „Na, pfüati Gott!" „I schmeißert ihm den Schlegel oba", beteuerte Ferdl, „aber i treff ihn nicht, er sitzt ums Eck!" „Hörst Ferdl", klang es von unten „Ist er no da, der Übel-Greißler?" „Jo, er is no do!" – lange Pause „...er soll oba kommen!" „Mit so an Gfraßt von an Chef muss i arbeiten!" raunzte Ferdl, während der Herr Übel vorsichtig, die Kellerstiege hinunter verschwand. Schwerer Weindunst schlug ihm entgegen. Es roch nach Schwefel und Kerzen. „Wo sind sie denn, Herr Stowasser?" rief er bang. „Do!" „Wo, do?" „No, do! Schüsserlgreißler übereinander!" Herr Übel tappte im Dunkeln vorwärts, Behutsam setzte er die Füße auf und tastete die Wände ab. Der Weg schien kein Ende nehmen zu wollen und es wurde immer finsterer. „Herr Stowasser wo sind s denn, i siach ihna net!" wagte er zaghaft zu rufen. „Gehens gerade aus aber steigen s nicht in die Scherben. Dann gengans rechts umi, dann sehn s die Kerzen!" Herr Stowasser saß vor einem großen Fass auf einem Hocker und füllte Wein in Flaschen ab. „Habedieehre, Herr Gemeinderat!" grüßte er mit einem schönen Buckerl. Herr Stowasser gab sich einen Ruck, als er sich so offiziell angesprochen hörte. „Sie wollen mit mir reden? Alsdann was ist?" „Es ist Herr Gemeinderat... I hätt a Bitt!" begann Herr Übel. Herr Stowasser drehte sich auf seinem Hocker um und glotzte seinen Besucher groß an. „Ah so, na ja, alsdann, i tu was i kann. Die Woche ist nix mit die Erdäpfel, das Ernährungsamt..."

„Aba na, Herr Gemeinderat, wer redet von Erdäpfel? Sehn s nicht, dass i a sauberes Hemd an hab und a gesalbtes

Haupt? Glauben s wegen dem Ernährungsamt?" „Na?"
Herr Stowasser drehte sich nun ganz um und betrachtete
staunend Hemd und Haupt. „Ah, da schau i aber. Hörst
Greißler ist dir der Powidl ins Hirn gestiegen?" Nun wo
das Ernährungsamt aus dem Spiel war, konnte er seinen
alten Freund wieder duzen." Musst schon entschuldigen,
weißt, wenn einer Gemeinderat zu mir sagt, dann will er
was. Alsdann, spucks aus, was brauchst?" „An Taufgöd!"
sagte er unvermittelt. Herr Stowasser hatte sich jetzt
völlig umgedreht. „Für dich oder für wen?" „Für unsern
Kleinen halt, die Resi lässt auch schön bitten." „Ös habt
s mir gar nicht gesagt was los ist, bin i a Niemand?" „Aba
na, wir wissen wer sie san. I hab glaubt der Ferdl hat was
gesagt." Das regte Herrn Stowasser noch mehr auf. „Was
der hat s gewusst und nicht s gesagt? Den Falotten dersteß
i, wann i aufi kumm! Alsdann, an Taufgöd brauchst? I
machs, kannst di drauf verlassen, alter Hallodri! Kost einmal den Retzer! Da ist noch kein Wasser drinn!" „Gut ist
er! Die reine Natur, wann i denk was in dem Powidl drinn
ist und das jetzt nix wie Brombeertee gibt. ...I darf s also
sagen, dass sie der Göd sind?" „Wo willst es denn sagen?"

„Auf dem Pfarramt. I geh jetzt hin, die Taufe anmelden." „Ah so!" meinte Herr Stowasser und kratzte sich
verlegen hinterm Ohr. „I hab dir mein Wort gegeben,
das gilt! Es ärgert mi nur, dass i dabei mit dem Pfarrer
zusammenkommen muss. Mit dem hab i an Ärger, verstehst, wegen den Birkenbäumchen vom letzten Umgang
und wegen dem Gras zum Aufstreuen." Herr Übel wunderte sich. „Pass auf! Das kost s, hab i zum Pfarrer gesagt. Ihm war s zu teuer. So haben wir miteinander ge-
rauft und jetzt gehen wir uns aus dem Weg!" „Und hat
er s nachher bezahlt?" „A woher, keine Spur! I hab ihm

sagen lassen, er soll sich s Geld hinten eini schieben und er hat mir zurück sagen lassen, diese Äußerung wird mi mein Mandat kosten. Er hat das Ordinariat gegen mich auf gehustet und verlangt i soll Abbitte leisten. I hab gesagt: Ja! Wenn er mir seine Schulden persönlich auf die Hand zahlt. Tut er nicht! Hat er wieder gesagt. So ist es hin und her gegangen zwischen uns, bis i mit n Bezirksgericht gedroht hab und mit der öffentlichen Blamage. Da hat das Ordinariat selber das Geld geschickt und hat si entschuldigt. Der Hochwürden selber hat geschworen, er wird mi ersäufen aber vorher schlag ich ihn nieder!"

Herr Übel, der seit geraumer Zeit alle Autoritäten, vom Sicherheitswachmann Sekira aufwärts, zu hassen begann, nickte beifällig. Es schien ihm, als stäke auch im Gemeinderat, Genossenschaftsvizepräsident und Stehweinhallenbesitzer Leopold Stowasser eine Art antiker Held, der jeden Widersacher glatt niederschlägt. Jawohl, das war der richtige Göd für seinen Heldensprössling. „Reden wir nix mehr davon!" befahl Herr Stowasser. „I bin der Göd, i zieh meinen schwarzen Gehrock an und das Verdienstkreuz mit der Krone häng i mir a aufi!" „Jessas, des Aufsehen, wenn sie mit ihren Orden ausrucken! Der ganze Bezirk rennt zusammen!" rief Herr Übel glücklich. „Jawohl!" sagte Herr Stowasser, sonst nichts und er goß die Gläser wieder und wieder voll und begann von der schönen Zeit zu schwärmen, wo die Frau Resi Übel noch Leutgeb geheißen hatte und er, ihr nachgestiegen war. „Sie hat mi nicht mögen, die Resi, wegen meiner Sommersprossen", seufzte er elegisch. „Und nachher, hat sie dich genommen, du hatscherter Enterich mit dein Bläh-hals, weilst vielleicht schöner bist?" Herr Übel lächelte geschmeichelt und nahm die Gelegenheit wahr,

Herrn Stowassers neuen Wein gründlich zu kosten. In gehobener Stimmung machte er sich auf den Weg, geriet in die Scherben, zerschnitt sich die Sohlen der Stiefel und erklomm mühsam die Kellerstiege. Der Ferdl wunderte sich, weil die Unterredung so lange gedauert hatte. „Wie geht s dem Chef? „Es geht ihm gut!" mehr war aus Herrn Übel nicht heraus zu bringen.

Er machte sich nun auf den Weg zum Pfarramt. Der war zum Glück nicht weit und verschönt durch verschiedene, wenn auch ungeordnete Gedanken, die sich aus den Begriffen: Retzer, Birkenbäumchen, goldenes Verdienstkreuz mit der Krone und hinten hineinschieben, zusammensetzte. Ab und zu konnten Vorübergehende die gemurmelten Worte hören: „I weiß nicht, im Keller hab ich nichts gespürt! Da muss die Luft schuld sein ... hik!"

Der Mesner empfing ihn und erklärte sich bereit, den Herrn Pfarrer zu holen. Herr Übel saß inzwischen auf dem einzigen Stuhl in der Kanzlei und versuchte den Weihrauchduft, der das ganze Pfarrhaus durchzog, mit den Weingeistern, die in ihm spukten, in Einklang zu bringen. Das gelang ihm nicht sehr gut. Ganz im Gegenteil! Es begann ein wilder Kampf, zwischen draußen und drinnen. Es begannen die wenigen Einrichtungsgegenstände der Kanzlei lautlos, um ihn zu kreisen. Plötzlich war da ein weiterer Punkt, der sich zu den anderen gesellte und einträchtig mit ihnen elliptische Bahnen zogen. Es war der Herr Pfarrer. Als Herrn Übel, das bewusst geworden war, ermannte er sich zu jener Haltung, die der Würde des Raumes und dem Ernst seines Vorhabens entsprach. „Was wünschen Sie?" fragte der Herr Pfarrer, der den Geschäftsmann kannte, seit der einmal beim Umgang die rechte hintere Stütze des Himmels tragen durfte. „I möchte a Taufe anmelden, Hochwürden!" erklärte der. „Eine Taufe!" rief der Pfarrer erfreut, „nun, das kommt jetzt selten vor. Die Geburten sind erschreckend zurückgegangen, gerade jetzt, wo das Vaterland Ersatz für jene Helden braucht, die". „I weiß!" unterbrach ihn Herr Übel, „da Krieg ist schuld dran, der schreckt die Leute ab. Am besten wär s eh, wir sterben aus, dass einmal a Ruhe ist!" Der Herr Pfarrer machte erstaunte Augen. „Ist es ein Knabe oder ein Mädchen?" fragte er. „Ein Knabe!" bemühte sich Herr Übel ebenso hochdeutsch nachzusprechen. „Bravo, das ist recht!" lobte der Pfarrer. „Jawohl! Vor achtzehn kommt er nicht zur Musterung und inzwischen bring ich ihn in die Schweiz, wenn der Krieg bis dahin nicht aus ist. Oder glauben s vielleicht i lass ihn erschießen, wo ich ihn mit Schmerzen geboren hab?" Der Pfarrer wechselte mit seinem Mesner bedeutsame Blicke. „Sie melden also eine Taufe an, lieber Herr Übel", sagte er freundlich, um die Sache kurz zu machen, „wäre es ihnen morgen drei Uhr nachmittags recht?" „Mir ist alles recht!" nickte der. Der Pfarrer ließ sich die Dokumente geben, schrieb in ein großes Buch und fragte dann: „Wie soll er heißen, der Knabe?" „Achilles, Odysseus, Herakles!" Der Pfarrer legte die Feder weg „Wie bitte?" „No, Achilles, Odysseus, Herakles", wenn ich s eh schon sag!" wiederholte Herr Übel. Es entstand eine beklemmende Pause. Der Mesner stand dabei, riss den Mund auf und wackelte mit den Ohren. „Haben sie Verwandte mit diesen Namen, in der Familie?" erkundigte sich der Pfarrer, während er nachdenklich an dem grauen Haarbüschel riss, das ihm aus dem rechten Nasenloch wucherte. „Na, das sind Namen von Helden!" erklärte Herr Übel. „Ich weiß, ich weiß", wehrte der Pfarrer ab und es entstand wieder eine Pause, der Mesner, begann vor Spannung, in der Nase zu bohren. „Einen Augenblick!" sagte der Pfarrer dann und verschwand durch die Tür. Draußen auf den Gang blieb er stehen, stierte wie geistesabwesend die weiße Mauer an und zerrte wieder heftig an bewusstem Haarbüschel. Dann schüttelte er den Kopf und ging in seine Studierstube. Herr Übel setzte sich wieder auf den Sessel und gab sich dem Rausch hin. „Hörst Mesner, da Stowasser hat an neuen Wein…klasse!" „Na, ja, i bin stier, i bin a armer Mesner. Aba i hab eh an Wein hä, hä, hä!" Er rieb mit der flachen Hand über seinen kahlen Schädel und hüpfte von einem Bein auf das andere. „Den Messwein halt, oder wie?" fragte Herr Übel scharfsinnig. Während in der Kanzlei ein Gespräch darüber geführt wurde, wieso die Mesner nie ein Geld haben, hatte der Pfarrer aus seinem Bücherkasten ein Heiligenregister genommen. Blätterte darin zuerst unter A, dann unter O und schließlich unter H. Aber es fanden sich keine Heiligen mit diesen Namen. Er stellte das Buch zurück und stapfte in die Kanzlei. „Verehrter Herr Übel, ich muss ihnen mitteilen, dass ich nicht in der Lage bin, ihren neugeborenen Sohn auf die von ihnen gewünschten Namen zu taufen." „Ja, warum denn nicht, wenn man fragen darf?" meinte er. „Weil es h e i d n i s c h e Namen sind!" erklärte der Pfarrer mit Würde. „Die katholische Kirche hingegen nimmt nur Menschen in ihren Schoß auf, die Namen von Heiligen haben!" „So?" sagte Herr Übel überrascht, dazu: „so, so… dann möchte ich bemerken, dass der Herr Gemeinderat und Ritter des goldenen Verdienstkreuzes mit der Krone, Stowasser, der Göd von mein Buam ist. Wenn s ihn vielleicht kennen„? setzte er heimtückisch hinzu.

Der Pfarrer verzog keine Miene, als er den verhassten Namen hörte. „Wer der Göd ist, spielt keine Rolle", sagte er nur mit schlichter Größe.

Herr Übel hingegen, der erwartet hatte, dass der Stellvertreter Gottes in Erdberg nun augenblicklich vor ihm auf dem Bauch kriechen oder doch wenigstens umfallen würde, begann alle Farben zu spielen. „Des spielt keine Rolle, so? Der Gemeinderat und Ritter des goldenen Verdienstkreuzes mit der Krone spielt bei ihnen keine Rolle? Des wer ich mir merken! Alsdann, sie wollen mein Buam nicht taufen?" es klang furchtbar. „Nicht auf die, von ihnen gewünschten Namen!" Der Herr Pfarrer hatte keine Angst, dass durch seine Beharrlichkeit der Kirche ein Schäfchen verloren gehen könnte. Er wusste aus Erfahrung, dass eine kurze Erklärung meist genügt hatte, die Eltern zu einem christlichen Namen zu bewegen. Dass Herr Übel nicht gleich zum Kreuze gekrochen war, wunderte ihn nicht. Da steckte der Wein dahinter! Wozu ist denn die Mutter da? dachte der Pfarrer. Die wird dem Dickschädel schon die Leviten lesen. Auch der Göd Stowasser, den Herr Übel beharrlich „Ritter" genannt hatte, musste seinen Einfluss aufbieten. „Ich bin überzeugt davon, dass Sie als Katholik und Bürger bei reiflicher Überlegung den Weg zu mir zurück finden werden", sagte er mit lächelnder Milde. „Bis dahin behüte Sie Gott! Dem Herrn Gemeinderat Stowasser können Sie sagen, dass das goldene Verdienstkreuz, ob mit oder ohne Krone, kein Orden, sondern ein einfaches Ehrenzeichen ist, dessen Besitzer nicht das Recht hat, sich „Ritter" zu nennen." Herr Übel war so sprachlos, dass er darauf keine Antwort fand. Er maß den Pfarrer von oben bis unten und umgekehrt und verließ dann die Kanzlei mit der Haltung eines Mannes, der hier weiter nichts mehr zu suchen hat. „Sie werden sehen, der kommt wieder!" sagte der Pfarrer zum Mesner, dessen Mund vor Staunen offen stand. Denn er kannte seine Pappenheimer. Dann ging er schnell zu seinem Gabelfrühstück zurück, dass er unterbrochen hatte.

Es trieb Herrn Übel mit Macht, sein Erlebnis im Pfarrhof, dem Herrn Stowasser brühwarm zu erzählen. Er eilte zur Weinhalle zurück und in den Keller hinunter, wo Herr Stowasser noch immer bei seinem Retzer saß. Müde von seiner aufreibenden Arbeit, war er gerade, auf seinem Hocker eingenickt, als ihn das fürchterliche Klirren von Glasscherben aus seinem Traum riss. Er hörte höllisches Fluchen und schreckliches Jammern sowie die Schimpfwörter, mit denen Herr Übel die Glasscherben, in die er geraten war, belegte und sah dann den Greißler aus dem Dunklen auf sich zu wanken. Der presste seine Hände abwechselnd an den Mund, um das Blut zahlreicher Schnittwunden aufzusaugen, seine Knie waren aus einer Mischung von Kalk und Spinnweben verziert, sein Kragen war beim Sturz aufgesprungen und stand, nur mehr vom hinteren Knöpfchen gehalten schön gebogen, wie eine Leberwurst in seinem Genick. Die Krawatte baumelte traurig auf seiner Brust. Herr Stowasser, dessen Zeitgefühl vollkommen im Retzer untergegangen war, staunte sehr, den Greißler schon wieder zu sehen, denn er glaubte, dass sich der gerade Verabschiedet hatte.

„Was willst noch?" fragte er daher. „Herr Gemeinderat! ... Herr Gemeinderat, es muss was geschehen! Das können wir uns als Ehrenmänner nicht bieten lassen!" schnaubte er rachsüchtig. „Jo, jo", lallte der Stowasser und glotzte Herrn Übel an, als sähe er ein Kellergespenst. „Was ist los? Spuck s ausse Greißler!" „Er will unseren

Buam nicht taufen!" stieß er hervor. „Wer? ... Was für an Buam?"

„Unseren Buam, wo sie der Göd san! – Da Pfarrer!" Der Stowasser sah drein, als hätte ihm die Sphinx ihr Rätsel zu lösen aufgegeben. Er verstand kein Wort von allem, denn er befand sich in jenem Stadium, von dem seine Frau sagte: „Heut ist oha!"

Herr Übel war aber auch nicht besser dran. Er verstand aber allmählich den Schankburschen Ferdl, der seinem Chef hin und wieder eine runter hauen wollte. Aber er war geduldig und erzählte seinem verdutzten Zuhörer, kleinweise alles noch einmal. „Ah, jetzt versteh i erst!" entrang sich dessen Mund, „die Namen gefallen dem Pfarrer nicht, deswegen sagt er nein und tauft ihn nicht!" „Grad so ist s und dann sagte er, es spielt keine Rolle, dass sie der Göd sind." „Was er hat g sagt, dass i ich keine Rolle spiele? Schwör mir des Greißler!" „No eh!" hustete Herr Übel, „Dann sagt er noch: Dass sie kein Ritter sind, ihner Orden ist ihm zu wenig hoch!" „Des sollst mir sagen? Schwör mir das Greißler!"

„No eh!" nickte Herr Übel immer wieder und für den Stowasser war das ein Schwur. Seine Augen rollten fürchterlich, es schien als sei eine Tonne Dynamit lebendig geworden. Er versuchte mehrmals, von seinem Hocker aufzustehen, aber es gelang ihm nicht. So griff er Herrn Übel am Arm und zog ihn mit Riesenkräften zu sich herunter. „Kumm her da!" schrie er, jetzt sag i dir was. Gar nicht lass ihn taufen! Justament, nicht! Wenn di wer fragt, nach a sagst halt, i hab s g sagt!" Herr Übel verstand nicht gleich. Er studierte eine Weile um Stowassers unausgesprochene Gedanken zu lesen. Er hatte sich nicht geirrt. Nach einer Erschöpfungspause fing er wieder zu reden an: „Jetzt gehst in s neue Rathaus, Ebendorferstraße, gehst beim Tor eine, dann links, die Siege Vier hinauf ins Hochparterr. Dort ist das Matrikelamt, verstehst? Dort lass dein Buam eintragen mit was für Namen du willst, basta!" Das waren seine letzten Worte, bevor er in sich zusammensackte und wieder einschlummerte. Herr Übel tastete an sich herum, ob noch alle Dokumente in seiner Tasche waren, knöpfte den Kragen zu, staubte die Knie ab, wusch die blutigen Hände in einem Wasserschaff und klomm die Stiegen hinauf. Von unten hörte er Herrn Stowasser im Traum sagen: „Gibs eahm, Greißler! Scheiß di nix!" Erfüllt von jenem unbeirrbaren Fanatismus, mit dem die Kreuzfahrer einst ins Heilige Land gezogen oder die Mohammedaner der grünen Fahne des Propheten gefolgt sind, strebte Herr Übel weiter.

Inzwischen war die Frau Resi daran gegangen, die geheimnisvollen Bücher in dem Kastl anzuschauen. Sie griff hinein nahm das erstbeste und trug es nach vorne ins Geschäft und begann darin zu lesen. Es waren „Die schönsten Sagen des klassischen Altertums" von Gustav Schwab. Sie las mit solcher Hingabe, dass sie unhöflich wurde, wenn einer ins Geschäft kam und sie störte.

Mit wuchtigen, nunmehr schon sicheren Schritten eilte Herr Übel durch den Rathauspark. „Jetzt muss i schau n, ob s da a an Kohl angebaut haben!" sprach er zu sich selbst und suchte durch seinen Zwicker die Rasenfläche des Parks ab. Es war Krieg und der hatte die Stadtväter gelehrt, die un- verbauten Grünflächen, die sie einst, leichtsinnig für Parkanlagen verschwendet hatten, wieder zu bebauen. Es wurde überall Gemüse angebaut. In gedörrtem Zustand bekamen es dann die Soldaten in den Schützengräben und dort den Namen

„Drahtverhau". Herr Übel war empört, als er zwischen den Ahorn und Blutbuchen, weder Rüben noch Erdäpfel finden konnte. Er kam selten in die innere Stadt und wusste daher auch nicht, dass man es bisher nur aus Scham und aus Rücksichtnahme auf das elegante Publikum, das hier spazierten ging, unterlassen hatte, auch die Gärten der Ringstraße mit Gemüse zu bebauen. Draußen hingegen, in den kleinen Gartenanlagen der Vororte, wo alte Proletarierfrauen und Männer ihr Leben zu verbringen pflegten und die jungen, unterernährten Kinder spielten, machte es sich gut, die wohlwollende Fürsorge der Regierung recht breit in Form eines Krautackers zu zeigen. Die Rosen und Tulpen der Armen sind Erdäpfel und Kohlplätschen. Sie riechen nicht gut, aber man kann sie essen. Herr Übel verstand es nicht, dass zwischen den Elendsquartieren in Erdberg und dem Rathausviertel ein Unterschied bestand, den selbst der Krieg nicht verwischen konnte. Aber er sollte es noch verstehen lernen.

Nach den Anweisungen des Herrn Stowasser fand er sich im Rathaus leicht zurecht und stand bald vor dem Matrikelführer. Es war dies ein recht alter, recht ehrwürdiger Herr mit einem weißen Kaiserbart am Kinn und dem Abzeichen der Marianischen Junggesellenkongregation nebst einemgroßen Kreuz im Knopfloch des schwarzen Gehrocks. Man sah es ihm an, dass die Reaktivierung nach längerem, wohl verdienten Ruhestand seinen Greisenrücken neu gestählt hatte. Es sah ganz so aus, als wolle er den jüngeren Kollegen, der jetzt an der Front, in irgendeinem Schützengraben lag, vertreten und ihm an Eifer nicht nachstehen. Er war, wie meist, auch heute sehr verärgert. Erstens konnte er zwischen

seiner Weltanschauung und seiner Dienstpflicht kein
Einvernehmen herstellen. Zweitens war er gezwungen
gewesen, sein Mittagsessen beim Eintritt der Partei in
der Schreibtischschublade zu verstecken. Drittens war
es im Verlauf eines Jahres, bereits der zweite Fall, dass
katholische Eltern ihre Kinder, als bekenntnislos, in die
Matrikel des Magistrats eintragen lassen wollten. Seine
Rede war kurz und niederschmetternd: „Sie heißen? –
Taufschein des Vaters! – Der Mutter! – Moment!" Er
schnüffelte in den Dokumenten herum wie ein Polizei-
hund. Herr Übel stand dabei und erwartete mit ängst-
lichem Gesichtsausdruck das Ergebnis der peinlichen
Untersuchung. Er begann zu schwitzen, als wäre er einem
General auf der Straße begegnet und von diesem augenblicklich an die Front geschickt worden. Selbst die letzten Weingeister hatten Angst bekommen, denn sie ver-
ließen fluchtartig seinen Kopf. Selbst nüchtern, schien
es ihm unbegreiflich, wie er hierhergekommen war und
was er da wollte. Marandana! stöhnte er innerlich, wann
des die Schwiegereltern erfahren! Die Resi haut mi tep-
pert! Ogottogottogott! Der verfluchte Stowasser! Er wäre
gern umgekehrt, aber es ging nicht mehr. Der Alte hielt
seine Dokumente in der einen Hand, schrieb mit der
anderen in ein großes Buch, sah jetzt gerade auf und
knallte die Frage: „Wo ist die Hebamme?" „He… He…
Hebamme?" stotterte Herr Übel und er sah sich verzweifelt im Raum um. „Was… Was für a Hebamme?"
„Ah so! Na ja! Natürlich!" sagte jetzt der Matrikelführer und aus seinen Mundwinkeln troff blutiger Hohn.
„So schaun s aus, die Aufgeklärten, sie wissen, dass alles Humbug ist, aber dass bei einer Geburtsanmeldung
die Hebamme mitbringen müssen, das wissen s nicht.

Geh ma! Habedieehre! Und kommen s mit der Hebamme wieder. Der Nächste bitte!"

Der Nächste war zwar nicht da, aber Herr Übel verstand diese zarte Andeutung, sich als erledigter Fall zu betrachten. Erst als er wieder draußen auf der Straße stand, löste sich die Schreckensstarre. „Des Glück, des Sauglück!" Der Herr Pfarrer empfing ihn zum zweiten Mal, mit lächelnder Nachsicht und tat nichts, was diesen Kanossagang erschwert hätte. Der kluge Feind höhnt den geschlagenen Gegner nicht, dachte er. „Also, morgen Nachmittag um drei Uhr!" sagte er, und es bleibt dabei, dass der Knabe Johann heißen soll! Behüte sie Gott, lieber Herr Übel!"

Frau Resi hatte ihren Gatten längst mit Ungeduld herbeigesehnt. „I muss dir ein Geständnis machen, Johann", sagte sie, nachdem sie ihn begrüßt hatte. „Weist Johann, i war so neugierig auf deine Bücher, die du allerweil liest. Die sind schön! Gar nimmer hab ich aufhören können', zum Lesen. Du hast Recht gehabt, das waren Helden, richtige Vorbilder für unsren Buam. Wir haben gestritten gestern, weil ich ein dummes Weib war! Aba heute weiß ich, dass unser Kleiner so heißen soll, wie du gesagt hast. No, ist dir des recht, Alter?" Sie lehnte sich an ihn und schmeichelte so lieb, nannte ihn gar Alter, was nur alle heiligen Zeiten einmal geschah und wieder bemerkte er, dass sie ein junges, sauberes Weib war. „Na, ist dir das recht, Alter?" Herr Übel stand breit wie eine Eiche da, an der sich der treue Efeu in die Höhe rankt. Aber er war nahedaran umzufallen. „I hab geglaubt, es passt dir nicht und hab ihn auf Schani angemeldet", sagte er tief zerknirscht. Er begann mit der Beichte, die mit dem Gang in Stowassers Weinkeller begann.

Was Frau Resi dazu sagte?

„Ist auch gut, Johann, du bist der Gescheitere und i folg dir gern." Sie verbarg die Geschichte von des Gatten Irrfahrt tief in ihrem liebenden Herzen.

5

Karl Schediwy führte das Leben eines gehetzten Tieres. Wenn er auch keine Beweise dafür hatte, wusste er doch, dass er gesucht werden würde.

Wo suchte man einen Deserteur zuerst, als in der Heimat, im Elternhaus? Karl hätte Erdberg, hätte Wien meiden können. Es war ihm bekannt, dass tausende flüchtige Soldaten Österreich, besonders dessen böhmische und mährische Provinzen, durchzogen und sich durch ständigen Ortswechsel den Zugriff der Militärpolizei entzogen. Das flache Land mit Wäldern und Feldern, Tälern und Bergen bot Zufluchtsorte genug. Die Zivilbevölkerung, meist Frauen und ältere Bauern, hegten Sympathie für die Flüchtlinge. Durch ihre stillschweigende Duldung konnten sie Nutzen ziehen. Überall mangelte es an Arbeitskräften. Die Söhne waren fort, draußen in den Schützengräben. In der Heimat gab es aber schwere Haus und Feldarbeit und die ruhte auf den Schultern der Frauen, Greise und Kindern. Da war ein Deserteur die gesuchte, billige Arbeitskraft. Für ein Nachtlager und ein paar Kartoffeln oder eine Schale Milch arbeitete er gerne einen ganzen Tag lang. Hackte Holz, führte Dünger aufs Feld, half beim Mähen und beim Kartoffelklauben. Aber was lag daran? Besser vierzehn Stunden am Tag schwer arbeiten, als draußen im Polnischen Dreck oder in den Dolinen auf dem Doberdo das tierische Dasein einer Mordmaschine führen. Karl war es freigestanden, wohin er sich wenden wollte. Sehnsucht hatte ihn in die Heimat geführt. Auch die Stadt ist groß, bietet dem Einzelnen tausend Möglichkeiten, in ihr zu verschwinden. Die Stadt aber ist toter Stein, der den Hunger nicht stillt und bis in den Kanal hinunter, kontrolliert wird. Der Freund, die Familie boten keine Sicherheit. Der Staat greift mit brutaler Gewalt in die letzten Heiligtümer des Privatlebens, missachtet die Bürgerrechte, während er die Bürgerpflichten mit dem Bajonett erzwingt. Karl hatte zwei Freunde, denen r sich anvertrauen konnte. Der Invalide Sawitsch hatte früher, die Briefe Karls an Anni vermittelt, als der noch im Feld war. Der Darmwäscher Zettler zögerte keinen Augenblick, ihn zu verbergen und ihm weiter zu helfen. „So lange es möglich ist, bleibst du bei mir!" sagte er kurz. „Hier steckt nicht so bald wer die Nase rein!" Da hatte er Recht. Er besorgte Karl Zivilkleider, gab ihm zu essen und war froh, in seiner stinkenden Einsamkeit einen Kameraden gefunden zu haben. Karl zeigte sich bei Tag niemals außerhalb der Baracke, schlich auch nur nachts, selten fort zu den Eltern oder zum Gitter des Schlösschens in der Erdbergstraße. Es geschah mit der allergrößten Vorsicht. Anni, lebte seit Karl da war ständig in Angst. Jeder ihrer nächtlichen Gänge zum Gitter, brachte sie ans Ende ihrer Kräfte. Dass ihre geheimen Treffen entdeckt werden könnten, war ihre geringste Sorge. Jetzt stand die Sicherheit und Leben des Geliebten auf dem Spiel. Sie war bereit die Folgen ihrer Handlung zu ertragen. Furchtbar war aber ihre seelische Verlassenheit. Sie musste das Leben, leben wie bisher, musste das Haus versorgen, bei ihrer Stickerei sitzen, sprechen und lachen wie sonst, wo ihr doch so schrecklich weh ums Herz war. Niemand durfte ihr Geheimnis ahnen.

Manchmal, wenn der Vater begann alles zu verfluchen, was ihr heilig war, wenn er gläubig, aus der Zeitung die Verdrehungen vorlas, die den Krieg als wahrhaftiges Gottesgericht darstellte, unter dem die Menschen nur darum leiden, weil sie nicht seinen Zweck erfassen können. Da durchschauderte sie ein Erschrecken vor diesen Teufeleien und es trieb sie fort, hinaus in die Natur. Dann wanderte sie immer an der öden Stätte vorbei, wo sich, was ihr das Liebste auf Erden war, in Schmutz und Ekel verstecken musste. Langsam ging sie am Rand des Unrats vorbei, sah aber nicht zur grauen Baracke hinüber, hoffte nur, dass dort hinter den schmutzigen Fenstern, sie jemand sehen würde. Sie ging über die Brücke, die Donauauen entlang und suchte nach einem schattigen Platz, wo sie sitzen und denken konnte. Wenn die Sehnsucht sie verzehrte oder die hoffnungslose Leere sie verzweifeln ließ, ging sie zu Karls Mutter.

Nicht weit vom Schlössel der Leutgebs, wohnte die Familie Schediwy. Die Wohnung, aus einem engen, niederen Zimmer und einer schmalen Küche bestehend, die durch die Milchglasscheibe der Tür „Ganglicht" erhielt, war früher einmal, als die vier Buben noch hier wohnten, zu klein gewesen sein. Heute aber reichte sie. Franz, der älteste Sohn, war in den ersten Augusttagen in einem Gefecht bei Sadomir, an der Weichsel gefallen. Felix war im Feldspital an Typhus gestorben, Schurl, der jüngste, war bei einem Betriebsunfall in Blumau tödlich verunglückt. Nur Karl lebte noch. Wenn man es sagte, lag die Betonung auf dem „noch". Die Wohnungsprobleme waren hier, auf die Einfachste Weise gelöst worden. Der alte Vater, die alte Mutter hatten nun Platz genug. Dorthin, in die kleine Wohnung trug Anni ihre Sorgen. Der Vater

stand tagsüber in der Granatendreherei in Zwischenbrücken, die Mutter war durch ein Fußleiden abgehalten wieder an ihre Arbeitsstätte zurückzugehen. Trotzdem wollte sie nicht untätig sein. Sie hatte eine leichte
Heimarbeit gefunden, nähte aus Sackleinwand kleine
Einkaufstaschen, die von patriotischen Damen der Gesellschaft dann mit dem Wappen der Gemeinde Wien
und der Schrift „Frauenhilfsaktion im Krieg 1914–1916"
bestickt wurden. Es war ein „humanitäres „Unternehmen. Der Reinertrag diente der Verlängerung des Krieges. Es war eine ganz leichte Heimarbeit und sie war auch
ganz schlecht bezahlt. Der alte Schediwy sah seine Frau
nicht gerne daran arbeiten. „Willst du auch dazu helfen,
Mitzi? Haben wir unsere Steuer nicht schon bezahlt?"
rief er manchmal erregt, mit ausgestreckter Hand nach
denn verblassten Fotos der drei toten Buben zeigend, die
dort unter Glas und Rahmen, an der feuchten Wand hingen. Dann sagte sie: „Du hilfst ja auch mit, Gustav! Noch
viel mehr als ich!" Dann schwieg er, ging brummend hinaus in die Küche, zerschlug einen Brocken Kohle, den
er heimlich aus der Fabrik, nach Hause getragen hatte.
Einmal aber, war es zu einer furchtbaren Szene gekommen. Wieder einmal hatte sie ihn daran erinnert, dass
ihre Näherei da eine Lächerlichkeit sei gegen seine Arbeit
in der Munitionsfabrik. Da war er aufgesprungen, wild
und besinnungslos, war vor dem Weib auf die Knie gefallen und hat geschrien: „Lass mich hungern! Tritt mich!
Spuck mich an! Nur das eine sag mir nicht!"

Anni war dabei und hatte es gesehen und geholfen,
den alten Mann zu beruhigen. Seitdem sagte die Mutter
kein Wort mehr, verräumte ihre Arbeit, bevor er heimkam, um jeden Zusammenstoß zu vermeiden. Zu Anni

sagte sie bald darauf: „Er ist nimmer ganz beisammen im Kopf. Manchmal kommt er mir vor, wie ein anderer. Er glaubt, es ist nix, wenn er nix davon redet. Jeder hilft mit, beim Krieg führen, wenn er sich nur bewegt. Wenn sich keiner mehr rühren tät, wär s aus!" Ein gutes Wort – aber unerfüllbar! Anni bot, wenn sie da war, oft ihre Hilfe an. „Lass nur, mein Kind!" wehrte sie ab, „Du bist rein, du sollst dich nicht beschmutzen. Uns Alten schadet das nichts mehr. Euch Jungen könnte man einmal einen Vorwurf daraus machen!" Anni, sah die früh gealterten, verhärmten Züge der Frau und las in ihnen das Schicksal einer Generation. Sie hatte dem Frieden gedient und waren zu schwach gewesen um den Krieg zu verhindern. Die Generation der Alten hatte keine Illusionen mehr. Anni, liebte Frau Helga. Sie war ihr zur Wahlmutter geworden, der sie anvertrauen konnte, was ihre natürliche Mutter niemals verstanden hätte. Sie sprach von ihrer Liebe zu Karl, von dieser starken, echten Liebe, die auch das furchtbare Geständnis jener Nacht nicht erschüttert hatte. War die Mutter in dieses Geheimnis ihres Sohnes eingeweiht, hatte er sich vor ihr beschuldigt wie vor dem geliebten Mädchen? – Mörder! – Dieses Wort brannte in ihrer Seele. Ist dein Sohn ein Mörder? Hätte sie rufen mögen. Aber sie schämte sich vor der Schwergeprüften, die zu leiden verstand ohne zu klagen. Das war nicht die Brust, an der man weinen konnte, das war die Brust, die tief verbarg, was sie empfand! Grenzenloses kann der Mensch ertragen! Werde wie ich und du wirst es verstehen! Dies genügte aber dem Mädchenherzen nicht, es suchte nicht die Enttäuschung des Alters, sondern die Hoffnung der Jugend.

Und es fand den kleinen Peter!

6

Herr Übel hatte sein Wort gehalten. Schon am übernächsten Tag nach dem Besuch des alten Mutterls war er nach Margareten gefahren, um nach dem Rechten zu sehen. „Nimm dich halt an, wenn s gar zu arg ist!“ hatte Frau Resi ihm noch nach gerufen. Schon längst hatte sie darüber nachgedacht, wie sie die Schestak und die Hausbesorgerin, die noch immer beleidigte Gesichter machten, wieder versöhnen könnte. Nichts kränkt ein Weib mehr, als ein ungelöstes Geheimnis. Die beider brannten danach, Näheres über die geheime Wichtigkeit zu erfahren und waren gleich wieder gut, als Frau Resi davon zu sprechen begann. „Jeschusch! Jeschusch! So ein Unglück! Der arme Bub! Den muss jetzt gewiss, die Gemeinde übernehmen!“ Obwohl über die ganze Sache nicht mehr bekannt war, als was das Mutterl erzählt hatte, verstanden es die Frauen, stundenlang darüber zu reden und so verging die Zeit im Flug. Jetzt muss er schon dort sein, dachte Frau Resi. Da ging die Ladentür auf, Herr Übel kam schon wieder zurück und schob vor sich einen mageren, blassen Jungen herein, der die Matrosenmütze von seinem blonden Kopf zog und schüchtern in der Hand hielt.

„Küss die Hand, Tante Resi!“

„Ja, Peterl!“ rief sie und ihre Augen gingen zwischen dem Knaben und dem Mann hin und her. Herr Übel hielt den Knaben noch immer vor sich, er hatte seine großen Hände schützend auf dessen schmächtige Schultern gelegt. „Ich hab den Peter gleich mitgebracht!“ erklärte er bedrückt und zwinkerte seiner Frau dabei zu, sie möge jetzt vor den beiden Nachbarinnen keine weiteren Fragen mehr stellen. „Hast noch an warmen Kaffee?" Frau Resi hatte ihn verstanden. „Komm in die Wohnung, Peter!" sagte sie freundlich und nahm auch gleich den Sack, den er mitgebracht hatte. Es enthielt Wäsche, Kleider, Schulsachen. Sie holte den Kaffee, goss ein großes Häferl voll, legte eine tüchtige Schnitte Brot dazu und ließ den Buben essen. Als sie wieder nach vorne in den Laden kam, stand Herr Übel noch immer beim Gaskastel und kratzte sich am Kopf. Er hatte das Versöhnungswerk seiner Frau in kürzester Zeit zerstört und die beiden Tratschweiber hinaus komplimentiert. „Was sagst jetzt dazu, Resi?" fragte er und seine Augen sahen ängstlich bittend in die seiner Frau. „I soll was sagen? I glaub, jetzt bist du drann!" „Hast Recht! Aba da ist nicht viel zum Sagen. I hab den Peter mitnehmen müssen, denn wie i hinkommen bin, haben s die Sophie grad auf n Steinhof geführt!"

„Jesus!" „Ja, i hab sie noch gesehen, aber sie hat mich nimmer erkannt. Sie ist komplett narrisch." In dem kleinen Laden war es eine Weile ganz still. „Na, wie geht's jetzt weiter? Willst den Buben behalten?" Herr Übel gab darauf keine Antwort. Ich glaub schon! dachte frau Resi, die im Gesicht ihres Mannes lesen konnte. Sie fühlte eine merkwürdige Bitterkeit in sich aufsteigen. Jetzt, wo wir unseren kleinen Schani haben, bringt er mir einen fremden Buben ins Haus! Dachte sie. Sie sagte aber nichts, sie verbarg diese jähe Eifersucht. Herr Übel empfand ähnlich: „Zerbrechen wir uns jetzt nicht die Köpfe. Wichtig ist, dass der Bub für die nächsten Tage untergebracht ist. Dann schau ma wie s weiter geht!" Dagegen hatte Frau Resi nichts. – Das war der Einzug Peterls.

Während die Eheleute einer Aussprache aus dem Weg zu gehen versuchten, sie immer wieder hinaus schoben und mit ihren Gedanken und Ansichten Versteck spielten, blieb es dem Buben überlassen, sich in der neuen Umgebung zurecht zu finden. Er wusste nicht, ob es seine neue Heimat oder eine Station auf dem Weg ins Ungewisse war. Er tat es still und unaufdringlich, mit der leichten Auffassungsgabe seiner dreizehn Jahre und niemand sah es ihm an, wie mannhaft er seine Sorgen und Ängste auf seinen schmächtigen Schultern trug. Denn er begriff, was geschehen war. Er war nichtmehr kindlich, arglos. Er war in Armut herangewachsen und hatte eine Tragödie erlebt. Glaube, Liebe, Verzweiflung! Seine Augen hatten viel gesehen und etwas war darin zurückgeblieben. In dem schmächtigen Knabenkörper, war jetzt die Seele eines reifen Jünglings und was kindlich an ihr war, zitterte und weinte im Verborgenen.

Herr und Frau Übel verstanden nichts davon. Sie glaubten ihre fürsorgliche Teilnahme durch lautes Bedauern zeigen zu müssen. Dennoch wunderte sie, was sie nicht begreifen konnten.

Am ersten Abend den er in Erdberg verbrachte, hatte er seine Schulsachen gerichtet, dann den Plan von Wien auf dem Tisch ausgebreitet und ihn lange studiert. „Was suchst denn Peterl, wo du jetzt bist?" fragte Herr Übel. „Ja! Ich hab die Gasse schon gefunden und suche den Weg, den ich morgen in die Schule gehen muss." „Ja, richtig! Wo gehst denn in die Schule? Ins Gymnasium, nicht?" „In das Elisabethgymnasium auf der Wiedner Hauptstraße", sagte Peter, und nach einer Pause: „Es kost dich nicht s, ich hab ein Stipendium und bekomm auch alle Bücher aus der Schülerlade". Herr Übel war augenblicklich sprachlos. So, da hast du s! dachte er. Auch Frau Resi war überrascht. Sie hatte im Stillen gehofft, die Kosten des Studiums gegen ihren Mann ins Treffen führen zu können. Beide fühlten sich ertappt und schämten sich. „Auf der Wiedner Haupstraße? Das ist weit, da kannst unmöglich zu Fuß gehen." Aber Peter blieb dabei, dass er es könnte. Man sprach nicht weiter darüber. Am anderen Morgen aber, als der Knabe sich verabschiedete und ein Pferdewurstbrot zur Zehnerjause mitbekam, steckte ihm Herr Übel heimlich ein Sechserl zu: für die Tramway! Beim Haustor aber stand die Tante Resi ebenfalls mit einem Sechserl. „Danke!" sagte Peterl, „der Onkel hat mir schon das Fahrgeld gegeben", ging davon und ließ die verdutzte Frau mit ihrem Sechserl zurück. Die Eheleute sprachen darüber, denn es kam ihnen sonderbar vor. „Das weiß ich, wie ich ein Bua war, hätte ich alle zwei Sechserln genommen." Natürlich! Er wäre sich dabei auch noch sehr schlau vorgekommen.

Herr Übel hielt es für seine Pflicht, mit Peter zu den Leutgebs zu gehen, die diesen noch nicht kannten. „Weist es ist wegen der Tratscherei! Muss der Tratsch früher dort sein, wie wir?" Es gelang ihm auch wirklich, noch vor dem Tratsch hinzukommen. Die Schwiegereltern wussten noch nichts davon und mussten sich erst alles über die Verhältnisse erzählen lassen. Peters Eltern hatten zu wenig Zeit gehabt um gesellig zu sein und waren der Verwandtschaft gegenüber stets zurückhaltend gewesen. Man hatte darüber geredet, es für Stolz gehalten, obwohl es nichts anderes als die Erkenntnis war, dass sich zwischen verschiedenen Welten keine Brücken schlagen lassen. Es waren verschiedene Welten zwischen Margareten und den Leutgebs in Erdberg. Ehe man sich da abquälte, auf gleich zu kommen, ließ man es lieber bleiben. Die alten Leutgebs hatten Anstand genug, das dem kleinen Peter nicht entgelten zu lassen. Sie nahmen ihn freundlich auf und zeigten sich klüger als das Ehepaar, denn sie stellten keine Fragen, die den Knaben verletzt hätten. Anni, hatte entdeckt, dass sie außer dem Schani noch einen anderen kleinen Neffen hatte, der sich ganz wie ein Kavalier zu benehmen verstand und beanspruchte Peter gleich für sich. Sie zog ihn von den Alten fort und zeigte ihm Haus und Garten. Er ging gerne mit dem schönen Mädchen, das so lustig zu plaudern verstand. Er taute auch bald auf, verlor die Steifheit, die er Erwachsenen gegenüber annahm und es dauerte nicht lange und man konnte sie lachen hören. Anni, hatte Peter versprochen, ihn am nächsten Tag, einem Sonntag, zu einem Spaziergang abzuholen. Sie kam auch bald nach dem Mittagessen und zog mit ihrem Schützling davon. „Wohin? Wohin wollen wir gehen?" fragte sie draußen auf der Straße. „Wohin du willst, Tante Anni, du kennst dich hier aus und musst mich führen!" Gut! Also schlugen sie den Weg in die Praterauen ein. Anni kannte keinen anderen Weg mehr. Der war ihr einziger, denn er führte sie an der Baracke des Darmwäschers vorbei und sie konnte einen Blick auf Karls Versteck machen. Es War ein strahlender Frühsommernachmittag. Die Natur kümmerte sich nicht um das furchtbare Treiben der Menschen. Wie seit Jahrmillionen sah auch heute der Himmel blau, erhaben auf die Erde herab. Der Friede der Natur war herrlich. Still lag die Gegend, wo die Stadt an die Au grenzte. Scheu, damit es nicht bemerkt werden könnte, sah Anni zur Baracke. Saßen dort nicht zwei Männer auf der Bank und war der eine von ihnen ... Auch Peterl hatte die Männer gesehen. „Jö, Tante Anni!" rief er plötzlich, „dort sitzt ein Bekannter von mir". „Wie?" Annis Herzschlag stockte. „Ein Bekannter von mir, der Herr Schediwy!" wiederholte der Knabe. „Nein!" Anni schrie es fast. Sie war stehen geblieben und packte Peters Hand. „Doch!" bestand der mit dem Starrsinn den er immer zeigte, wenn er im Recht war. Anni erkannte sofort, dass ihr Benehmen die Neugier des Knaben erregen musste. Es war auch nur die Folge ihres plötzlichen Erschreckens gewesen. Sie hatte sich auch gleich gefasst, hielt Peters Hand in der Ihren und zog ihn weiter zur Brücke. „Du irrst dich, der eine Mann ist der Darmwäscher und der andere sein Gehilfe. Ich kenne sie beide!" „Warum bist du dann so erschrocken?" forschte er und sah sie fragend an. Das Mädchen erschrak zum zweiten Mal, nun freilich innerlich und unmerklich. „Erschrocken? Weil ich geglaubt hab, du willst gleich über die Mistberge steigen und zu deinem Bekannten gehen. Denk an deine geputzten Schuhe!"

Peter sah an seiner blauen Matrosenhose hinunter, unter deren breitem Umschlag die Schuhe hervor schauten, aber er glaubte es nicht. Seine Hellhörigkeit hatte ihm verraten, dass es mit dem Bekannten dort in der Baracke eine Bewandtnis haben müsse. Weil er aber sah, dass das Mädchen darüber gerne geschwiegen hätte, sagte er auch nichts mehr.

Sie waren längst in den Auen angelangt und Peter wäre gerne in den Sträuchern links und rechts vom Weg herumgesprungen um es zu erkunden, aber er sah ein, dass es unhöflich der jungen Tante gegenüber gewesen wäre. So blieb er immer an ihrer Seite und unterhielt sie, so gut er konnte. Er sagte ihr die Namen der Bäume, Blumen und Schmetterling, benahm sich wie ein vollendeter Kavalier. Anni, die zu jeder anderen Zeit, viel Vergnügen an der Unterhaltung gehabt hätte, ging in Gedanken daher, sah auf den Weg nieder, hörte neben sich den Knaben reden, ohne aber den Sinn seiner Worte zu verstehen. – War es wirklich Karl gewesen, der dort so sorglos in der Sonne saß? Woher kannte ihn Peter? Sie musste es erfahren, dachte darüber nach, wie sie es anstellen konnte!

Es war Karl Schediwy gewesen, den sie gesehen hatte. Er saß noch immer dort auf der Bank. Er konnte es seit heute getrost machen, ohne üble Folgen befürchten zu müssen, denn er trug einen Ausweis für den Notfall bei sich, der in als Schwerinvaliede auswies und der im Genuss der Krüppelrente steht. Sawitsch hatte es ihm von einem Bekannten verschafft, der ihn nur einmal im Monat brauchte, wenn er zur Auszahlungsstelle ging. Dieser Ausweis, gestempelt und unterschrieben, war echt, das war die Hauptsache. Er bedeutete für ihn Luft, Licht und freie Bewegungsmöglichkeit. Natürlich konnte er damit nicht in der Stadt herumspazieren, da er kein Zeichen von Invalidität an sich hatte und die Militärpolizei in dieser Hinsicht, keinen Spaß verstand.

Anni, wusste noch nichts davon und war über seinen Leichtsinn entsetzt. Sie begann wieder um seine Sicherheit zu zittern, wie in den ersten Tagen und sehnte das nächste Treffen herbei, um ihn zur Vorsicht zu mahnen. Müde von dem langen Marsch, suchten sie sich ein lauschiges Plätzchen zur Rast. Das Mädchen holte aus ihrem Täschchen, Brote mit Margarine bestrichen und Kirschen.

„Woher kennst du den Herrn Schediwy?" fragte sie endlich leise und mit erzwungener Gleichgültigkeit. „Er hat meinem Vater in der Fabrik einmal das Leben gerettet, wie er in das Schwungrad der Maschine geraten war. Seitdem ist er oft zu uns gekommen." Nun wusste sie es und war glücklich über das wunderbare Zusammentreffen. Sie führte Peter heim zu seinen Pflegeeltern und sagte beim Abschied, ohne dass es ihr Schützling hören konnte: „Wenn ihr den lieben, kleinen Kerl in ein Waisenhaus steckt, so rede ich mit euch kein Wort mehr." Das Ehepaar erwiderte darauf nichts. Es sah nur betroffen drein, als wollte es diesen Gedanken weit von sich schieben.

Auch Peter, der schon auf seiner Schlafstelle, dem Divan lag, dachte an das Waisenhaus. „Wenn sie wollen, muss ich hingehen!" sagte er sich. Das graue Bild aber, dass er davon hatte, wurde immer wieder verdrängt durch den blonden Mädchenkopf seiner Tante, der ihm mit guten, guten Augen zuzwinkerte ...

7

Peterls Schicksal sollte sich schneller entscheiden, als
es alle erwartet hätten. Wie jeder Mensch in dieser Zeit,
so war auch der Bub der Spielball einer höheren Gewalt,
deren Ratschlüsse unerforschlich sind.

Die Einladung des Vaterlandes an Herrn Übel, er hatte
trotz seiner C – Tauglichkeit am Endsieg mitzuwirken.
Es kam plötzlich über Nacht. Wenn die Bewohner dieses
Viertels an die steten Einberufungen schon gewöhnt waren,
so erregte die Nachricht, dass es nun auch den Übel –
Greißler „erwischt" habe, doch einiges Aufsehen. Die
allgemeine Ansicht darüber fasste Frau Schestak in den
historischen Ausspruch zusammen: „No, dank i scheen,
do miß me gut ausschaun, wann s den schon huln!"

Einstweilen jedoch gab es keine Anzeichen, die den
Ausspruch gerechtfertigt hätten. Es handelte sich lediglich darum, die Stadt Wien, die doch eine sogenannte
offene Stadt war, in Verteidigungszustand zu setzen. –
Und weiter nichts. – Dazu brauchte man eben den Land-
sturmjahrgang, dem Herr Übel angehörte.

Welche Maßstäbe da angelegt wurden, entzog sich
der Kenntnis der Wiener. Tatsache ist, dass der Wienerwald vom Leopoldsberg bis Rodaun von Hämmern und
Sägen, Hacken und Graben erfüllt war und seine Wiesen plötzlich von Drahtverhauen und Spanischen Rei-
tern umgeben waren. Vom Leopoldsberg herunter, zum
Kahlenberg hinauf, vom Kahlenberg zum Hermanns-
kogel, von diesem zum Dreimarkstein und weiter über

das Hameau zum Exelberg und über die Sophienalpe und Knödelhütte bis zum Bierhäuselberg zogen sich Schützengräben hin, so dass sich sogar die Narren in Steinhof wunderten als sie das sahen. Alle Schützengräben waren nach Westen gerichtet, als befürchtete Wien eine Invasion der St.Pöltener oder als hätten ihnen die Purkersdorfer Blutfehde angesagt. Man sperrte sämtliche Aussichtswarten, indem man Latten kreuzweise vor ihre Aufgänge nagelte und Wachposten davor stellte, man baute wo es ging, betonierte Unterstände und Bombensichere Kavernen. Die Wiener hätten sich die Belagerung Przemysls besser vorstellen können, wenn man ihnen alle diese Vorbereitungen gezeigt hätte. Aber man zeigte sie ihnen nicht. Im Gegenteil! Es wurde diese kriegerische Zone für Zivilisten abgesperrt wie ein Pestherd und wer trotz der vielen Warnungstafeln gewagt hätte, in den Tummelplatz verkalkter Generalshirne einzudringen, dem wäre nach den Worten der Schrift geschehen: Wer die Gefahr sucht, kommt darin um! Man war im Kommando sehr stolz auf alle diese Taten und jeden Augenblick kam ein anderer General, sie zu besichtigen. Es hatte viel Geld, Zeit und Mühe gekostet, aber das Geld brachte die Kriegsanleihe ein, Zeit hatte man im Überfluss und die Mühe hatten die Landsturmmänner, denen es doch lieber war, hier, in der Nähe ihrer Familien, den Gallizinberg zu befestigen, als in Montenegro unten den Lovcen oder auf dem Karst die Hügel von Görz.

Herr Übel wurde dringend aufgefordert, mitzumachen und befand sich nicht in der Lage, nein zu sagen:

So will sich Hektor ewig von mir wenden,
Wo Achill mit unnahbaren Händen
Dem Patroklus blut'ge Racheopfer bringt?
Wer wird künftig deine Knaben lehren
Speere werfen und die Götter ehren,
Wenn der düstre Orkus dich verschlingt?

So beginnt in Friedrich Schillers berühmtem Gedicht das Zwiegespräch des trojanischen Helden Hektor mit seiner Gattin, ehe er zum tödlichen Zweikampf mit Achilles auszieht. Wir alle haben es in der Schule gelesen, aber damals sicher nicht begriffen. Es schildert, in einer klassischen Sprache eine ewige – menschliche Tragödie, die sich zu allen Zeiten und bei allen Völkern oft wiederholt hat. Auch in Erdberg, als die Familie Übel ihren Ernährer verlieren sollte. Freilich war es nicht Frau Resis Sorge gewesen, wer den kleinen Schani lehren würde „Speere werfen und die Götter ehren", was die Tragödie aber nicht kleiner machte. „Mein Gott, wird i das Geschäft alleine weiter führen können? Wer wird auf mein Schani aufpassen, wenn i weg muss? O Gott! O Gott! Es ist arg wenn der Vater fehlt!" jammerte sie. Herr Übel zwang sich und sagte mit fester Stimme: „Na, schau, da kann man halt nix machen!" Innerlich aber dachte er: „Alles ist drauf gegangen und jetzt soll i a no drauf gehen?" Er sah weg um die Tränen in den Augen seiner Frau nicht sehen zu müssen und ballte die Faust im Hosensack. Er war trotz oder wegen seiner Liebe für das Heldentum, kein Held. Zivilcourage aber durfte man ihm nicht absprechen. Die Staatsgewalt griff mit schonungsloser Hand in sein Privatleben, zerstörte den ruhigen Lauf seines Lebens und zerriss die Bande, die vor Gott und den Menschen immer für heilig erklärt worden waren. Sie stürzte das Gebäude, jahrzehntelangen Fleißes ein und ihm, dem schlichten Bürger und biederen Greißler, dem die Schule nicht mehr als spärlichen Untertanenverstand eingeflößt hatte, blieb es überlassen, auf diesem Trümmerhaufen seine Geschäfte zu ordnen. Er machte sich gleich daran, wenn auch mit dem Gedanken eines Mannes, der seinen letzten Willen verfasst. Er übergab seiner Frau das Sparkassenbuch und teilte ihr die Klausel mit. Ermahnte sie zur Sparsamkeit und zur Vorsicht bei Geschäften. Weiter überreichte er ihr die Listen der Lieferanten, der Kunden und der Schuldner und weihte sie in alles ein, was sie zur Weiterführung des Ladens wissen musste. Nachdem so der finanzielle Teil, der leider immer der Wichtigste ist, geordnet war, gab er seine Wünsche und Absichten in Bezug auf den kleinen Schani ab. Bat sie diese zu verwirklichen, falls es ihm selbst nicht mehr möglich wäre. Er sprach diese Befürchtung nicht so wörtlich aus, aber die Frau verstand ihn und versprach unter Tränen zu tun, was er wollte. Nun blieb nur noch eines über, das beiden schwer auf dem Herzen lag: Was geschieht mit dem kleinen Peterl? Frau Resi fragte und er antwortete darauf: „Wenn s nach mir ginge, möchte ich, dass er da bleibt. Erstens ist er wirklich a lieber Kerl. Zweitens hätte st an ihm a Hilf. Und drittens ... Ja weist, der Peter ist halt um ganze dreizehn Jahr älter wie der kleine Schani. In a paar Jahr, wann i nimmer sein sollt, könnt er schon was verdienen. Derweil hast wenigstens an Menschen, mit dem du reden kannst, dass d nicht so allein bist." Resi erkannte den klugen Gedanken, den diese ungeschickten Worte ausdrücken sollten und sie hatte nichts einzuwenden. Die mütterliche Eifersucht, die sie anfangs hatte, das bittere Gefühl, mit jedem Wort, mit jeder Liebkosung für den fremden Knaben ihrem eigenen Kind etwas vorzuenthalten, waren an der stillen Bescheidenheit und aufrichtigen Dankbarkeit Peterls längst vergangen. Ja, sie war froh darüber, für ihr kleines Herzbinkerl einen Freund gefunden zu haben, der diesen brüderlich behütet und ihm das Heranwachsen erleichtern konnte. Es ist schwer festzustellen, wieweit ein Knabe von dreizehn Jahren in die Gefühlswelt Erwachsener eindringen kann und ob er das Verhalten kennt, das im Staatsleben Politik und in der Gesellschaft Lebensklugheit heißt. Ob bewusst oder unbewusst, Peter hatte dem kleinen Schani gegenüber das Richtige gemacht. Er hatte den Kleinen gern, hutschte und verhätschelte ihn, obwohl er selber keine Geschwister gehabt hatte und immer alleine war. Dabei vergaß er nie, dass im Haus Schani „das Kind" war, vor dem er selbst, wie alles andere auch, zurückzutreten hatte. Eben das rührte Frau Resi und gewann ihm ihr Herz. Auch Schani wusste ganz genau, wer Peter war. Er krähte lustig, wenn er ihn kommen sah, gab ihm gerne Bussi und ließ sich von niemand lieber in den Schlaf wiegen als von ihm. Nachdem der Entschluss gefasst war, wurde er Peter mitgeteilt." Du willst also gerne bei und bleiben?" fragte Herr Übel, glücklich darüber, dass der Knabe es freudig bejaht hatte. „I hab mit der Tante schon geredet. Jetzt sind sowieso Ferien. Nächstes Jahr geh st dann in Erdberg ins Gymnasium. Wenn du brav bist, lassen wir dich weiterstudieren. Die Tante Anni hat gemeint, dass d an gescheiten Kopf hast. Kannst dich bei ihr bedanken!" Anni hatte all ihren Einfluss aufgeboten und viel zu dem Entschluss der Eheleute beigetragen. Und Herr Übel war ehrlich genug, dies dem Knaben nicht zu verschweigen. Er kam sich vor wie ein Mensch, der im Begriff steht, eine bedeutende Reise zu machen und der aus Angst er könnte den Zug versäumen, schon Tage vorher seine Koffer packt. Er hatte das getan und wartete jetzt, las in seinen Heldenbüchern, als könnte er aus ihnen lernen, wie sich Zivilcourage in militärischen Mut verwandeln lässt. Resi hingegen wurde fassungsloser, je näher der Tag rückte und lamentierte. Auch die Nachbarinnen mischten sich ein und versuchten sie zu trösten. „Meiner ist auch dabei, seit vierzehn!" beteuerte die Hausbesorgerin Voglhuber. „Seit vierzehn! Er ist Kanzleiordonnanz. No sehen s, was soll i sagen?" Die Frau Schestak zählte an den Fingern: „Hollabetz Frantisek ise eingerückt, ise tot. Herr Raubitschi ise eingerückt, lebte no, ise abe Krippl und der fesche Bierführer, wie haßte? Waß schon, Habrmann ise eingerückt und Branntweiner Veiglstock von Eck ise eingerückt und der ise a tot. Nur Alte meinige rückt nix ein, weil er ise blöd. No, wos will i damit sogen? Ise Krieg, jawuhl!" So wohlgemeint dieser Trost auch gewesen sein mochte, Frau Resi konnte nur schwer begreifen, dass ihr Gatte, mit dem sie vor dem Altar „auf ewig" zusammengegeben worden war, nun plötzlich von ihr gerissen werden sollte. Wie ein Fremder, auf den sie kein Anrecht hatte. Sie fühlte die Wand, die da in ihrer Familie errichtet worden war und stellte die Frage nach dem Warum. So wie damals, als sie schlaflos gelegen war und die Seelenwanderung ihres Heldengatten zu ergründen versucht hatte. Tausendmal tiefer und inniger, dachte sie an die Ursache des schrecklichen Geschehens. Nun da der Krieg nach ihrem eigenen Herzen griff, sah sie ihn nichtmehr mit Gleichgültigkeit und Gewöhnung. Er war der Würger ihres Glücks und Erwecker urweiblicher Instinkte des Hasses und der Abscheu. Aber was nützte alles Sinnieren und Denken? Ihr Johann musste fort und sie mit ihrem Schanerl ein verlassenes Weib!

Auch Herrn Übel war nicht wohl zumute. Wo werde i hinkommen? fragte er sich. Auf Brückenwache wahrscheinlich. Des werd i gewiss ertragen! Aber egal war es ihm doch nicht. Er war ein friedfertiger Mensch, der sein Leben lang, pünktlich und genau seine Steuern bezahlt hatte und der Meinung war, damit Recht auf Ruhe und Bequemlichkeit erkauft zu haben. Ja, die Bequemlichkeit war er gewöhnt: die Patschen unterm Bett, weiche Polster und eine warme Tuchent. Warum denn nicht? Er plagte sich von früh bis spät. Er ging im Sommer, wenn es heiß war in Hemdsärmeln und zog im Winter drei wollene Leiberln übereinander. Er war es gewohnt, um zehn Uhr sein Gulasch zu essen und eine Flasche Bier zu trinken. Er liebte seine Donnerstag – Kegelpartie und machte dann und wann einen kleinen Rutscher nach Mauer zum Heurigen. Er tat also, wie man sieht, nichts Besonderes, wusste aber, dass es damit nun Essig sein würde. Und die Resi! Dass er die alleine lassen musste, gerade jetzt, wo sie so lieb und brav gewesen war und ihm seinen Lieblingswunsch erfüllt hatte, das war wohl das Schwerste.

Am siebzehnten September zog er mit seinem Kofferl davon, drei Tage später kam er zum ersten Mal auf Besuch. Er trug eine merkwürdige, ganz unmoderne blaue Uniform, eine graue Kappe mit Linoleumschirm, Schuhe, die, wenn sie nicht schwarz gewichst gewesen wären, an einen missratenen Kuhfladen erinnert hätten und um den Bauch einen Gürtel, der zahllose Friedensparaden auf der Schmelz erlebt hatte. Daran hing ein Bajonett ohne Holzgriff. „No, Johann wie geht s dir?" fragte Frau

Resi, nachdem sie ihn stürmisch abgebusselt und ihm den kleinen Schani in den Arm gelegt hatte. „Dank schön, so halt!" antwortete er und hutschte den Kleinen, Legte ihn dann aber weg und setzte sich auf seinen Platz am Tisch. „Müd bin i halt, vom Exerzieren." „Müsst s des a?" „Ja, wir müssen!" sagte er. „Hast an Hunger?" „Na!" „Aba an Kaffee magst doch? Mit echte Bohnen! I hab ihn extra für dich, gegen Petroleum eingetauscht!" „Ja, an Kaffee mag i, wenn s t so gut bist!" bat er und rieb sich verstohlen sein Knie. Frau Resi, flog sofort in die Küche und bald hörte man das Kreischen der Kaffeemühle. Er saß drinnen wie angenagelt und stierte vor sich hin. Die Frau beobachtete ihn durch die Tür. Er sah so traurig und müde aus und so still war er auch, recht zum Erbarmen. Sie unterdrückte die Tränen die ihr in die Augen stiegen. Ich werde ihn trösten, nahm sie sich vor, es wird ihm halt bang sein. Bald stand der Kaffee auf dem Tisch und Kuchen aus Erdäpfelmehl war auch da. „Iss, iss!" drängte sie ihn und war glücklich als sie sah, wie ihm die Jause schmeckte. Dann musste sie hinaus, um ihre Wohnung gegen die Hausmeisterin und Frau Schestak zu verteidigen, die herbeigeeilt waren, Herrn Übel in Uniform zu sehen... Nein heute gehört er ihr! Sie wollte aus der Stunde kein Volksfest machen. – Er war ihr dankbar dafür. – Sie gab einen genauen Bericht, was sich während seiner Abwesenheit in Geschäft und Haus ereignet hatte, holte sich Ratschläge und gab sich Mühe, ihn aufzuheitern und zu unterhalten. Aber es gelang ihr nicht recht. Er war so merkwürdig, als sei er in drei Tagen ein Fremder geworden. Aber sie war doch so neugierig! Mit Geduld entriss sie ihm alles Wissenswerte, als seien es tödliche Geheimnisse.

„No, weißt schon, wo s t hinkommen wirst?"

„Na, i waß no nix, Wir san no allerweil in der Rotunde."

„Werd s dort abgerichtet?"

„Ja, wir werden abgerichtet."

„Seid s viel?" „Hübsch viel." „Kennst wen von früher?"

„Ja, den alten Schediwy, der was früher a mal wegen Majestätsbeleidigung gesessen ist!"

„In Karl sein Vatter? So, der ist a dort?" „Ja!"

Frau Resi gab es langsam auf, ihn auszuhorchen. Später wird er schon freiwillig reden, dachte sie und holte den kleinen Schani. „Schau, Alter, wie er lacht! Er kennt di. Nicht liegen will er, nur immer sitzen. Strampeln tut er, dass an angst und bang wird. No, Schanerl, sag schön Vatter – Mutter! No, sag schön!" Der kleine Schani begriff es, man konnte es an seinen pfiffigen Äuglein erkennen. Aber sagen konnte er es noch nicht. Er ließ eine Reihe von Tönen erklingen und am Ende quietschte er vor Vergnügen und riss an Vaters Schnurrbart. „Aber Schanerl!" sagte der glückliche Vater, „willst einmal Fähnrich werden?" und seine Augen wurden ganz nass. Die Frau verstand nicht, was der Mann damit meinte und fragte auch nicht danach. Sie musste Schanis Mäulchen wischen, denn nun sprudelten Blasen hervor: Gschii, gschii! und klatschte dabei in die Hände, als wollte er sich selber applaudieren.

Herr Übel vergaß Krieg und Militär, Not und Sorgen beim Anblick seines Sprösslings. Er hielt beide, Frau und Kind eng umschlungen. „Weißt, Resi, i hab viel gelernt in der letzten Zeit. I sag dir nur, unser Schani braucht kein Held zu werden wie der Achilles. Die Zeiten sind aus und begraben. Aba a Mensch muss er werden mit an Herz, an Gefühl und an Verstand. Gelt, du wirst mir dabei helfen. Wenn i z ruck kumm und die Uniform da weggeschmissen hab, nachher gehen wir s an. Alles zeig i ihm und alles sag i ihm. Er soll lernen können, was er will und wenn i a Bettler dabei werd. Wir zwei sind schon zu alt, aber er soll s einmal besser haben, das sag i dir!" Frau Resi erschrak über den tiefen Ernst, mit dem ihr Mann gesprochen hatte. Aber sie wurde so glücklich, so tief glücklich bei dem Gedanken an eine bessere Zeit, wo sie gemeinsam ihrem Kind die Wege ebnen würden." Ja, ja, Johann i werd dir helfen, so wahr, wie ich dich gern hab!" Wie durch Zauber war es anders geworden. Er lachte und scherzte, bekam sogar Hunger und aß ein eilig bereitetes Abendessen mit Appetit. Er plauderte mit Peter, der vom Besuch eines Schulfreundes zurückgekommen war, besuchte darauf die Frauen Schestak und Voglhuber, um ihnen nicht länger seinen Anblick, in Uniform, vorzuenthalten.

„Jetzt muss i gehen", sagte er um acht Uhr. „I hab keine Überzeit und muss um neune unten sein. Schau, dass d a paar Zigarren zusammen kriegst, i brauch s für n Feldwebel!"

„Ja, freilich, schau nur, dass du dir a Erleichterung verschaffst. Die Zigarren besorg i schon. Das Fräulein in der Trafik ist nicht z wieder, besonders wenn s hört, dass für an Soldaten ist." So endete der erste Ausgang. Am anderen Morgen stand die in der Rotunde einquartierte Landstürmerkompanie wieder auf der Jesuitenwiese im Prater und übte das militärische ABC.

8

Je öfter Herr Übel auf Besuch kam, desto mehr wurde ihm bewusst, dass seine Frau ihrer Aufgabe vollauf gewachsen war. Sie hatte sich früher nicht viel um das Geschäft gekümmert, denn er sah es nicht gern. Wenn sie ihren Mann einmal vertreten hatte, war es nur für kurze Zeit. Nun aber zeigte es sich, dass sie gesehen und gelernt hatte.

Immer tiefer ging es in den Krieg, immer düsterer, immer zweifelhafter der Ausgang. Der Kampf um das tägliche Brot nahm Formen an, die selbst den bedürftigsten Menschen früher fremd waren. Frau Resi hatte mit dem Mut der Verzweiflung den Posten des Familienernährers eingenommen und mit dem Mut der Verzweiflung füllte sie ihn aus. Sie war sich jede Minute klar, dass es nicht nur galt, die furchtbare Gegenwart zu überdauern, sondern auch die Ersparnisse in die Zukunft zu retten. Sie sah täglich an zahlreichen Beispielen, wie die Menschen alles hingaben, was sie aus besseren Zeiten noch besaßen, um den Hunger zu bannen. Die früher von ihrer Hände Arbeit hatten leben können, füllten die Wartesäle der Bahnhöfe, standen in dichten Reihen an den Fahrkartenschaltern, stürmten die Bahnsteige, kämpften wie wilde Tiere um einen Stehplatz im Zug, der sie hinaus ins Marchfeld oder ins Tullner Becken führte – ins Kartoffelparadies!

Wie Bettler zogen sie in kleinen Gruppen durch die Dörfer, schlichen von Hof zu Hof, von Gehöft zu Gehöft und all diese Demütigungen schienen ihnen nicht der Rede wert, wenn sie eine Kanne Milch, ein Stück Butter, einen Rucksack Kartoffeln erbettelt hatten. Sie räumten ihre Wohnungen aus, gaben Schmuck, Kleider und Möbel hin für einen Tag ohne Hunger. Schlichen mit ihrem Tausch auf Schmugglerwegen durch Wald und Busch, lernten, lauernde Gendarmen zu umgehen. Manches schwache Weiblein entwickelte manchmal Riesenkräfte und rannte mit ihrer Last Kartoffeln auf Leben und Tod heim zu den wartenden Kindern. Wer nichts mehr hatte um die harten Herzen der Bauern zu erweichen, wer nichts mehr geben konnte, plünderte Nachts die Felder, wagte das Leben, um das Leben zu erhalten. Verborgen hinter der Ernährungsmathematik des Kriegsernährungsamtes und der Bekleidungstheorie des Volksbekleidungsamtes blühte die Korruption. Das Schiebertum, diese uralte Pestpflanze der Kriegsnot wucherte üppig, genährt durch Protektion und stillschweigende Duldung. Es war alles zu haben, alles, alles! Französischer Champagner wie Astrachankaviar, englisches Tuch und Schweizer Käse, Seife, Schokolade, Leder, Kerzen und Petroleum in jeder Menge. Eier, Geflügel, Mehl und Brot, Tabak und Zigaretten, schachtelweise, kistenweise, nicht rationiert, nicht rayoniert, ohne Karten ... Unter der Hand! Nur ein bisschen teuer! So lebte die Oberschicht noch immer ganz behaglich, während der kleine Bürger zum Bettler und Dieb wurde.

Frau Resi, war nicht in der Lage, sich einen Hausschieber zu halten, der sie mit Waren versorgt hätte. Ihre Kunden waren arme Leute, die Wucherpreise nicht zahlen konnten. So war sie gezwungen sich auf legalem Wege zu versorgen. Sie war nicht mehr Geschäftsfrau, sondern ein Vollzugsorgan des Staates, der ihr die Waren abgezählt und eingewogen zur Weiterverteilung übergab. Obwohl das allen bekannt war, entlud sich die verzweifelte Wut der Menge nicht in den k.k. Ämtern, sondern über eine wehrlose Frau, hinter der sich die Schuldigen versteckten. Am Anfang glaubte sie , verzweifeln zu müssen. Sie zitterte vor Aufregung, sooft vor dem Laden ein Wirbel war und die Sicherheitswache dreinschlug. Ihre sanfte, gerechte Art aber, brachte ihr bald die Achtung oder auch das Mitleid der Kunden. Frau Resi stand alleine, aber es fanden sich Menschen, die ihr das erleichterten. Da war das Ehepaar Schestak. Die lange magere Frau mit dem Haarnest am Kopf, die immer hinter einem Tratsch her war, ihr Mann, der kleine dürre Schustermeister den das Vaterland nicht brauchen konnte, „weil er ise blöd", wie seine bessere Ehehälfte überall versicherte, war wohl die Hauptstütze, denn sie nahm ihr die Sorgen um den Schani ab. Herrn Schestaks erfinderischer Geist hatte eine Wiege konstruiert, in der Schani tagsüber in der Schusterwerkstätte liegen konnte. Ein leichter Fußtritt genügte, um sie zum Schwingen zu bringen. So genoss Schani vom Klopfen des Schusterhammers unterhalten oder eingeschläfert zu werden. Denn aus dem Leder und Leimgeruch, der den Raum erfüllte, machte er sich genauso wenig wie aus den Gedichten, die der Meister manchmal vor sich hin deklamierte. Auch Peter half, wo er konnte. Er hatte sich bald in den Erlässen und Verordnungen der Behörden zurechtgefunden, verstand die Brotmarkenabrechnung und drang in die Geheimnisse des Steueramts ein, so dass er als Rechtsberater fungieren konnte. Er war mit Beginn des Schuljahres in das Erdberger Gymnasium übersiedelt und hatte dort zu seiner großen Freude einen alten Schulfreund wiedergefunden, mit dem er die Phorusschule auf der Wieden besucht hatte.

Ernst Wagner war der Sohn eines höheren Polizeioffiziers, der sich manche Versetzung gefallen lassen musste. Als er bei der Polizeikavallerie in der Schönburggasse war, ging der kleine Ernst in die Phorusschule. Als er nun vor kurzer Zeit zum Leiter des Bezirkspolizeikommissarriats Landstraße aufrückte, bezog er, ein schönes Miethaus am Arenbergring und Ernst kam ins Erdberger Gymnasium. Die Freude der beiden, über das unerwartete Wiedersehen war groß gewesen. „Jö, der Peter!" hatte Ernst gerufen und „Jö, der Ernst!" war die Antwort. Wer nicht selber einmal Bub gewesen ist, macht sich keine Vorstellung von echter Bubenfreundschaft. Meist gilt der Spruch: „aus den Augen, aus dem Sinn". Echte Bubenfreundschaft dauert über die Trennung hinaus, bis sie sich oft nach Jahren als gereifte Männer wiedersehen. Der Freundschaft zwischen Ernst und Peter konnte man das prophezeien. Sie waren miteinander aufgewachsen, gleiche Interessen hatten sie einander näher gebracht. Sie waren Spielfreunde, Schulkameraden und fanden sich als Studienkollegen wieder. Selbstverständlich saßen sie jetzt in der Schulbank nebeneinander. Weil Ernst seiner Kurzsichtigkeit wegen, nach vorne gesetzt worden war, hatte Peter plötzlich dasselbe Leiden bei sich entdeckt. Ernst ließ sich Peter Geschichte genau erzählen- „Das ist bös", meinte er dann. „Aber mach dir nichts draus! Du kommst sooft du willst zu mir. Papa wird sich freuen, dass du da bist, damit er mir wieder ein besseres Beispiel vorhalten kann. Meine Schwester und ihre Freundin schmeißen wir hinaus. Die Mädchen können wir nicht brauchen in unserem Wigwam." „Warum denn nicht?" meinte Peter, „sie sind einfach unsere Squaws. Aber vorher müssen sie mit uns die Friedenspfeife rauchen". Ernst lachte" Da kotzen sie. Lieber hole ich mir ihre Skalpe, wenn sie recht schön frisiert sind, wenn sie auf ein Kränzchen gehen!" „Gehen sie?"

„Was denn! Was meinst du! Die Gretel ist eine komplette Dame geworden, seit du sie nicht gesehen hast. Sie hat eine Menge Verehrer." „Au!" machte Peter. „Mir Wurscht! Übrigens wäre sie schön dumm, wenn sie sich ihre Schultasche alleine nach Hause tragen würde. Da schafft sie sich so ein Muli an."

„Könnten wir diese Verehrer nicht auch skalpieren?" erkundigte sich Peter. „Nein, meistens haben sie eine Glatze!" Bei diesem Interessanten Gespräch hatten sie die Glocke überhört. Der Herr Professor war bereits eingetreten und sah streng auf die geschwätzigen Knaben." Wagner Ernst! Wiederholen sie, was sie soeben gesagt haben!" befahl er. „Ich habe meinem Freund gerade erklärt, dass man Bleichgesichter, die eine Glatze haben, nicht skalpieren kann!" gab Ernst unumwunden zu. „So, so!" nickte der Professor, „so bin ich vor euch sicher!"

Glücklich rannte Peter mittags heim, um der Tante alles zu erzählen. Es war, als hätte er mit seinem Freund eine längst vergessene bessere Zeit wieder gefunden, die er wegen seinem Kummer so unterdrückt hatte. Nur unter Kindern ist man jung. An Peters frühe Reife waren die Erlebnisse schuld, das Wissen um die Sorgen der Erwachsenen. Jetzt war aber wieder die Sehnsucht nach dem Bubenleben in ihm erwacht, die jede Wiese zur Prärie, jede Sandgrube zum Bauplatz und jeden Ziegelhaufen zum Gebirge macht. Das Kriegsbeil war ausgegraben und der alte Karl May, der zerlesen und abgegriffen in irgendeinem Winkel lag, feierte seine Auferstehung. Die Aufregung war so gewaltig, dass er darüber fast seinen großen Schmerz vergaß, der ihn seit Wochen beherrschte. Der Schmerz hatte keinen Namen, aber zwei Menschen waren daran schuld: Anni und Karl.

Peter hatte seine Entdeckung an jenem Sonntagnachmittag, an dem er mit Anni in den Praterauen gewesen war, nicht ruhen lassen. Es ist doch Karl Schediwy gewesen! Sagte er sich selbst, wie wenn er den letzten Zweifel, den Anni in ihm wachgerufen hatte, beseitigen wollte. Er ist es ganz bestimmt gewesen! Er beschloss, sich selbst davon zu überzeugen! Wenige Tage später war er, ohne dass es jemand wusste, zur Miststätte und der Baracke gegangen.

„Was willst du da?" schrie der Darmwäscher, der überrascht und erschrocken war.

„Ich möchte den Herrn Schediwy sprechen!" sagte Peter einfach, denn er war sich seiner Sache sehr sicher. „Wen?" fragte der Darmwäscher, der seinen Ohren nicht traute.

„Den Herrn Schediwy! Ich hab ihn am Sonntag draußen sitzen sehn!" Diesen Gründen konnte sich der Mann nicht verschließen. „Schediwy? Schediwy? ...... schickt dich wer?"

„Nein, ich komm von allein!" „Wie heißt du denn?" „Peter Tichy!"

„Na, dann warte." Peter stand in dem stinkenden Raum, wo Bottiche mit ekeligen Dingen herumstanden und wartete, während der Darmwäscher verschwunden war und lange ausblieb.

Endlich kam er zurück. „Ja, er ist da!" verkündete er, „da drinnen „! Peter ging hinein und sah gleich den Mann, den er gesucht hatte. Karl war aufs höchste überrascht gewesen, als sein Freund den Namen Peter Tichy genannt hatte. Peter? Wie kam der hier her, nach Erdberg? Wie wusste er von seinem Versteck? Karl war mit Anni seit einer Woche nicht zusammengetroffen. Er hatte Anni am Sonntag mit einem Knaben vorübergehen gesehen, dass das aber der kleine Peterl aus der Castelligasse in Margareten war, das anzunehmen hatte er keinen Grund gehabt. Nun kam er keck daher, bis in die Baracke! „Guten Tag, Herr Schediwy!" sagte er, „was machen sie denn hier?"

„Das sollte ich dich fragen, wie kommst du nach Erdberg?" .... und Peter erzählte es.

Karl hörte zu. „Das ist ein merkwürdiger Zufall", sagte er dann. „Hast du die Tante Anni gern?"

„Ja, sehr gern!" gestand er, wobei ihm das Blut in die Wangen schoss. Karl dachte eine Weile nach: „Kannst du schweigen?" „Ja, wie ein Indianer!" „Dann ist es gut! Ich muss dich in ein Geheimnis einweihen. Möchtest du das?" „Oh ja, ist es ein großes Geheimnis?" „Es hängt viel davon ab, dass es ein Geheimnis bleibt!" „Bei mir bleibt es eins!" versicherte Peter stolz. Karl dachte eine Weile nach. Dann setzte er sich auf einen der Bottiche, über den ein Brett gelegt war, zog den Knaben zu sich und fragte: „Weißt du, was ein Bräutigam ist?" „Der eine Braut hat, die er heiraten will!" „Richtig! Ich bin der Bräutigam und deine Tante Anni ist die Braut!" „Deine?" „Ja, meine!" Peter konnte im Augenblick nichts erwidern. Er hatte niemals daran gedacht, dass Anni einen Bräutigam haben könnte. Es machte ihn sprachlos. „Sie ... Sie hat mir nie etwas davon gesagt!" meinte er zögernd und ungläubig. „Freilich nicht! Niemand darf es wissen, dass sie meine Braut ist. Das ist auch ein Geheimnis, über das du schweigen wirst. Gelt?" „Ja!" Peter zögerte.

„Es darf auch niemand wissen, dass ich hier in der Baracke bin. Das ist das Hauptgeheimnis. Verstehst du?" „Warum haben sie sich dann am Sonntag hinausgesetzt?" fragte er. „Das war leichtsinnig!" gab Karl zu. „Ich werde es nie wieder tun. Weißt du darum es niemand wissen darf? ... Ich bin vom Militär weggelaufen ..., Ich will keinen Krieg mehr." „Da haben sie Recht. Wenn der Krieg nicht wäre, hätte ich noch einen Vater und Mutter wäre gesund." „Weißt du, dass dein Vater mein Freund war?" „Oh ja, das weiß ich ganz genau, weil Vater es oft gesagt hat." „Willst du auch mein Freund sein?" Peter nickte. Es war nicht leicht, der Freund von Annis Bräutigam zu sein. Aber er konnte doch nicht nein sagen. „Dann wirst du es niemanden sagen." „Auch nicht der Tante Anni?"

„Der schon! Du kannst sie schön grüßen von mir und ihr sagen, dass ich Mittwoch zum Gitter komme. Zeig dich nicht zu oft hier in der Nähe, damit es nicht auffällt." „Das fällt nicht auf, wir spielen Indianer und Trapper. Die Baracke hier ist ein Fort und wir stürmen es. Das fällt niemanden auf. Sie brauchen keine Angst zu haben!" „Dann bin ich beruhigt!" meinte Karl. „Ich weiß, dass du ein braver Kerl bist, wir wollen immer zusammenhalten, gelt Peter?"

„Ich weiß nicht, ob das nicht eine Dummheit war, dem Kind alles zu sagen", meinte der Darmwäscher, nachdem der Knabe gegangen war. „Ich hätte es nicht getan!" Karl beruhigte: „Peter wird wie sein Vater und den hab ich gekannt!" Peter machte sich auf den Heimweg. Sein Erlebnis hatte ihn sehr beeindruckt: Er ist es also doch gewesen. Er hatte Recht gehabt, aber er war nicht stolz darauf. Nein! Ein neuer Gedanke bohrte und schmerzte, ohne dass er gewusst hätte warum. Er konnte nicht die

Liebe eines Mannes und die eines Knaben unterscheiden. Peter ging die Erdbergstraße hinauf, aber nicht nach Hause, sondern ging weiter zum Haus der Leutgebs. Er hatte das Schlössel mit seinen Winkeln und Ecken gern, spielte mit den Kätzchen im Hof, saß stundenlang in der Kellerwerkstatt und sah dem Alten und seinen Gesellen zu, wie sie sägten und hobelten. Am liebsten aber hatte er den Invaliden mit seiner Ziehharmonika. Das war ein feines Instrument. Es klang wie ein ganzes Orchester. Sawitsch war gut zu dem Buben. Er verehrte Anni, indem er ihrem Schützling Vergnügen bereitete, versprach diesem auch, es spielen zu lehren, sobald das Wetter schlechter würde und er zu Hause bleiben musste. Heute aber dachte Peter nicht daran. Er wollte zu Anni, zur Braut des Herrn Schediwy. Anni war in der Küche und bereitete das Nachtmahl zu.

„Peter, du kommst uns besuchen?" rief sie erfreut. „Hast du schon den Großvater begrüßt?" Der Alte bestand seit der Geburt Schanis, Großvater genannt zu werden. „Nein, ich hab ihn nicht gesehen!" Er setzte sich auf das Stockerl neben dem Herd und schlenkerte verlegen mit den Beinen.

„Willst du eine Salzkartoffel?" fragte das Mädchen. „Bitte!" Peter nahm die Kartoffel und begann zu essen. Sie war frisch aus dem Häfen und war sehr heiß. Peter war froh eine Beschäftigung zu haben. Er schupfte die Kartoffel von einer Hand in die andere und blies sie an. Dabei beobachtete er Anni, die da herumhantierte. Nein, er konnte es nicht glauben, dass ein anderer ein Anrecht habe als er alleine. Sie war so schön und so gut, man fühlte sich so glücklich in ihrer Nähe, dass man sich etwas anderes gar nicht mehr wünschte. Sie ist nicht meine Tante, nein!

Eine Tante ist eine komische, alte Frau, die Lebkuchen und Zuckerln mitbringt, wenn sie auf Besuch kommt. Anni ist keine Tante! ... Meine Anni! Die Kartoffel schmeckte ihm nicht mehr. Er warf den Rest unbemerkt in den Mistkübel. Es ist dumm von mir, sehr dumm! dachte er. Warum soll sie keinen Bräutigam haben? Jedes Mädchen hat einmal einen Bräutigam. Ich kümmere mich einfach nicht darum! Aber er musste doch immerzu daran denken. „Ich war beim Herrn Schediwy!" sagte er plötzlich, alles Blut wich aus seinem Gesicht. „Er lässt dich schön grüßen. Ja, und er kommt am Mittwoch zum Gitter!"

Anni sah ihn erschrocken an. „Ich weiß alles!" flüsterte er. „Du bist seine Braut!" wollte er noch sagen, aber er brachte es nicht heraus. „Dann ... dann... „Auch Anni war blass geworden. „Ich werde nichts verraten. Tante Anni! Es ist ein Geheimnis, aber ich kann schweigen wie ... wie ... ein Indianer!" Anni, hatte Peterls Kopf genommen, sah das blasse, liebe Gesicht, die großen, suchenden Augen, die zu ihr aufblickten. Sie füllten sich langsam mit Tränen, mehr und immer mehr, bis kleine Bächlein über die Wangen liefen und hinunter tropften. Peter gab keinen Laut von sich. Er weinte still und starr, aber sein Inneres bebte. Anni machte einen tiefen Blick in die Kinderseele... die so schrecklich offen vor ihr lag. Sie verstand dieses Leid. „Mein Peterl!" sagte sie leise. „Mein liebes Peterl!" sie streichelte ihn. Der Knabe lächelte, trotz seiner Tränen und schmiegte sich an sie. „Bist du mir böse?" fragte er scheu. „Nein, ich freue mich darüber, denn jetzt wollen wir erst recht Freunde sein!" „Ja!" sagte er, aus einem reinen, ehrlichen Kinderherzen.

Da er nun der Mitwisser ihres Geheimnisses war, nahm ihn Anni auch zur Familie Schediwy mit. Drei

Söhne waren Opfer des Krieges geworden, der vierte und letzte verbarg sich vor der Hetzmeute des Staates und selbst für die müden, früh gealterten Eltern gab es keine Schonung. Herr Schediwy hatte am selben Tag, wie Herr Übel die unmoderne, blaue Uniform anziehen müssen und unten im Prater ein lächerliches Soldatenspiel begonnen, die Schule der Sekkatur und der Demütigung. Er selber war schuld daran. Seine Halsstarrigkeit und schlecht verborgene Abneigung gegen das Peitschenregiment in der Munitionsfabrik, in der man nicht mehr Arbeiter, sondern Sklave war, hatten ihm das Misstrauen und die Ungunst des militärischen Leiters eingetragen. Da wiederholte Warnungen und Disziplinarstrafen den Mann nicht zur Räson gebracht hatten, war er „eingerückt gemacht" worden. Der Herr Major schrieb dieses schöne Wort auf einen Zettel und wieder stürzte ein Mensch in die Hölle des Krieges hinab. Man machte eben keine Geschichten mit einem Kerl, wie dem alten Schediwy. Da brauchte man kein Strafgesetzbuch und kein Gericht. An die Front, mit dem Saboteur! Das war die Strafe! Der alte Schediwy war zum Heldentod verurteilt worden. Seine Plattfüße retteten ihm das Leben. Ein Mensch, der nicht zehn Stunden lang im Geschwindschritt marschieren kann, ist den Heldentod nicht wert. Man lässt ihm das Leben durch einen Feldwebel aus dem Leibe martern.

Er fügte sich mit Widerstreben, aber er fügte sich. Das P.U., das auf allen militärischen Dokumenten hinter seinem Namen stand, ließ ihn das Ärgste erwarten. P.U. heißt politisch unverlässlich, das war das Mal für den Henker, und lieferte seinen Träger der Willkür aus. Seiner Meinung nach mussten diese Zustände bald ein Ende mit Schrecken finden. Das hielt ihn aufrecht. Während unten auf der Jesuitenwiese seine alten Knochen sich nach dem Kommando bogen und krachten, saß seine Frau daheim, in der kleinen Wohnung und nähte die Einkaufssäckchen der „Frauenhilfe im Krieg". Sie klagte nicht, obwohl sich furchtbare Einsamkeit um sie gebreitet hatte. Das muntere Lachen ihrer Buben war dem Schweigen des Todes gewichen. Es erschreckte sie nicht! Die Verzweiflung, die sie einst empfunden hatte, als sie das Schicksal Schlag auf Schlag getroffen hatte, war stummer Duldung gewichen. Ihr Herz war im Leid erstarrt wie die Züge ihres Gesichtes, versteinert im Entsetzen. Umsonst versuchte Anni, sie zu trösten. Freundlich, aber entschieden lehnte sie es ab, was nutzlos verschwendet gewesen wäre. Sie sprach nicht gerne von der Vergangenheit, selten von ihrem Gatten, nie von sich selbst. Alle Kraft, die sie noch hatte, wendete sie der Zukunft zu. Darum war sie froh, wenn Anni ihr den kleinen Peterl brachte. Sie plauderte mit ihm und umsorgte ihn mütterlich. Anni sah es mit Freude. Wieder hatte sie Ehrfurcht vor der Menschenliebe, die unendlich ist und den Eigennutz nicht kennt. Peter war etwas beklommen, als er ihre Zuneigung genoss, denn Anni hatte ihm von diesem Frauenschicksal erzählt. Scheu sah er manchmal nach den verblassten Bildern der drei Buben, die nicht mehr lebten und er verband ihr Los mit dem seinen. Besorgte Menschen hatten ihn davor bewahrt, in eine verständnislose Kriegsbegeisterung zu verfallen. Was andere bedenkenlos hinnahmen, zwang ihn zum Nachdenken.

Er hatte seinen Freund Ernst wiedergefunden, alles was traurig war wurde sanfter. Am ersten schulfreien Nachmittag ging er in die Wohnung seines Freundes und wurde dort mit großem Hallo empfangen. Kaum hatte ihm das Dienstmädchen die Tür geöffnet, flog die Schlinge eines Lassos über ihn und so wurde er ins Zimmer gezogen und vor die Füße zweier Mädchen geworfen. Ernst setzte triumphierend einen Fuß auf ihn und rief: „Bärenauge hat seinen Freund Büffelstirn besiegt, der sich zu weit vorgewagt hat in die Weidegründe der Apachen. Ehe der Mond dreimal aufgeht, wird er am Marterpfahl sterben. Hugh! Ich habe gesprochen!" Die Mädchen lachten und Peter kroch aus dem Lasso. Er schämte sich, so besiegt worden zu sein.

„Das ist Gretel, meine Schwester, die kennst du ja und das ist Klara, ihre Freundin", stellte Ernst vor. „Wenn sie über uns lachen, dann schmeißen wir sie raus!" „Du bist gewachsen, Gretel!" meinte er schüchtern. „Natürlich, ich kann doch nicht immer ein Baby bleiben!" „Dicker und Dümmer bist du auch geworden!" ergänzte Ernst, brüderlich. „Jetzt gibst du an!" sagte Gretel verächtlich, „aber vorhin hast du vor mir auf den Knien gewinselt, dass ich über die Federn den Mund halten soll!"

„Gewinselt? Gewinselt habe ich gerade nicht. Ich habe dich ersucht, gefälligst zu schweigen, obwohl ich nicht daran glaube, dass Mädchen das können!" „Oho, wenn du das noch einmal sagst, verrate ich alles!" „Bitte", sagte Ernst zu Peter, „da hörst du es. So ein Karnikel!" „Was für ein Geheimnis?" „Er hat Papas ausgestopften Auerhahn die Schwanzfedern abgeschnitten." „Ujeh!"

„Wir brauche sie für unseren Kopfschmuck, Woher soll ich einen Adler nehmen? Ein Auerhahn ist auch gut!" Er holte seine Beute aus der Lade, zeigte sie herum und versteckte sie dann wieder sorgfältig. „Papa wird und nicht stören. Er ist am Kommissariat. Bevor er nach Hause kommt, picke ich siewieder an! Aber die Minna." Da kam sie gerade herein und brachte die Jause: Kakao, Butter, Brot und Honig. „Au, fein!" rief Peter, der diese Genüsse kaum mehr kannte. „Es ist fad, jeden Tag dasselbe", sagte Ernst geringschätzig. „Es sind lauter beschlagnahmte Sachen. Der Papa bringt sie heim. Gretel warf ihrem Bruder einen warnenden Blick zu. „Lächerlich! glaubst du, Peter ist auch so ein Mäderl, das alles ausplappert? Übrigens kann sich der Papa auch nicht alles behalten. Die Hauptsache geht in die Direktion. Die fressen dort alles auf, darum sind sie so dick!" Peter wusste nicht recht, was er davon halten sollte. Er saß mit den anderen bei Tisch und genoss seinen Kakao. Die Platte, auf der die Honigbrote lagen, war auf seiner Seite schon ganz leer. Schnitte für Schnitte aß er. Er schämte sich zwar, aber er konnte sich nicht zurückhalten. Die Mädchen hatten es natürlich sofort bemerkt und sagten: „Iss, Büffelstirn!" Gretel schob ihm die Platte hin und Klara füllte seine Schale mit Kakao. „Uff!" sagte Ernst, „mein Bruder muss aus mageren Jagdgründen kommen, dass er sich so auf die Fleischtöpfe der Apachen stürzt!" „Hugh!" erwidere Peter und griff nach dem letzten Honigbrot. Über den Rand seiner Schale warf er manchmal einen Blick nach den Mädchen und fand sie sehr nett. Gretel, kannte er ja, sie war immer hübsch gewesen, kräftig und gesund. Ihre weißen Zähne blitzten, wenn sie lachte und aus ihren blauen Augen guckte der Schalk. Sie trug ihr dichtes blondes Haar nichtmehr in zwei Zöpfen sondern war sorgfältig und damenhaft frisiert. Alles an ihr verriet das Bestreben, erwachsen auszusehen. Sie ist eine Dame! entschied Peter.

Klara war anders, so still und bescheiden. Sie bemühte sich nicht ihre Mädchenhaftigkeit zu unterdrücken, die

ihr so gut stand. Neben Grete aber wirkte sie unschein-
bar. Ihre Schönheit war anders, feiner. Sie kam aus ihrem
Inneren: große, fragende Augen beherrschten ihr blasses
Gesicht mit den feinen roten Lippen und das dunkle Haar,
das sie zu einem schlichten Knoten geschlungen hatte
umrahmte ihre hohe, glatte Stirne. Mit der Betrachtung
Gretels, war er bald fertig. Aber Klara musste er immer
wieder ansehen. Sie war neu, unergründlich und das
weckte sein Interesse.

„Jetzt geht es an!" Zuerst bauen wir einen Wigwam!"
entschied Ernst. Er brachte Stangen und Schnüre, baute
ein Gerüst und zog ein Tischtuch darüber. „Ihr spielt
doch mit?" fragte Peter die Mädchen. „Ja, damit wir dich
nicht beleidigen, obwohl es nicht unsere Gewohnheit
ist, jede Dummheit meines Bruders mitzumachen." Der
Bruder hatte das, zum Glück nicht gehört. Er kramte in
einer Schublade und holte den Malkasten heraus. „Ich
spiele gerne mit. Ich schwärme für die Indianer. Sie sind
mutig und treu. Solche Menschen habe ich gern!" sagte
Klara. Gretel lachte und Peter glaubte, er müsse Klara
beistehen. „Ja, das ist wahr!" Ernst rieb die Farbe an,
stellte sich vor den Spiegel und bekleckste sein Gesicht
mit bunten Strichen. Dann kam Peter dran und dann
die Mädchen. „Male mich schön an!" bat Klara, „Male
mir Sonne, Mond und Sterne!" Es geschah unter großem
Hallo. Dann starrten einander vier Fratzen an. „Geht das
wieder herunter?" fragte Grete ängstlich. „Wenn wir das
Kriegsbeil begraben haben, kannst du es dir abwaschen!"
Ernst hatte die Schwanzfedern auf einer Schnur auf-
gefädelt und band die Federnkrone, dem Peter um. „Wir
machen ein Lagerfeuer!" Er ging hinaus und kam mit
einem silbernen Tablett wieder, auf die er Bügelkohle

gehäuft hatte. „Wegen des Teppichs!" erklärte er. „Wir machen das Fenster auf, damit der Rauch abziehen kann" und zündete die Kohle auf dem Tablett an. „Fein!" Die Holzkohle begann zu glosen und die bemalten Apachen setzten sich, ungeachtet des fürchterlichen Gestanks, rundherum. Ernst zog eine Pfeife hervor, die bei etwas Phantasie sehr gut ein indianisches Kalumet sein konnte. Er, als Häuptling, wollte zuerst rauchen. Niemand machte ihm das streitig. Peter fragte: „Ist da auch Tabak drinnen?" „Tabak, Hm! Eigentlich müssten wir Tabak haben." „Ja, ja! Wir müssen Tabak haben!" Gretel schüttelte sich vor Lachen und Peter kratzte sich nachdenklich ganz oben auf dem Kopf, denn alles andere war mit Farbe beschmiert. „Uff! Bärenherz, der große Häuptling, weiß Rat! Er kennt ein Bleichgesicht, das eine Kiste mit runden Stangen aus Tabak hat. Ich werde mich anschleichen und bin gleich wieder zurück!" sagte Ernst. Er kroch auf dem Bauch davon und verschwand im Arbeitszimmer seines Vaters. „Das könnte ich nicht machen", gestand Peter. „Warum nicht?" „Wie ich zu viel Honigbrote gegessen habe!" Die Mädchen hatten keine Zeit mehr um darüber zu lachen, denn schon kam Ernst zurück, stieß ein Triumpfgeschrei aus und zeigte eine Zigarre, die er gestohlen hatte. Es herrschte Siegesstimmung. Er zerdrückte die Zigarre und stopfte sie in die Friedenspfeife. Dann nahm er ein Stück Glut um sie anzuzünden. „So machen das die Indianer immer!" wollte er sagen, aber er kam nicht dazu. Die Glut war zu heiß und er ließ sie, mit Wehgeschrei fallen. Sie fiel auf den Teppich und brannte ein Loch hinein. „Wir stellen später einen Sessel drauf, damit es der Alte nicht sieht!" meinte er, während er sich die Finger leckte. Klara machte ein verächtliches Gesicht. „Der Häuptling

Bärenherz ist feig! Er schreit wie ein getretener Hund!"
sagte sie. „Nimm du die Glut, blöde Gans!" fiel Ernst
aus seiner Rolle. Sie ließ sich das nicht zweimal sagen.
Gleich nahm sie die Pfeife und legte ein Stück Glut darauf. „Büffelstirn soll zuerst rauchen!" entschied sie.
Peter war stolz über diese Auszeichnung. Er nahm die
Pfeife, stand auf, machte einen Zug und blies den Rauch,
erst zum Himmel, dann zur Erde und dann in alle vier
Himmelsrichtungen. Dann reichte er das Kalumet an
Klara weiter und so ging es in der Runde. Ernst kam zuletzt daran. Während sich Peter und die Mädchen entweder den Kopf oder den Bauch hielten und schrecklich
husteten, stand Ernst überlegen vor dem Wigwam und
blies den Rauch durch die Nasenlöcher. Kein Indianer
redet, solange die Friedenspfeife geraucht wird. Er konnte
daher nicht mit Worten auf seine Kunst aufmerksam
machen. er hob den Fuß, um Gretl einen Stoß zu geben.
Da er aber selber, begeistert über seine Nase nach dem
Rauch schielte, verfehlte er sein Ziel und traf das Tablett.
Die Funken stoben empor und ließen sich als Feuerregen
auf dem Teppich nieder. Im Nu war die Illusion zerstört.
Wenn die Not am größten ist, ist nicht immer die Hilfe
Gottes, sondern manchmal die Strafe am nächsten. Die
Tür ging auf und der Regierungsrat kam herein. Mit einem
Blick erkannte er die Lage, nahm eine Kanne Wasser und
schüttete sie über den Teppich. Die Gesichter der Brand-
stifter waren unter der Farbe ganz blass. Sie standen da
und warteten auf das Strafgericht. „Papa, wir haben..."
stotterte Ernst. „Ich sehe was ihr habt" 1 entgegnete der
Regierungsrat. „Den Teppich habt ihr ruiniert. Wenn ich
nicht rechtzeitig gekommen wäre, stünde die Wohnung
in Flammen. Du wirst deine Strafe bekommen, Ernst.

Wenn ihr wieder den Kriegspfad betretet, dann in den Praterauen." „Heute ist er human!" flüsterte Ernst seiner Schwester zu, während der Regierungsrat den Schaden näher besah. „Er geniert sich, weil Besuch da ist!"

Das war vorschnell geurteilt. Dann erblickte er die Federkrone. „Was ist denn das? Das sind...das sind..." „Ja, Papa sie sind es", gestand Ernst. „Ich habe sie mir nur ausgeborgt und wollte sie später wieder anpicken!" „Wascht euch, in fünf Minuten, habt ihr hier zu sein!" Das Kleeblatt schlich hinaus und ins Badezimmer. „Ich bin der letzte meines Stammes", sagte Ernst, „an mir wird er seine ganze Wut auslassen". Aber es war kein Scherz.

Der Herr Regierungsrat sammelte die Federn ein und betrachtete sie wehmütig. Der Auerhahn, der erste und einzige, den er je geschossen hatte, war sein größter Stolz. Er Hing hinter seinem Schreibtisch und wurde jedem Besucher gezeigt. Zweimal im Jahr kam der Präparator, um ihn zu entstauben und auf Schäden zu untersuchen, Denn das verlangte die Gesellschaft, bei der er versichert war. Niemand hätte es sich träumen lassen, dass der Auerhahn aus dem kaiserlichen Forst Mürzsteg, sich in die Jagdgründe der Apachen verirren könnte. Aber es war geschehen.

„Geh du zuerst hinein!" – „Nein, geh du!" – „Ich, wieso?" – „Nein ich geh nicht!"

So stritten die Geschwister, als sie gewaschen und gekämmt vor der Zimmertür standen. „Wenn ihr wollt, mache ich den Anfang", sagte Peter und er stellte sich an die Spitze des Zuges. Der Herr Regierungsrat beachtete ihn gar nicht, sondern hielt sich gleich an Ernst. „Du hast die Federn abgeschnitten?" „Ich ... Ich...Papa..." „Ja oder nein?" „Ja!" „Wer war noch dabei?"

„Niemand!" „Das glaube ich dir gerne. Es gibt keinen zweiten Menschen, der so niederträchtig wäre, wie du. Was hast du dir dabei gedacht?" „Ni...ni...nichts."

„Gut! Ich werde dir beibringen erst zu denken, ehe du was machst. Es ist eine Schande für einen Gymnasiasten, geschlagen zu werden. Heute aber werde ich dich schlagen und zwar sofort." Er packte Ernst legte ihn übers Knie. „So, du unverbesserlicher Bengel!" „Papa! Papa" „heulte Ernst, „ich habe sie nur ausgeborgt ... ich werde sie wieder anpicken ... Ich spare mein Taschengeld und kauf die einen neuen Auerhahn! Auuuu!" Er begriff nicht, warum nach jeder seiner Beteuerungen die Hiebe, nur noch dichter fielen. „Ausgeborgt? Anpicken? Einen neuen Auerhahn kaufen?" schnaufte der Regierungsrat, „na warte!" Die Mädchen und Peter betrachteten die peinliche Szene. Sie alle empfanden das Entwürdigende dieses Strafvollzugs und hätten sich gerne gedrückt. Klaras Augen waren weit aufgerissen, ihre Lippen bebten, sie zitterte. „Es ist genug, Herr Regierungsrat!" rief sie plötzlich, „hören sie sofort auf!"

Der Regierungsrat war verblüfft. Er hörte tatsächlich auf und ließ Ernst los. „Wie?" fragte er, „Was?"

„Ich habe gesagt, dass es genug ist", wiederholte Klara. „Wir haben im Lyzeum gelernt, dass die moderne Pädagogik jede körperliche Züchtigung ablehnt." Der Regierungsrat wusste nicht, wie ihm geschah. „Das muss ein feines Lyzeum sein!" sagte er unsicher, er fand aber nicht den Mut, dem Mädchen seine Worte zu verbieten. Klara aber war noch nicht fertig. „Wer strafen will, muss es mit Beherrschung tun", sagte sie nun belehrend. „Sie haben ihre Beherrschung wegen dem Auerhahn verloren, aber übten nicht Gerechtigkeit, sondern Privatrache. Ich möchte dem kein zweites Mal mehr zusehen müssen." Dann ging sie auf die Tür zu. „Klara!" rief der Regierungsrat. Als das nichts nützte: „Fräulein Neubauer!" Da war sie schon hinter der Tür verschwunden. Damit war aber auch schon seine Betroffenheit vorbei. „So ein Fratz!" rief er unwillig und ging beleidigt in sein Arbeitszimmer. Ernst war längst davongeschlichen, Gretl lag auf der Erde und heulte. Peter stand noch da, wo er gestanden war. Er hat keinen Blick von Klara abwenden können. Sie hatte seine eigenen, unklaren Gedanken, so wunderbar ausdrücken können. Noch immer starrte er auf die Tür, durch die sie gegangen war. Endlich erholte er sich. „Gretl!" flüsterte er, „Gretl!" „Lass mich!" heulte sie weiter und vergrub ihren Kopf in den Armen, „fahr ab!" Peter kauerte sich neben ihr nieder und wollte sie streicheln, denn sie tat ihm leid. Das Mädchen wollte aber davon nichts wissen. „Fahr ab!" schrie es und strampelte wild mit den Beinen. So stand er wieder auf, sah sich noch einmal die Stätte der Verwüstung an und ging dann leise und vorsichtig wie ein Dieb hinaus.

An der Vorzimmerwand hing seine Mütze. Er nahm sie und rannte die Treppe hinunter. Vor dem Tor blieb er stehen. Gegenüber lag im Abendsonnenschein der Arenbergpark. „Da bist du ja!" Klara kam aus dem Park und winkte ihm. „Gehst du nach Hause?" „Ja!" „Wir haben denselben Weg!"

Peter war froh, Klara getroffen zu haben. „Du hast es ihm fein gegeben", sagte er. „Vielleicht. Aber es nützt nichts. Er ist ein verknöcherter Bürokrat."

„Was ist ein Bürokrat?" erkundigte sich Peter. „Ein Mensch, der nach Paragraphen und Verordnungen lebt und nichts gelten lassen will, das nicht gestempelt und unterschrieben ist."

„So? … woher weißt du das alles?" Klara dachte nach. „Das kann ich dir jetzt nicht sagen. Vielleicht später einmal." Peter, der in letzter Zeit Gelegenheit genug gehabt hatte, über Wesen und Bedeutung von Geheimnissen nachzudenken, fragte nicht weiter. Klara, war sehr Klug und er war froh neben ihr her gehen zu können. Zerbrach sich aber den Kopf, wie er sie unterhalten könnte. „Was ist dein Vater?" „Offizial im Statistischen Amt des Handelsministeriums."

„Deine Mutter?" „Die ist schon lange tot. Ich soll ihr ähnlich sehen." „Da muss sie aber sehr schön gewesen sein." Peter errötete bei diesem Unbewussten Kompliment. Das Mädchen hörte es aber gar nicht: „Sie war Lehrerin", sagte sie, ich will auch Lehrerin werden, darum erlaubt mein Vater, dass ich studiere. Bald redend, bald schweigend gingen sie dahin. „Leb wohl!" sagte sie, „ich muss mich beeilen und das Nachtmahl herrichten. Vater macht Überstunden und kommt um sieben Uhr. „Leb wohl!" sagte auch Peter und gab ihr die Hand. „Ich möchte dich noch was fragen: hat dich die Kohle, die du in die Friedenspfeife gegeben hast, nicht gebrannt?" Das Mädchen hob seine schmale Hand und zeigte zwei große Brandblasen an den Fingerspitzen. „O, ja warum?" „Dann bist du tapfer!" sagte er bewundernd. „Wir werden Ernst absetzen und dich zum Häuptling machen." Klara schüttelte den Kopf. „Das geht nicht. Ich habe Ernst sehr gern. Wir haben ausgemacht, dass wir einmal heiraten werden. Weißt du nichts davon?" Peter verneinte enttäuscht. „Ich … ich … hätte dich auch gern geheiratet", brachte er mühsam hervor. „Aber wenn das nicht geht, schicke ich dir meine Kinder, in die Schule!" „Das wird fein sein!" freute sie sich, dann lief sie schnell ins Haus und über die Stiegen hinauf, denn es hatte eben halb sieben geschlagen.

9

Nachdem die Landsturmmänner „abgerichtet" waren, wurden sie verschiedenen Bewachungskommanden zugeteilt. Davon gab es genug. Jede Brücke, jeder Bahndurchlass musste bewacht werden. Jede Haltestelle der Verbindungsbahn, auch wenn nur ein Bretterhäuschen mit der Aufschrift: Frauen – Männer! da stand. Außerdem gab es Depot – und Wasserleitungswachen, Fabrikwachen, Russenwachen und Italienerwachen, welche die Kriegsgefangenen bei ihrer Arbeit zu beaufsichtigen hatten. Kurz und gut, es war früher nie bekannt gewesen, wie viele Dinge es in Österreich zu bewachen gab. Diese Wachen waren dem Landsturm anvertraut.

Die Zigarren der Frau Resi hatten ihre wohltätige Wirkung gehabt. Der Herr Feldwebel Buberl, der trotz seines herzigen Namens ein ausgewachsener Klachel war, über die Insassen der Rotunde herrschte und sie in Himmel oder Hölle schicken konnte, hatte sich durch sie erweichen lassen und den Landsturmmann Johann Übel dem Wachkommando Leopoldsberg zugeteilt. Das sagte so manches!

Dieses Kommando Leopoldsberg bedeutete nämlich für die Landsturmmänner dasselbe wie ein sogenannter Tausendguldenschuss für jeden Frontsoldaten. Eine grüne Oase der Gemütlichkeit, im „Stahlbad" der Völker. Wo man sich nicht zu strapazieren brauchte, aber doch dabei war. Erstens, war es hoch gelegen und deshalb für Inspektionen schwer erreichbar und zweitens, war der Herr Hauptmann Rienößl dort Kommandant. Dieser schrieb ein „d. R. „hinter seinen Rang. Er war Hauptmann der Reserve. Als Schriftsteller und Urwiener von altem Schrot und Korn, war ihm ein Bier und ein Zirkus lieber als der schönste Weltkrieg. Er hielt sich mit seiner Meinung auch nicht zurück. Er hatte es auch in Uniform nicht aufgegeben, seine berühmten Humoresken und Lokalskizzen zu schreiben, die das heitere, gedankenlose Leben von 1890 zum Gegenstand hatten. Er wandelte stets auf der Spur jenes Wieners, der sein letztes Hemd verkauft, um in den Himmel zu fahren und war entzückt, wenn er wieder so ein Original bekam. Der Leopoldsberg war stets das Ziel seiner besinnlichen Wanderungen gewesen. Er hatte es einer Protektion zu verdanken, dass ihm dieses Kleinod über die Kriegsdauer zum Schutz anvertraut wurde.

Nun war der Leopoldsberg, auf dem die lieben Wiener herumgekraxelt waren, auf seinen Hängen Veilchen gesucht hatten, mit Stacheldraht umgeben und oben drauf stand drohend eine „Flak", deren Aufgabe es war, den Himmel der Wiener, der, wie so schön besungen, voller Geigen hängt, vor feindlichen Fliegern zu schützen. Als Herr Übel mit mehreren anderen Kameraden dort eingerückt war und sich beim Kommandanten, gehorsamst gemeldet hatte, war die schöne Zeit schon vorbei. Dichter Novembernebel trieb in Fetzen um den Berg, schwere Regenwolken gossen ihr Wasser über ihn und dann kam der Schnee, der die wenigen Geräusche dämpfte. Die Landsturmmänner saßen in dem geräumigen Wachzimmer beisammen, hielten den eisernen Ofen in Rotglut, spielten Karten, erzählten derbe Witze oder faulenzten auf den Pritschen nach Herzenslust.

„Habt acht!" schrie der Korporal vom Tag und die Mannschaft stand stramm, die Pfeife oder die Karten, wie sie gerade gegeben worden waren, mit der Hand an der Hosennaht. Denn eben war die Tür aufgegangen und der Hauptmann Rienößl stand da. Er war ein dicklicher Herr mit rotem Gesicht, in dem zwischen zwei kleinen Äuglein eine Nase stand, die leicht mit einem eben aus der Glut gezogenen Lötkolben verwechselt werden konnte. Auf ihr saß ein ewig rutschender Zwicker von vorsintflutlicher Konstruktion, unter ihr hing ein trauriger, grauer Bart herab und umrahmte ein Kinn mit einem neckischen Grübchen. Über den kurzen Pelzrock geschnallt trug er einen Überschwung mit Bajonett und Pistolentasche, die aber nicht dort waren, wohin sie vorschriftsmäßig gehörten, sondern vorne wie ein Feigenblatt herunterhing. „Ruht!" kommandierte er und die Männer standen bequem. Darauf ging er zum Ofen, auf dessen Platte Erdäpfel zum Braten aufgelegt waren, suchte sich einen heraus, zerbrach ihn in der Mitte, salzte und verspeiste ihn mit Genuss.

„Wo sind die Neuen?" fragte er dann. „Hier – hier!" erklang es. Der Hauptmann trat auf Herrn Übel zu und schaute ihn durch den Zwicker an. „Wie heißen s?" „Herr Hauptmann, melde gehorsamst, Johann Übel!" „Was sind s in Zivil?" „Greißler!" „Gut is! Wo sind s Greißler?" „In Erdberg!"

„Da kann man nix machen. – Können s tarockieren?" „Jawohl, Herr Hauptmann!"

So verhörte er einen nach dem anderen. Am Schluss warf er sich in Positur und sagte: „Euch Falotten geht's gut! Na wartet s, bis mein Rheuma besser ist. Nachher lass i euch wippen, ös Halawacheln!" und draußen war er. Natürlich wurde sein Rheuma niemals gut und das Wippen blieb eine kindische Drohung. Herr Übel schrieb gleich einen beruhigenden Bericht an Frau Resi, versicherte ihr, dass er gut aufgehoben sei wie in Abrahams Schoß und nahm damit seiner Frau eine große Sorge.

Sie saß in ihrer Greißlerei, trennte ihr schönstes, wärmstes Schultertuch auf, das aus Wolle in Friedensqualität war und strickte daraus Socken und Kniewärmer, einen Schal und sogar eine Pudelhaube.

Nein, ihr Johann sollte nicht frieren!

Es war der dritte Kriegswinter. Kohle war längst so selten geworden wie Butter, Milch und Eier. Die Eisenbahnzüge, die aus den galizischen und mährischen Kohlengruben kamen, verschwanden in den Munitionsfabriken. Man heizte dem Feind damit ein, während sich die Wiener frierend und zähneklappernd in ihren dünnen Kleidern aus Ersatzstoffen und ihrem Pappendeckelschuhen dem Koksstieren und Zweige - klauben hingaben. Oder sie drängten sich in, mit stinkenden Karbidlampen beleuchteten Kaffeehäusern, wie Schafe im Winterstall. Man hielt es zu Hause nicht aus und wärmte sich hier gegenseitig, wobei man Brombeertee mit Himbeersaft und Sacharin trank.

Peter war traurig, dass die Mittwoch und Samstagnachmittage bei der Familie Wagner so jäh gestört worden waren. Manchmal war er noch hingegangen und wurde vom Herrn Regierungsrat auch sehr höflich behandelt. Schließlich verdross es ihn, ewig als gutes Beispiel für den armen Ernst herhalten zu müssen. Klara hatte das Haus, nach der Szene nicht mehr betreten und so hatte er sie auch nicht wiedergesehen. Gretel besuchte ihre Freundin in ihrer kleinen Wohnung, wo es nicht so vornehm war, wie bei ihr zu Hause. Dafür brauchte man nicht ewig vor der väterlichen Autorität und bösen Äußerungen zu zittern. „Gehen wir auch hin!" schlug Peter vor und Ernst war damit einverstanden. Sie packten ihren Baukasten, die elektrische Eisenbahn, die Indianersachen und Karl May – Bücher unter den Arm und beglückten die Mädchen mit ihrem Besuch. Ernst schmiss alles, was er mitgebracht hatte, auf den großen Tisch in der Mitte des Zimmers und sagte: „Zu Hause ist es nichtmehr auszuhalten. Der Alte hat eine derart hohe Vorstellung von einem Gymnasiasten, dass ich am liebsten den ganzen Tag Ovid deklamieren oder Shakespeare im Urtext lesen sollte. Er kann mir den Buckel runter rutschen. Es ist ein Glück, dass Peter entwischt ist. Der Alte hat schon einen Glaskasten bestellt, in den er ihn stellen will. Er hat im Zeugnis nur drei Zweier, in Singen, Kalligraphie und Zeichnen. Ich habe in Geographie, Naturgeschichte, Latein und Literatur einen – einen Vierer.

„In Griechisch vielleicht nicht?" fragte Gretel. „Ja, bald hätte ich es vergessen, natürlich auch Griechisch. Kannst du mir sagen, wozu ein Brückenbauingenieur, Griechisch können muss?"

„Du sollst aber nicht Ingenieur, sondern Jurist werden!" sagte Gretel. „Sollst! Sollst!" höhnte Ernst. „Mit dem Sollst ist es wie mit dem Wenn und Aber. Der Alte sagt: „Mich hat auch niemand gefragt, ob ich Regierungsrat werden will und ich bin es geworden." Ich hab ihm darauf geantwortet: „Zu deiner Zeit war das vielleicht modern, dass man einen Buben nicht gefragt hat. Fährst du heute noch mit der Pferdebahn, weil es damals modern war?" Darauf hat er mir eine heruntergehaut und ich habe ihn mit Verachtung gestraft. „Es ist ein Jammer!" sagte Klara.

„Du bist so gescheit und findest kein Verständnis." „Ach was, schaut, das Genie hat eine neue Brückenkonstruktion erfunden!" und er holte den Baukasten hervor. Die Kinder fühlten sich bei Klara glücklich und zufrieden. Schon beim nächsten Mal brachten die Buben Holz und Kohle herbei und einen Stoß Zeitungen. „Hurra! Heute wird es warm werden!" Ernst kniete vor dem kleinen Ofen und fütterte ihn. Bald prasselte es und die Stube füllte sich mit Wärme, die sie so lange entbehrt hatte. Klara war hier die Hausfrau. Sie betrachtete ihre Freunde als Gäste und ging daran, die Stunden angenehm zu machen. Sie kochte Tee, breitete ein reines Tischtuch auf und erregte damit Peters Bewunderung. Später saßen sie um den Ofen, jeder mit einem Buch und vergaßen bei den Abenteuern die Gegenwart. Als der Offizial Neubauer am Abend heim kam, war er überrascht. „Du hast eingeheizt?"

„Gretel und die Buben waren hier und haben Kohle mitgebracht", sagte sie. „der Ofen ist noch warm, Vater!" Er legte seinen schäbigen Mantel ab und wärmte seine erstarrten Finger. „Es ist ein Kreuz mit der Dampfheizung im Amt. Die Anlage ist wieder im Betrieb, bis dort hinauf, in den vierten Stock, wo mein Zimmer ist, kommt keine Spur Wärme. Unten freilich, wo die Herrn Sektionschefs sitzen, ist es wie in einem Backofen." Er aß sein Nachtmahl und ging dann gleich wieder an die Arbeit. Von acht bis drei Uhr dauerten seine Dienststunden, bis sieben machte er Überstunden und zu Hause wartete die Heimarbeit. Da lagen große Stöße von roten, grünen und weißen Bogen, die sortiert, aufgelegt und durchgesehen werden sollten. Im Nu war das Zimmer von ihnen überschwemmt. Überall lagen sie: auf Sesseln und Schränken, ja selbst auf dem Fußboden. Beim Tisch saß, der Offizial mit sieben scharfgespitzten roten und sieben scharfgespitzten schwarzen Bleistiften, jene links und diese rechts neben sich und rechnete, revidierte und zählte ab. Klara konnte ihm dabei nicht helfen. Sie wusste nur, dass diese Arbeit Metallstatistik betraf und für den Handelsausgleich mit Ungarn diente. Ihr Vater besaß das besondere Vertrauen seiner Vorgesetzten und war sogar vom Militärdienst befreit, alles wegen dieser wichtigen Arbeit. Um zehn Uhr räumte er die Blätter weg. „Wollen wir noch eine Seite von meinem Buch schreiben?" fragte er. Klara war bis dahin still gewesen und hatte gelernt. „Ja, Vater!" sie stand auf, brachte ein dickes Manuskript herbei, legte es auf den Tisch. Auf der ersten Seite stand in schöner Handschrift: „Der Bürokratismus, ein Beitrag zur Geschichte der Zivilisation, von Anonymus." Das Mädchen schlug die letzte Seite auf und griff nach der Feder. Sie wartete, während ihr Vater sinnend im Zimmer auf und ab ging. Die Hand am Kinn, den Blick zur Erde gerichtet. „Wiederhole bitte, den letzten Absatz!" Klara las: „Wir wollten feststellen wieweit sich das Kasten-wesen in die moderne Gegenwart herübergerettet hat. Wir haben gesehen..." „Da hat uns der Onkel Fritz, gestern mit seinem Besuch unterbrochen. Hm ... , ja! Wir haben gesehen, dass selbst moderne Verfassung, deren Zweck es ist, manche ungerechte Härte des Standesunterschiedes zu mildern und so dem Kasten und Zunftwesen entgegen zu wirken ..., Beistrich ... , einen Moment! Hinter „ent-gegen zu wirken" mach einen Hinweis. Es kommt eine Fußnote! Klara, ich hab dir schon hundert Mal gesagt, du sollst den Strich, unter den die Fußnote kommt, mit dem Lineal ziehen. Ich glaube wir haben ihn immer fünf Zentimeter lang gemacht. So! Jetzt schreib in die Fußnote: „Das österreichische Staatsgrundgesetz vom Jahr 1867 verkündet: Vor dem Gesetz sind alle Staatsbürger gleich. Die öffentlichen Ämter sind für alle Staatsbürger gleich zugänglich ... und so weiter! Hast du hinter dem usw. einen Punkt gemacht? Gut! Also jetzt oben! ...Wie war das? „Punkt!" wiederholte Klara. Der Offizial hielt erschöpft inne. Er musste sich ausruhen. Klara legte die Feder weg. „Ich glaube, ich habe vergessen dir die Satzzeichen anzusagen. Lass schauen!" Er trat hinter sie und las das Geschriebene. Aber er fand nichts auszusetzen. „Ich weiß nicht, ob man den Strichpunkt da lassen kann. Wäre ein Punkt nicht besser?" „Ich weiß es nicht", meinte sie, „das ist Empfindungssache". „Durchaus nicht!" widersprach er und er holte die „Deutsche Grammatik" aus dem Kasten. „Ich werde den Herrn Nagl fragen", entschied er, „der ist Korrektor beim „Tagblatt". Machen wir Schluss für heute. Ich bin müde. Herrgott, wenn ich nur schon fertig wäre, mit dem Buch. Der Amtsschimmel wird daran zu kauen haben und nicht sehr gut verdauen!"

Klara schlief bald ein. Der Offizial wälzte sich aber hin und her, versuchte es mit der linken, dann mit der rechten Seite. Die Stunden rannen, die Uhr schlug: Zwölf! Eins! Zwei! Er griff nach den Streichhölzern und zündete die Kerze an. Er ging zum Kasten und holte noch einmal die „Deutsche Grammatik". Er stand im Nachthemd da und fror. Er achtete nicht darauf. Seine Augen starrten in das Buch und seine Lippen flüsterten ...

„Wisst s" sagte Herr Übel als er wieder einmal zu Hause auf Besuch war, „Ihr müsst mich am Leopoldsberg besuchen. Aber erst wenn s schöner ist ..., Im Frühling oder so!" Er war ein ganzer Soldat geworden. Aber keiner, den man als Musterbeispiel hätte nehmen können. Er hatte nur die schlechtesten Eigenschaften angenommen, die alle zusammen, den Tachinierer ausmachen. Er war nachdem er sich abgefunden hatte, auch in Uniform ein fescher Kerl geblieben. Das zog ihm das Wohlwollen des Hauptmanns zu. Er hatte bereits fünf Geschichten für die „Volks Zeitung" geschrieben, zu deren Hauptperson der Erdberger Greißler Modell gestanden hatte. Herr Übel wusste nichts davon, dass er ein berühmter Mann geworden war und gab in selbstloser Weise weiterhin geistreiche Äußerungen von sich. Er hatte es noch nicht einmal zum Gefreiten gebracht, dafür war er aber zum Tarockpartner des Herrn Hauptmann ernannt worden. Wenn der Korporal vom Tag die Tür aufriss und brüllte: „Übel und Bretzelbäck zum Rapport!" so wusste man schon was los war. Herr Übel und sein Kamerad erhoben sich dann und schlichen mit bestürzten Gesichtern fort, denn es kam darauf an, den Schein zu wahren, obwohl niemand an diesen Schein glaubte.

Jedes Tierchen hat sein Pläsierchen! So fein drückten sich die Landsturmmänner nicht aus, aber der Sinn war derselbe. Herr Übel wusste also ganz genau, was er machte, wenn er seine Familie auf den Leopoldsberg einlud. Diese Begünstigung wurde ihm gewährt.

Der alte Schediwy hatte es nicht so gut getroffen. In Schnee und Eis und schneidendem Sturm musste er mit scharf geladenem Gewehr die Stadlauerbrücke bewachen. P.U. (politisch unzuverlässig) war keine Empfehlung. Meist hatte er Dienst in der Nacht. Da stolperte er durch das einsame Überschwämmungsgebiet, Verzweiflung im Herzen, Wut und Ohnmacht. P.U., zum Heldentod verurteilt, wenn es nicht anders ging, zum Heldentod an der Stadlauerbrücke. Der alte Schediwy wehrte sich, innerlich gegen das vorbestimmte Schicksal. „Lang dauert s nimmer!" redete er sich vor, „lange kann s nimmer dauern!" Drei Stunden ist eine lange Zeit, wenn man sie frierend und hungrig, mit schmerzenden Füssen und erstarrten Fingern, in eisiger Winterkälte verbringt. Wie viele Gedanken gingen da, durch den Kopf des alten Mannes. Er dachte an seine Toten Buben, an sein Weib daheim, an Karl von dem er schon lange nichts mehr gehört hatte, an Anni … Das Glück wollte er noch erleben! An ihrer Hochzeit, mit Karl noch einmal froh sein … Husten schüttelte ihn. Da stehen und lauern, warten ob nicht einer kommt, der die Brücke in die Luft sprengen will. Aber da war ja schon einer, der auch lauerte mit seiner Sense. P.U. durch den Tod abgegangen… recht ist dem Kerl geschehen!

1917 Der Winter verging und der Frühling kam.

Kein Frühling war so voller Hoffnung, wie der in diesem Krieg. Anni Leutgeb durchlebte die Zeit wie im Fieber. Wenn Karl nachts ans Gitter kam, vergaß sie das Küssen und Kosen, nach dem sie sich so gesehnt hatte. Sie besprachen die spärlichen Meldungen, die man dem Volk mitzuteilen, für gut fand. „Wir müssen den Krieg verlieren, dann sind wir frei!" sagte Karl. „Die furchtbaren Opfer, die er gekostet hat, wären umsonst gewesen, wenn wir ihn gewinnen. Wenn jetzt die Stunde nicht kommt, die uns Befreiung bringt, war der Jahrzehnte lange Kampf der Arbeiterschaft umsonst. Aber sie wird kommen. Das Chaos ist unausbleiblich und niemand, nur wir werden eine Brücke in eine bessere Zukunft bauen können." „Ja, ja" flüsterte Anni und vor ihren Augen stie-

gen in der Nacht glückliche Traumbilder auf. Viele Tage
ging sie, erfüllt von Karls Gedanken, umher. Wir Arbeiter müssen die Brücke bauen ... Mit neuem Eifer nahm
sie sich Peter s an. Liebevoll überwachte sie seine körperliche und geistige Entwicklung. Peter wuchs in die
Höhe und zeigte bereits manche linkische Eigenheit des
Jünglings, der kein Kind mehr war, aber auch noch kein
Mann ist. Er dachte viel und bemühte sich das Erdachte
zu verwerten. Manchmal freilich war er noch ganz der
alte, dann drückte ihn Anni an sich und nannte ihn ihren
kleinen Narren. Seine Liebe zu Anni, war nicht vergangen. Sie schweifte nur manchmal ab, zu Klara oder Gretl,
aber er suchte Mütterlichkeit und kehrte bald wieder zu
dem schönen Mädchen zurück. Die Liebe Peters, war die
Sehnsucht nach Verständnis und Zärtlichkeit. Trotz aller Zuneigung, die er bei Frau Resi und allen Menschen
fand, die ihn kannten, fühlte er sich einsam. Sein Inneres fror, sein Herz war von Heimweh erfüllt, seine Seele zitterte vor Verlassenheit. Er floh zu Anni, an einen
Ort, an dem man sich vor der Trauer verbergen konnte.

„Ich würd gern zum Johann, auf den Leopoldsberg
gehen", sagte die Resi zur Anni, die manchmal nach ihr
schaute. Resi atmete auf, als der Winter vorbei war und
die Sonne wieder Licht und Wärme brachte.

„Aber ich kann ja nicht. Höchstens am Sonntag, aber
da bin i zu müd. Den Schani könnt ich auch nicht mit-
schleppen. Möch s t du nicht einmal mit dem Peter rauf
gehen?" „Ja, ja!" rief Peter, der alles gehört hatte. „Bitte
Tante Anni, gehen wir! Darf Ernst mitgehen?" So wurde
der Ausflug geplant.

Zeitlich, in der Früh fuhren sie nach Grinzing, wo es still,
sehr still geworden war. Ernst war gerne mitgekommen. Er

hatte einen Rucksack und in ihm Honigbrote. So schritten sie munter dahin. Bei der ersten Rast, sahen sie auf die Stadt hinunter, die in grauem Dunst lag. Aus den Fabrikschloten stiegen schwarze Rauchsäulen auf, lösten sich in bizarre Spukgebilde und zerflossen in stinkenden Nebel, der schwer über die Dächer kroch. ... Sie standen und sahen hinunter. „Dort unten müssen wir leben!" sagte Peter und zeigte in die graue Ferne. „Es ist wie ein Morast, wie ein großer Sumpf", bestätigte Ernst. „Es ist ungesund immer dort drinnen zu bleiben, nicht wahr?" Anni nickte. „Ungesund für Körper und Geist", sagte sie. „Aber es wird ein Sturm kommen und dann können wir wieder aufatmen. Kommt gehen wir!" „Das ist eine Feine Tante!" meinte Ernst. „So eine möchte ich auch haben. Die meinen sind geschraubte, alte Schachteln!" Peter war sehr stolz.

„Halt! Wer da?" donnerte es da plötzlich aus den Büschen. „Bleibt s steh n, ös Spion-gesichter!" Die drei hielten erschrocken an. Aus dem Busch kamen drei lange, gerillte russische Bajonette hervor, dann die dazugehörigen Gewehre. Endlich tauchten drei blaue Mützen und ebenso viele rote Gesichter auf. „Jö, der Onkel Übel!" rief Peter. „Jawohl! Ich bin s schon, wenn i a recht kriegerisch aus schau. Das ist der Bretzelbäck und des da der Maxl Blöch. Mir haben a Patroille. Grüß euch Gott auf dem Leopoldiberg!" „Habedieehre, Fräulein!" sagten Brezelbäck und Blöch. Wir haben schon viel von ihnen gehört. Ihr Schwager ist ganz verliebt. Sie warfen sich in Positur und salutierten stramm wie Kadetten. „Mir sollten eigentlich noch weiter patroillieren, des kann uns aber gestohlen bleiben!"

„Eigentlich führ die Patroillen, ich!" sagte Brezelbäck schüchtern. „Halts Maul, geselchter Hund!" bekam er zur

Antwort. „Seit du Gefreiter bist, hast allerweil das letzte Wort!" „Dir zu lieb mach ich s nicht, nur weil das Fräulein gar so liebe Guckerln hat!" Sie kehrten wirklich um und stiegen den Weg hinauf.

„Waren s schon einmal oben?" fragte Maxl. „Es gibt nämlich Wiener, die in Ehren grau geworden sind, die Weltausstellung, Anno dreiundsiebzig noch gesehen haben und vom großen Eisstoß erzählen, aber auf dem Leopoldsberg waren s noch nicht. Zum Beispiel ich selber. Wenn i, nicht hätte einrücken müssen, wär i nie da rauf gekommen!"

„Das ist unsere „Flak", wissen s „erklärte er stolz und zeigte auf eine Kanone mit langem Rohr, die auf einem Drehzapfen inmitten einer betonierten Pfanne stand. Ihre edlen Teile, der Verschluss und die Mündung, waren mit Lederlappen bedeckt. „Der Franzi, da passt auf, dass sich niemand die Kanone an die Uhrketten hängt, gelt Franzi?" sagte er zu dem Posten, der gelangweilt daneben stand. Der nickte mürrisch! „Da hinunter, wo die spanischen Reiter stehen, geht der Nasenweg. Dort wo der Berg so steil zur Donau abfällt. Einmal bin ich rauf gegangen, aber nie wieder. Der windet sich wie a Bandwurm und geht steil über die Felsen. Da gibt s kann Schatten und die Steine glühen. An Durst bekommt man, an höllischen Durst!" „Kenn s t die Sage vom Nasenweg?" „A Sage, nein?"

„Da war einmal ein Wirt am Leopoldsberg, dem sind jeden Sonntag drei Fass Bier über geblieben. Teufel, hat er sich gedacht, da muss was geschehen! Er ist her gegangen und hat den Nasenweg gebaut. Jetzt hat er jeden Sonntag drei Fass Bier zu wenig gehabt!" „Die Geschichte ist gut, Wenn die der Alte hört, macht er an Roman draus!" „Jessas, ja zum Alten müssen wir gehen!" erinnerte sich Herr Übel erschrocken. Er führte Anni und die Knaben, nach hinten in das Wirtshausgärtchen, von dem man einen herrlichen Ausblick gegen Klosterneuburg und die Donau hatte. Dort saß der Herr Hauptmann im Schatten der Kastanienbäume, wie man es vermutet hatte. Ein Krügel Bier vor sich, eine Virginia im Mund und schrieb eine Geschichte für den nächsten Sonntag. Einstweilen hatte er nur den Titel: „Ein Wiener Früchterl." Der Hauptmann schien den Anfang nicht Recht zu finden und starrte auf das Blatt, schob mit seiner dicken Zunge die Virginia im Mund hin und her und zupfte an dem kupferrotem Lötkolben. Blinzelte durch seinen Zwicker und machte aus Verzweiflung tiefe Züge aus dem Krügel. „Du darfst nicht hochdeutsch mit ihm reden, das mag er nicht und schöne Augen, musst ihm machen, er ist ein Steiger." Dann trat er an den Tisch und meldete gehorsamst, dass seine Schwägerin zu ihm auf Besuch gekommen sei. „Meinetwegen! Fahr ab!" sah aber noch rechtzeitig auf, um das Kommando zu widerrufen. Er stand auf nestelte am Kragen seiner Bluse, setzte die Kappe auf und legte die Virginia aus der Hand. Dann trat er auf Anni zu und salutierte. „Rienößel, Hauptmann", stellte er sich vor. Sein rundes Gesicht verriet grenzenloses erstaunen. „Anni Leutgeb!" sagte das Mädchen und reichte ihm die Hand, die er an die bierfeuchten Lippen führte. „Jessas na, wie lieb!" rief er begeistert. „Sie sind aber galant, Herr Hauptmann", wehrte Anni ab. „Wer hätt sie denkt, dass der Übel, der alte Pülsling a so a junge Schwägerin hat. Abtreten!" schrie er, „siehst nicht, dass i an Damenbesuch hab?"

Herr Übel verschwand lächelnd und nahm die Buben mit. Führte sie zum Fernrohr, ließ sie durch schauen und lenkte dann ihre Aufmerksamkeit auf die Hunde und Katzen des Försters, die in der Sonne balgten. Er war stolz darauf, dass seine Schwägerin dem Hauptmann gefallen hatte und hoffte auf weiter Protektion. Anni saß am Tisch des Hauptmanns und sagte: „Ich hab schon viel von ihnen gehört, mein Schwager geht für sie durchs Feuer!" „Wenn s nicht zu heiß ist! Es ist a Kreuz mit den Leuten. A jeder hat a Familie und wenn er keine Familie hat, so hat er was anderes. An Bruch oder Plattfüße oder Rheuma. Da kommt keine Begeisterung auf. Mir sind alle miteinander Krüppeln, drum vertragen wir und so gut!" „Es freut mich, einen Offizier so vernünftig reden zu hören", sagte Anni und schenkte dem Hauptmann einen bewundernden Blick. „A Offizier ist auch a Mensch, aber die meisten haben es vergessen." Anni lächelte „Sie sind a echter Wiener. An Wiener ist der Krieg zuwider, der mag lieber was anderes!" „Was denn „? „Er will seine Ruh, hat es gern gemütlich, sein Kaffeehaus und seine Zeitungen. A Backhenderl mit Gurkensalat, – für ein Glaserl Wein, verkauft er seine Seele. Ist s nicht so?" „Ja, ja, a Backhenderl mit Gurkensalat ..., sie können einem das Herz schwer machen. Damit ist jetzt oha!" „Die Leute sind selber schuld, keine Rede davon, dass so a Zeit noch einmal kommt!" „Glauben s nicht?" fragte er mit trostlosem Blick. „Nein! Schauen s hinunter, dort unten haben die Maschinen die Wiener Gemütlichkeit zerhackt und zerstampft, dass nicht ein Bröserl von ihr übrig bleibt!" Anni zeigte hinunter auf die brodelnden Schlote der Stadt. „Dort unten wird die alte Zeit begraben!" Hauptmann Rienößel stand am Zaun. Die Stimmung, ließ ihn nicht los. Anni war längst gegangen. Er kehrte zu seinem Tisch und zu seinem Blatt

Papier zurück, auf dem nur der Titel Stand: „Ein Weaner Früchterl." Dann nahm er die Feder, tauchte sie ein und strich zwei – dreimal, über die Worte. Darunter schrieb er deutlich und schön: „Ein Wiener Mädchen."

10

Was Karl Schediwy, vorausgesagt hatte, schien im Frühjahr 1917 wahr zu werden.

In diesem Winter, der an Furchtbarkeit alle vorangegangenen Kriegswinter übertraf, schien das Ende mit Schrecken gekommen zu sein. Die politische und die wirtschaftliche Lage war unvorstellbar.

Nach dem Neujahr 1918 hatten sich die Ernährungsverhältnisse in unerwarteter Weise verschlechtert. Die Ernte des Vorjahrs war spärlich, Ungarn verweigerte jede Hilfe und aus der Kornkammer des besetzten Rumäniens konnte nichts herbeigeschafft werden, solange das Eis der Donau nicht schmelzen wollte. Das Volksernährungsamt sah sich gezwungen, den Bezug von Mehl um die Hälfte zu kürzen.

Friede! Friede! Schrie das Volk und die Antwort war verschärfter Hunger. Da brach eine Lawine des Unmuts aus und breitete sich über das gequälte Land. Montag, den 14. Jänner, um halb acht Uhr früh, legten die Arbeiter der Daimler- Werke in Wiener Neustadt die Arbeit nieder. Die der Lokomotiv, - Radiatoren – und Flugzeugfabrik und der Munitionswerke G. Roth schloss sich an. Die Nachricht verbreitete sich über ganz Niederösterreich. Am Tag darauf standen die Betriebe von Ternitz, Wimpassing, Neunkirchen und St. Pölten still. Mittwoch griff der Streik auf Wien über. Die Fiat – Werke in Floridsdorf und das Arsenal waren die ersten. Am Abend des Tages standen die Fabriken in Favoriten, Ottakring, Simmering,

Margareten und der Landstraße still. Das Kesselfeuer
vergloste, die Treibriemen hielten inne, die Maschinen
stoppten. Die Schlote hörten auf, Ruß und Rauch gegen
den Himmel zu speien. Der mechanische Tod schlief.

Karl Schediwy, saß in seiner Baracke und fieberte den
Ereignissen entgegen. Sein Gehirn arbeitete! Hinaus!
Wollte er, hinaus! Als die Massen durch die Straßen zogen,
zu den Versammlungen strömten, konnte sein Freund,
ihn nichtmehr zurückhalten. Er mischte sich unter die
Gruppen der Streikenden, die beisammen standen und
die Sache besprachen. Ungeduld lag über der Stadt, die
Behörden waren nervös. Alle, deren Gewissen nicht rein
war bekamen Angst. Was wird geschehen? Was werden sie
tun? waren die bangen Fragen. Empörung und Wut, die
sich in lärmenden Zügen zur Innenstadt bewegten, wurden
zu Besonnenheit aufgerufen. Erfüllt von dem Bewusstsein ihrer Einigkeit und Kraft, stellten die Arbeiter ihre
Forderungen: Beschleunigung des Kriegsendes, Friede
mit Russland, Verbesserung der Lebensmittelversorgung,
Befreiung der Betriebe vom militärischen Zwang!

Eine Woche lang dauerte der Jännerstreik des österreichischen Proletariats. Er war die erste und gewaltigste
Mahnung an den Kriegsrat der Zentralmächte. Schon in
den ersten Tagen des Streiks, fand im Drehersaal auf der
Landstraße eine große Arbeiterversammlung statt. Zehntausende Menschen drängten, in dichten Zügen zu dem
Gebäude, das einmal Sitz der gefürchteten Musterungs-
Kommission war. Kopf an Kopf standen sie im Saal, boten
das Bild eines wilden Meeres, das nicht zu besänftigen war.

Karl Schediwy, stand hinten an eine Säule gelehnt und
schaute suchend über die Versammlung. Ein bekanntes
Gesicht tauchte auf und verschwand gleich wieder in der

Menge. Alte Arbeitskameraden, schoben sich zwischen den Arbeitern durch, um weiter vorne, beim Redner- pult einen guten Platz zu erobern. Karls Blicke blieben nicht an den alten, grauen Köpfen der Arbeiter hängen, sie wanderten zu den bunten Kopftüchern der Frauen. Sie suchten ... suchten ein blondes Leuchten! Sie fanden es! Unauffällig löste er sich von seiner Säule und strebte, um jeden Schritt ringend, der Wand zu. Gerade wurde die Versammlung eröffnet. Der erste Redner trat, von tosendem Beifall begrüßt, auf das Podium. Er hob die Hand, die Sturmflut verebbte, es war totenstill. Alle Gesichter waren ihm zugewendet, zuckend, ein Spiegel ihrer Gefühle. Bleich, vergrämt, ernst und entschlossen. Rauchschwaden stiegen zur Decke hinauf, trugen den Ge- ruch von Schweiß und schlechtem Tabak zu den Türen, die weit offen standen, damit man auch draußen alles hören konnte.

Karls Herz klopfte vor Freude, als er neben der jungen Geliebten, sein altes, graues Mutterl sah. Anni, hatte es in die Versammlung geführt und ergriffen von dem Kampf- geist der Arbeiter, vergaß sie die Schmerzen, die ihr das Gehen und Stehen so schwer machte. Auf das Mädchen gestützt, hielt sie sich aufrecht und lauschte. Karl stand hinter ihnen, ohne dass sie es ahnten. Er hätte seine Arme ausbreiten und sie umarmen wollen, sie die er liebte mit der ganzen Kraft seines Herzens. Aber er beherrschte sich, musste sich beherrschen! Er trat ein kleines Stück vor und stand nun zwischen ihnen. „Karl!" hauchte Anni glücklich und erschrocken. Auch die Mutter flüsterte „Karli!" und tastete nach seiner Hand, als müsste sie sich überzeugen. Er sagte nichts, nickte nur stumm, legte seinen Arm um die Mutter und griff verstohlen nach

Annis Hand. Das Mädchen hörte nicht mehr die Worte des Redners und die Beifallsstürme, die immer wieder ausbrachen. Es fühlte nur mehr die brennende Hand des Mannes, die ihre, stark und fest umschloss. Ein Glücksrausch hatte sie erfasst. Karl hielt die beiden fest, ließ sie auch nicht los, als die Versammlung zu Ende war und die Menge aus dem Saal drängte. Langsam wich die Mauer, der draußen Stehenden zurück, langsam, Schritt für Schritt, wand sich der Strom den Ausgängen zu, auf die Straße. Soweit man sehen konnte, standen die Menschen. Im Schein der wenigen Gaslaternen blitzten die Helmspitzen der Sicherheitswache, aber niemand kümmerte sich um sie. Züge formierten sich, Lieder klangen auf. Kampf und Trutzlieder, die so lange nichtmehr gesungen worden waren. Die Masse wurde zu einem Wesen, von einem Gehirn gelenkt, durchzuckt von einem Herzen und beseelt von einem Gedanken!

Sie wurden zum Volk! Zum Volk, das arbeitet, zum Volk, das leidet, zum Volk, das sich wehrt!

Karl und Anni zogen die alte Frau sanft aus dem Trubel, in eine stille Nebengasse. Sie hätten sich gerne dem Demonstrationszug angeschlossen, aber sie brachten die alte Frau wohlbehalten nach Hause. Karl hörte nicht die besorgten Mahnungen der Frauen, sondern schritt frei und aufrecht dahin. Zum ersten Mal seit Jahren betrat er die kleine Wohnung wieder, in der er aufgewachsen war. Er strich sich über die Augen, als wolle er eine böse Vision verscheuchen, die ihn so quälte. „Heute, wo die Stadt gärt, haben sie keine Zeit an mich zu denken!" sagte er. „Ich bin so müde! Als hätte ich ein Jahr lang nicht geschlafen! Wie gut man hier sitzt!" Er hatte auf dem alten, mit Wachsleinwand überzogenen Diwan Platz genommen, über dem die Pendeluhr und die Bilder hingen. Es war ein altes, ehrwürdiges Möbel, in der Mitte vom vielen Sitzen ausgehöhlt. Längst war das Seegras der Polsterung zu einer harten Masse zusammengedrückt. Es schwankte und stöhnte unter der Last wie ein müdes Tier. Für Karl aber war es der Gipfel der Bequemlichkeit, ein unerhörter Luxus, von dem er auf seinem Bretterlager in der Baracke oft geträumt hatte. „Leg dich hin, Karl!" riet die Mutter und Anni sagte: „Ruh, dich aus, ehe du fort musst." Karl folgte den Frauen. Zog, die Beine an und ließ sich ein Polster unter den Kopf schieben. Anni saß neben ihm und hielt seine Hand, strich das wirre Haar aus der Stirn, sah ihm tief in die Augen und diese stumme Zwiesprache, erzählte von unsagbarer Qual und unsagbarer Liebe. Die Mutter war in die Küche hinausgegangen, kochte Brombeertee und humpelte dann fort über die Stiegen zum Greißler, um ein Viertel Brot als Vorschuss für die nächste Woche. Düster brannte die Petroleumlampe, schuf schläfrige Dämmerung und den Geruch von „Zuhause." „Er schläft!" flüsterte Anni der Mutter zu, die eben zurückkam. Langsam stand sie auf, um den Schläfer nicht zu wecken. Dort stand das Häferl, mit dem Tee und ein Marmeladebrot. Still saßen die Frauen und schauten nach dem Mann. Er atmete ruhig und tief. Sie wagten es nicht ihn zu stören. Die Mutter brachte einen Deckel und legte ihn auf das Häferl. Die Spiritusflasche war leer und in der Kohlenkiste war kein Bröserl und kein Holzspan mehr. Die Pendeluhr tickte. Wum! Wum! Ging das Perpendikel hin und her, manchmal schnarrte es in dem alten Werk. Die Frauen saßen und warteten. Manchmal fühlte Anni an dem Häferl, ob es noch warm sei, dann sah sie fragend nach der Mutter.

Die schüttelte den Kopf. Mit unendlicher Geduld bewachte sie den Schlaf ihres Sohnes! Um halb zehn Uhr stand Anni auf. „Ich muss fort, morgen früh komm ich wieder!" Sie ging hin und küsste Karl auf die Stirne, dann gab sie der Mutter die Hand und ging.

Niedergeschraubt brannte die Lampe auf dem Tisch neben dem kärglichen Mahl, das alles war, mit dem die Mutter ihren Sohn bewirten konnte. Karl schlief bis zum Morgen. Dämmerung drang durch die Vorhänge, als er erwachte. Die Pendeluhr schlug sieben. Er erinnerte sich sofort an den gestrigen Abend und dass draußen ein neuer Tag auf ihn wartete. Neuer Tag, neuer Kampf! Er war gerührt als er sein altes Häferl sah, noch sorgsam zugedeckt, daneben das Marmeladebrot. Er war hier kein Fremder geworden und die Dankbarkeit festigte seinen Kampfgeist. Er aß und trank, wusch sich in der Küche und weckte erst dann seine Mutter. Gestärkt und erfrischt, ging er in den bitterkalten Jänner Morgen. Über Nacht war Schnee gefallen, aber niemand rührte sich, ihn fortzuschaffen. Karl wanderte an den Wärmestuben vorbei, in die die vielen Obdachlosen geflohen waren, vorüber an den erstarrten Reihen der Frauen und Kinder vor den Lebensmittelgeschäften. Er sah die verwahrlosten Straßenbahnzüge aus den Remisen kommen, gefahren von blassen, unterernährten Mädchen in schweren Männerpelzen. Sah die schwarzen Kastenwagen, die die Beute des Todes, der kalten Nacht, hinaus, zum Zentralfriedhof schafften. Entmutigend, zwecklos der unabwendbare Beweis – des Untergangs!

Das Volk hielt es in den Kalten Stuben nicht aus. Das Gemeinschaftsgefühl trieb es hinaus auf die schneebedeckten Straßen und in die Versammlungen. Karl war überall dabei. Die Menge, berauscht von ihrem Mut und ihrer Einigkeit, erhoffte mehr, als sie erreichen konnte. Karl kam langsam zur Erkenntnis, dass es zu früh war, den entscheidenden Schlag zu machen, aber die anderen wollten das nicht verstehen.

Karl war dabei, als den Arbeitern des dritten Bezirkes, der Beschluss der Gewerkschaft zur Wiederaufnahme der Arbeit mitgeteilt wurde. Er stand mitten im tosenden Protest und der hatte Mühe, kühlen Kopf zu bewahren. Er hörte die Redner an, die immer wieder unterbrochen, die Lage begreiflich machen, von den Zugeständnissen der Regierung berichten, wollten. Plötzlich wollte er zu den Menschen reden! Er ging vorne zum Podium. Fäuste hielten ihn fest, andere schoben ihn vorwärts. „Weg mit ihm!" schrien sie. „Nein, er soll reden!" Er fühlte die Püffe und Stöße nicht. Hinauf! Er stand oben, breit und keuchend, er sprach. Die ersten Sätze versiegten im Lärm. Kaum war er in den ersten Reihen zu verstehen. Dann horchten sie und es wurde leise im Saal. „Ja", rief Karl, „wir sind stark, wir sind einig, wir können mit unseren Fäusten den eisernen Popanz erwürgen, wir können ein Loch reißen in das todspeiende Europa. Aber wir sind nicht stark genug, um zu verhindern, dass dieses Loch, sich wieder neu füllt. Im Norden steht Preußen – Deutschland! Seine ungeheure Ost-armee ist frei, hat keinen Feind! Im Süden steht Italien! Wie eine Sturzflut würden zwei gewaltige Heere in das Loch stürzen, das wir ihnen öffnen. Das Land ist bisher verschont geblieben vom Furchtbarsten, aber es würde zur Stätte der Verwüstung. Wollt ihr den Kriegsschauplatz vor den Toren Wiens? Wollt ihr die Revolution im Blut eurer Frauen und Kinder ersticken? Sie kommt! Sie muss kommen!

Wir wollen warten, mit eisernem Willen warten, bis die Uhr abgelaufen ist. Revolutionen sind die Lokomotive der Weltgeschichte! Sagte Karl Marx. Halten wir diese Lokomotive unter Dampf, bis zur richtigen Stunde. Wir fordern sofortige Einleitung von Waffenstillstandsverhandlungen mit den Alliierten. Wir fordern eine demokratische Volksregierung!"

Totenstille herrschte im Saal.

Karl war vom Podest gesprungen und in der Menge verschwunden. Niemand beschimpfte ihn, niemand jubelte im zu. Betäubung, lag über der Versammlung, in der zum ersten Mal in diesem Krieg, das Wort Revolution gefallen war. Niemand hatte es gewagt, es öffentlich auszusprechen, dass die Menge es schweigend hinnahm, war Karls unerhörter Sieg. Ein einziger Mensch in der Versammlung zitterte. Es war ein Polizeispitzel. Aber neben dem Wort Revolution, kroch noch ein anderes durch seine Gehirnwindungen: Hochverrat! Eilig strebte die Kreatur dem Ausgang zu, wo Karl verschwunden war. Kam zurecht, um einen Arbeiter sagen zu hören: „Es war der Schediwy Karl!" – Als der Naderer endlich auf der Straße war und lechzend wie ein Spürhund, die Straße auf und ab rannte, war Karl verschwunden.

In einem schönen Rapport in zweifacher Ausfertigung, „zu Handen" der Polizei und des Militärgerichts stand bald darauf zu lesen, dass sich der Deserteur, Hochverräter und Mörder des Auditors Bellowitsch, im dritten Bezirk herumtreibt. – Man hatte ihn noch nicht, aber das Urteil war bereits gesprochen! –

11

Der Staatsapparat arbeitete. Sogleich nachdem die Rapporte über Karl bei den maßgebenden Stellen eingelangt waren, verdichtete sich das Polizeinetz des dritten Bezirkes. Zu den Steh – und Rayonsposten mit den Pickelhauben, zu der Schar der Spitzel, die in Kaffeehäusern und Gaststuben die „Volksseele", belauschten, gesellten sich bewährte Spione – und Deserteurfänger. Sie hatten Karls Bild und eine genaue Personenbeschreibung in der Tasche.

In Karls Fall waren sie äußerst siegesbewusst. Früher oder später spielte Heimweh bei jedem Deserteur eine große Rolle. Bei Karl war es eben später gewesen. Hier, wo er aufgewachsen war, hausten seine alten Eltern, hier hatte er ein „Verhältnis" mit einer „Frauensperson", hierher wird er zurückkommen, nachdem er wahrscheinlich die mährischen Wälder oder die ungarischen Kornfelder unsicher gemacht hat. „Den, werden wir gleich haben!" war von jeher die Rede der Kiberer, den sie in ihren niederträchtigen Schlachten der Hinterlist, im geheimen sagten.

Das Wohnhaus von Karls Eltern wurde Tag und Nacht beobachtet, die Kindesliebe zur Falle gemacht. Aber auch das Schlössel, beehrten die Herrn Konfidenten mit ihrer Aufmerksamkeit. Sie folgten der „Frauensperson" auf Schritt und Tritt, machten sich an die Wohnparteien heran, fragten die Kinder aus. Es geschah so unauffällig, dass in drei Tagen ganz Erdberg davon sprach. Der Darmwäscher brachte die Nachricht aus dem Wirtshaus. „Du wirst gesucht! Ich an deiner Stelle, würde umziehen. Geh in einen anderen Bezirk, dort hast du Ruh!" sagte er zu Karl. Der lachte, aber es war ein grimmiges Lachen. „Nein! im Notfall bleibt mir der Kanal!"

Die Kiberer tappten im dunklen. Es ärgerte sie, dass es nicht gelang, einen Menschen zu fangen, der sich erwiesenermaßen vor ihrer Nase herumtrieb. Denn, dass er das machte, hatten sie festgestellt. Es gab genug Menschen, die ihnen das zutrugen. Bald wollten sie Karl da, bald dort gesehen haben, eine kleine Verwechslung, spielte dabei keine Rolle. Die Deserteur-jagd wurde zum aufregenden Ereignis. Man träumte davon, man sprach darüber und man setzte es in der Lotterie. Anni hatte es bald durch den Invaliden erfahren. Sie hat von der kurzen, aber entscheidenden Rolle gehört, die Karl in der Arbeiterversammlung gespielt hatte und sofort begriffen, dass seine Sicherheit vorüber war, da er zum Hochverräter wurde. Es vergingen Tage, Wochen, in denen sie ohne Nachricht blieb und wenn sie sonst besorgt war, so war sie jetzt beruhigt. Er schien in Sicherheit. Anni wagte nicht, nach seinem Aufenthalt zu forschen. Sie mied die Gegend, in der die Baracke stand, hielt auch Sawitsch und den Peter ab, dorthin zu gehen, obwohl sie glaubte, dass er dieses Versteck längst verlassen hatte. – Karl aber saß noch immer dort. –

Der alte Leutgeb ging mürrisch und schweigsam herum. Der ehrliche, offene Blick, mit dem er sonst in die Welt geschaut hatte, war scheu und lauernd geworden, sein gerades, starrsinniges Wesen schien gebrochen durch irgendeine schwere Sorge. Er hämmerte den ganzen Tag in seiner Kellerwerkstätte, ließ sich auch das Essen herunter bringen und ging nur in die Wohnung, um zu schlafen.

Er wich Frau und Tochter aus! „Ob er gehört hat, dass der Karl da ist?" fragte die Mutter einmal Anni. Aber das war nicht wahrscheinlich. Er redete doch mit niemandem, verachtete jeden Tratsch, ging selten aus, weil er die Welt, außerhalb seiner vier Mauern, als nichtsnutzig, hielt.

Seine einzige Freude war die Zeitung. Er las sie täglich, las mit Andacht, las sie vom ersten bis zum letzten Buchstaben mit der Gläubigkeit eines Bürgers, der sich seiner Weltanschauung ganz hingegeben hat. Sie alleine war die Brücke, die ihn mit der Gegenwart verband und aus ihren Berichten, formte er sich sein Weltbild. Nein, es war unwahrscheinlich, dass er über die Ereignisse unterrichtet war. Der Grund seiner Verbitterung, seiner mürrischen Schweigsamkeit und Menschenscheu musste ein anderer sein. – Doch, er wusste alles. Aus erster Hand, aus dem Mund eines Polizisten. Die Spitzel waren erfolglos gewesen. Jeder Gang zum Rapport war für sie mit Selbstvorwürfen gepflastert. Sie konnten nur melden, dass nichts zu melden sei und mussten die bohrenden Blicken der Bezirksgewaltigen, demütig hinnehmen. „Wie lange wollt ihr den Kerl noch frei herumlaufen lassen?" donnerte sie der Regierungsrat Wagner an. „Ich habe oft genug erklärt, dass hier Staatsinteressen auf dem Spiel stehen." Er schlug mit der Hand auf einen dicken Akt, der seit langem die Zierde seines Schreibtisches war und Karls Namen trug. „Von so einem Kerl, lasst ihr euch zum Narren halten? So ein Kerl darf in Volksversammlungen Reden halten und zu seiner Geliebten gehen, so oft er will? Ein Deserteur, ein Mörder, ein Hochverräter! Ich stelle euch vor die Wahl: Entweder, ihr bringt ihn oder ihr fliegt hinaus! Abtreten!" Die Kiberer trollten sich niedergeschlagen. „Der Alte hat leicht reden", sagten sie draußen. „Er sitzt in seinem warmen Zimmer und raucht beschlagnahmte Zigaretten. Er will Hofrat werden, darum hetzt er uns. Am besten wir verhaften ganz Erdberg, vielleicht ist dann der berühmte Kerl dabei!"

Ob der Herr Regierungsrat nun Hofrat werden wollte oder nicht, er beschloss, die Sache persönlich in die Hand zu nehmen. Als Polizeijurist verstand er es, mit Verbrechern im Verhör fertig zu werden, fangen, mussten sie aber erst anderen! Er erinnerte sich nur dunkel, einmal von der berühmten kriminalistischen Regel gehört zu haben, nach der es zuerst darauf ankam, die Frau als Urheberin jedes Verbrechens zu finden. Auch hier schien ihm die Frau, der richtige Angriffs und Ausgangspunkt. Er versenkte sich wieder in den dicken Akt und besonders, wo die Rede von dem bezirksbekannten Verhältnis des gesuchten Hochverräters mit Anni Leutgeb war. „Besagte Frauensperson", hieß es da, ist die Tochter des im Bezirk bekannten und geachteten Sargtischlers Martin Leutgeb. Letzterer hatte früher zahlreiche Ehrenämter in öffentlichen Körperschaften und privaten Vereinen und gilt als Bürger von patriotischer Gesinnung und untadeligem Lebenswandel.

Der Herr Regierungsrat war zufrieden. Mit Genugtuung stellte er fest, dass es sich hier wieder um eine Familientragödie handelte, der alte, ehrsame Vater und das verdorbene, missratene Kind. Der ... Wie hieß es da? ... „Bürger von patriotischer Gesinnung und untadeligem Lebenswandel" ... er bedauerte ihn sehr und beschloss sogleich ..., ihn vorzuladen. Der alte Mann kam, aus Respekt vor der Behörde in seinem schwarzen Gehrock und wurde vom Regierungsrat mit der ganzen Freundlichkeit deren dieser fähig war, empfangen. Es war ein frommes Werk, dem bemitleidenswerten Vater die

Augen zu öffnen, ihn aufzuklären an Hand der Polizei-
akte, aus der er immer wieder mit Behagen, den Namen
seines Kindes vorlas. „Nun fassen sie sich!" begütigte der
Herr Regierungsrat, als er ein schmerzhaftes Zucken in
dem Gesicht des Greises sah. „ich fühle mit ihnen und
verspreche, die mögliche Rücksicht, auf ihre Tochter zu
nehmen. Sie können uns das Subjekt, das die Ehre und
den Frieden in ihrem Haus gefährdet, in die Hand liefern.
Versuchen sie festzustellen, ob ihre Tochter noch in Verbindung mit ihm steht und teilen sie uns das mit. Alles
andere ... machen dann wir. Mit größter Schonung ...
natürlich. ... Ich habe die Ehre!"

Dem alten Leutgeb, war noch nie so etwas Bitteres
widerfahren. Er taumelte die Stiegen hinunter auf die
Straße. Schritt er an den Häusern vorbei, unfähig das
Entsetzen abzuschütteln Er wurde ganz schwach, sein
Herz drohte still zustehen, seine Knie knickten ein. Er
zitterte, sah sich nach Hilfe, nach Rettung um. Dort war
ein kleines Kaffeehaus, menschenleer. Er raffte seine
letzten Kräfte zusammen und schleppte sich hin, setzte
sich an einen Marmortisch und starrte durch die trüben
Scheiben. Das war das Ende! Das Ende seines ehrlichen
Namens, das Ende des Familienfriedens, das Ende seiner
kleinbürgerlichen Welt. Er fühlte es deutlich. Langsam
erinnerte er sich an die Worte des Regierungsrates. Sein
Kind, seine Anni, politisch verdächtig! Verdächtig der
Konspiration mit einem Revolutionär und Hochverräter. Der alte Mann erschauderte bei dieser Vorstellung.
Für ihn war die Uhr der Geschichte längst stehen geblieben. Und seine Anni ...? Er musste nachdenken, zu
einem Entschluss kommen! Lange, lange blieb er sitzen.
Er starrte geradeaus durch die Scheiben ... Hoffnungs-

los! Er hatte keine Erleuchtung! ... Endlich ging er! Mit dem Mut des reinen Gewissens, wollte er seinem Kind gegenüber treten, reinen Tisch machen, sein Haus vor der Schande säubern. Seine Entschlossenheit, gab ihm seine Kraft wieder. Er war der alte Leutgeb, der Ehrenmann vom Scheitel bis zur Sohle, der Dickschädel aus Charakter und Fanatiker aus Überzeugung. Der mühsam erkämpfte Wille aber brach unter den blauen Augen seines Kindes zusammen. Er stutzte, er zögerte, eine innere Stimme mahnte ihn, Zweifel regten sich, ob das Entsetzliche wahr sein könnte. ... Nein! ... Nein! ...

Stärker als sein Glaube an die Autorität der Behörde war sein Glaube an sich selbst. Sein Kind war in seinem Schatten gewachsen, es war Fleisch von seinem Fleisch und er hielt es für geschützt vor den verruchten Ideen der Gegenwart. Jugendtorheiten, Unvernunft, Eigensinn, alles konnte er verstehen, aber das ... das ... niemals! Er änderte seine Taktik. Er wollte nichts verderben, was noch zu retten war. Ohne dass er es ahnte, war er zum Naderer geworden, zum Polizeispitzel im eigenen Haus, zum Spitzel über das eigene Kind.

Der Herr Regierungsrat Wagner konnte mit sich zufrieden sein!

Anni und die Mutter ahnten nichts. Sie redeten über das eigentümliche Verhalten des Alten, rieten hin und her, sorgten sich, suchten die Schuld bei sich, während der Greis vom Teufel geplagt wurde, vom Polizeiteufel. Aufmerksamer, als früher las er seine Zeitung, suchte in ihr Trost und Stärkung. Sein Inneres brach allmählich zusammen.

Aber auch der brutale Eingriff ins Familienleben brachte die Behörde, keinen Schritt weiter. Karl blieb unauffindbar. Das Militärgericht zweifelte schon an der Fähigkeit der Polizei, beauftragte seine Beamten mit eigenen Recherchen. Ein findiger Kopf, der Erdberg gut kannte, schöpfte gegen den Darmwäscher Verdacht. Auch dieser war als P.U. (politisch unzuverlässig) bekannt. Ein Unruhestifter, vor dem man auf der Hut sein musste. Der bloße Argwohn reichte, für einen kleinen Feldzug. Eines Nachts rückte eine Militärpatrouille vor die Baracke und wollte hinein. „Ja, Ja!" rief der Darmwäscher schlaftrunken. „Wo brennt s denn? Ich muss meine Hose anziehen. Fix Laudon, noch einmal!" dann öffnete er. Ein Feldwebel und ein Mann traten ein, während die anderen draußen lauerten, alles durcheinander warfen, in den Winkeln stierten und in alle Ecken leuchteten. Ergebnis – nichts! Fluchend traten sie den Rückzug an. „Darf ich wissen, was eigentlich los ist?" fragte der Darmwäscher mit dem unschuldigsten Gesicht der Welt. „Suchen sie vielleicht den Hilfsarbeiter, der a Weile da war? Den such i selber! Der ist abgefahren und meine besten drei Messer, mein Wecker und meinen Rock hat er mitgehen lassen. Der Pülcher, der dreckige! Na, habedieehre, meine Herren! Da bekomm' ich a Wut, wenn ich wegen so an Gfraßt mitten in der Nacht aufgeweckt werde!" Sperrte wieder zu und die Patrouille marschierte, durch den Mist auf die Straße zurück. Der Darmwäscher lächelte zufrieden, latschte dann in das Gedärmekammerl, rückte einen großen Bottich voll Geschlumper zur Seite, öffnete den Kanaldeckel, auf dem dieser gestanden war. „Komm rauf, Karl, die Luft ist rein!" Ein Kopf tauchte auf und Karl kam aus dem Kanal." Alsdann, sieh du!" meinte der Darmwäscher, „so gescheit wie die Krowoten san ma alleweil no!" Karl nickte, aber war doch sehr blass und erschrocken. „Im Kanal muss ich mich verkriechen, im Kanal!" „Sei froh, dass wir den Kanal haben, sonst wärst jetzt weg!" Karl nahm sich vor, dieses Erlebnis, der Anni nicht zu erzählen. Sie hatte Angst genug. Aber er kam nicht mehr dazu, denn dieses Abenteuer hatte bald eine gefährliche Fortsetzung. Die Militärpolizei verfolgte ihr Ziel mit größerem Eifer als ihre Kollegen vom Schottenring. Sie mussten ihre Daseinsberechtigung durch Erfolge beweisen, da doch ständig die Abkommandierung an die Front, über ihnen schwebte. Dieser Schediwy wäre ein guter Fang gewesen! Während die höheren Beamten im Geiste schon die Zelle im Garnisonsarrest aussuchten, in welche sie dieses Scheusal werfen würden, ließen sich die Patrouillen durch ihren Misserfolg nicht entmutigen. Die Beweise, dass Karl sich in der Baracke versteckte vermehrten sich. Der Darmwäscher wurde einvernommen und bestätigte mit größter Bereitwilligkeit, was man von ihm hören wollte. Das Alter passte, die Größe passte, das ganze Aussehen passte. Ja, es war ohne Zweifel Karl Schediwy, der sich unter falschem Namen bei ihm eingeschlichen hatte. Unter diesem Namen, war er sogar polizeilich gemeldet gewesen. Das konnte ohne weiteres aus dem Kataster bewiesen werden. Auch der Invalide meldete sich, dessen Dokumente Karl geborgt hatte. Die waren gestohlen und verloren worden. Die Behörde musste dem armen Mann neue ausstellen. Nicht so einfach war die Sache mit dem Darmwäscher. Der schrie auf dem Kommissariat, er müsse seine drei Messer wieder bekommen und seinen Wecker und seinen Rock. Die Polizei versteht einen Schmarrn und soll lieber in den Prater Hutschen schleudern gehen!" Der Herr Regierungsrat erlebte schwere Zeiten. Sein einziger Trost war, dass sein Akt jetzt neun Seiten mehr hatte, denn es kam Dokumentenraub, Falschmeldung und Diebstahl dazu.

Der Schediwy war zum Sprichwort geworden: „Was macht der Schediwy?" begrüßten sich die Beamten, wenn sie einander auf den Gängen begegneten. „Was macht der Schediwy?" fragte jeder Greißler, bei dem sich ein Wachmann eine Pferdeknackwurst kaufte. Wenn der Herr Regierungsrat abends nach Hause kam, so fragte ihn sein Sohn Ernst: „Was macht der Schediwy?"

Es war wirklich heiter mit dem Schediwy! So gerne in jeder selber erwischt hätte, so grinste man doch vor Schadenfreude, solange ihn kein anderer erwischte. Man versteifte sich auf ihn, ließ alle anderen Fälle seinetwegen liegen, war wie behext und hätte für einen Knopf von seinem Rock mehr gegeben als für den Kopf des gefährlichsten Raubmörders.

Die Militärpolizei ließ sich davon nicht anstecken. Und wieder erzielten sie einen Erfolg. Wenn er drinnen ist, muss er irgendwann einmal herauskommen. Man ließ die Baracke Tag und Nacht bewachen, so unauffällig, dass weder der Darmwäscher noch Karl etwas davon merkten. Eines Nachts, war der Verdacht gerechtfertigt. Die Tür ging auf, ein Mann schlich heraus und zum Donaukanal. Dort lagen, versteckt hinter Schotterhaufen, zwei Militärpolizisten, die schussbereiten Gewehre neben sich. Der Mann sah sie nicht. Er rutschte über die Böschung, lauschte und schlug dann vorsichtig den gewohnten Weg entlang dem Kanal ein. Er hatte es heute eilig. Er hatte verschlafen und Anni wartete. Er hastete im Dunkeln dahin, schaute mehr vor sich als hinter sich. Zeitweilig schoben sich schwarze Wolken vor den Mond und dann war es stock finster.

Die beiden Militärpolizisten waren im Vorteil. Das Gewehr in der Rechten, mit der Linken die Bajonettscheide an den Körper gepresst, damit sie nicht klirrten, hielten sie sich im Schatten. Sie hatten den Auftrag, zu schauen wo er hin ging, ehe sie zum Äußersten schritten. Sie sollten erkunden ob er Komplicen habe und wer die sind. So schlichen sie dahin, ein hübsches Stück hinter ihm Aber immer so, dass sie ihn mit ihren Gewehren treffen konnten. Karl sah und hörte nichts. Er glaubte sich sicher, seit dem nächtlichen Überfall. Er fürchtete höchstens die funkelnde Helmspitze, eines Wachmanns auftauchen zu sehen.

Der Krieg hatte auch die Reihen der Wiener Sicherheitswache dezimiert. An Stelle der jüngeren, kräftigen Männer, die eingerückt waren, hatte man alte, bequeme Herrn, Pensionisten aus Anno Tobak, reaktiviert, die ihren Posten bei den Reihen der angestellten Frauen vor den Lebensmittelgeschäften recht gut machten. Beim Verbrecherfang, aber kamen sie nichtmehr recht nach. Außerdem waren die Rayonsposten, so dünn gesät, dass eine Armee unbemerkt hätte hindurchmarschieren können. Das wusste Karl. Ahnungslos eilte er vorwärts und wäre sicherlich in die Falle gegangen, wenn ihn nicht ein Zufall davor behütet hätte. Der vorderste der Militärpolizisten nämlich stieß im Eifer der Verfolgung mit dem Fuß an einen Ziegelstein, stolperte, konnte sich nicht mehr halten und stürzte klirrend der Länge nach hin. Ein unflätiger polnischer Fluch begleitete dieses Missgeschick. Karl hörte das Geräusch und hielt augenblicklich an. Wie ein Blitz wusste er, dass er beobachtet worden war. Gefahr im Verzug! Aber wo? Das musste er wissen. Er sprang auf die Straße und schaute zurück. Zwanzig Schritte vor ihm blitzte ein Bajonett im Mondlicht auf. Dann kam ein zweites dazu. Er sah die dunklen Umrisse zweier Gestalten. „Chalt!" rief eine Stimme in gebrochenem Deutsch. „Chände hoch und stehen bleiben!" Karl begriff. Aber er hatte nicht viel Zeit zum Überlegen. Schon kamen sie näher und ihre Gewehre drohten. Karl sprang über die Böschung ins Dunkle. Ein Schuss krachte. Gleich darauf ein zweiter. Schwere Schritte, auf dem Schotter! Er hörte das Repetieren, sogar das Fallen der Patronenhülse. Klar erfasste er das Geschehen und diktierte ihm sein Handeln. Er glitt ins Wasser des Kanals. Er griff mächtig aus. Als die Soldaten seinen Kopf auf dem Wasser sahen, hatte er die halbe Breite des Donaukanals zwischen sich und seinen Verfolgern, gebracht. Die schnaubten vor Wut. Sie rannten am Ufer hin und her, eröffneten ein wütendes Feuer auf den dunklen Punkt, der immer mehr und mehr verschwand. Karl sah die Schüsse blitzen, bemerkte die winzigen Wasserhosen der einschlagenden Geschosse rund um sich. Tauchte hinab, schwamm unter Wasser, da hatten die Schützen kein Ziel mehr.

Die Strömung trug ihn zur Schlachthausbrücke. Dort war es lebendig geworden. Die Soldaten, die die andere Seite der Baracke bewacht hatten eilten herbei. Karl hätte ihnen nicht entkommen können. Gleich unterhalb der Brücke lagen die Zillen, der Sicherheitswache und der Feuerwehr. Aber niemand dachte daran sie zu benützen. Niemand wusste was geschehen war und dass sich der sprichwörtliche Schediwy, gemächlich, Strom abwärts, treiben ließ, während man wie besessen stromaufwärts rannte. Selbst als man die beiden Soldaten erreicht hatte, dauerte es noch eine Weile, bis man den Sachverhalt erfuhr. Sie waren von dem vielen Rennen und Schießen derart außer sich, dass man sie erst zu Atem kommen lassen musste. Dann war es zu spät. Karl war verschwunden. Wohin? war eine Frage, die nicht geklärt werden konnte. Darüber lagen die finsteren, unendlich weiten Praterauen. Sie ohne Fackeln und Polizeihunde zu durchsuchen, war zwecklos. Der Feldwebel schimpfte bestialisch, der Gefreite, dem das Malheur mit dem Ziegelstein passiert war, jammerte über das Korporal- Sternderl, das er verschwinden sah. Die anderen lachten: „Gehen wir heim und sagen es war nix!"

Sie hatten ihre Rechnung ohne den Darmwäscher gemacht!

Auch er hatte die Schüsse gehört. Jetzt hat s den Karl erwischt! War sein erster Gedanke. Er wusste sofort, dass er da nicht helfen konnte. Nicht nur das! Er musste an sich selber denken. Hatte man Karl aus seiner Baracke schleichen gesehen, stand ihm selber eine schwere Strafe wegen Begünstigung, Irreführung einer Behörde und so weiter bevor. Er, der über seine drei besten Messer, seinen Wecker und seinen Rock geschrien hatte, stünde bald wieder vor dem Herrn Regierungsrat, diesmal nicht als ein armer, bestohlener Bürger, sondern als Komplice. Der Darmwäscher war kein heuriger Hase. Er wusste, dass man ein bisserl gescheiter sein musste, um über die Dummheit der anderen zu triumphieren. Er nahm die Holzhacke, ging zur Tür, durch die Karl geschlichen war, sperrte sie von außen zu. Setzte die Hacke an und – Krach! Die Tür sprang wieder auf. Das Schloss war verbogen, hing nur mehr an einer Schraube. Ein herrliches Bild, das jeden Kriminalisten begeistern musste. Er versteckte die Hacke, ging dann durch die ruinierte Tür auf die Miststätte und sah sich um. Stromaufwärts hörte er immer noch Schüsse, sie kamen aber näher. Vielleicht ist er ihnen ausgekommen! Hoffentlich! Jetzt fang i an! Er schrie gellend, er brüllte, als würde er geviertelt: „Hilfe! Hilfe!" durch die Nacht. Jedem wurde angst und bang, der es von ferne hörte.

Die Patrouille hatte indes festgestellt, dass es das Beste sei, zum Rückzug zu blasen. Sie kam gerade an der Baracke an, als der Darmwäscher heiser zu werden begann. „Was schreien s denn so?" fragte der Feldwebel, „Sie werden noch mehr schreien, wenn s a möbliertes Kabinett im Knast kriegen. Verstehn s?" „Machen s keine blöden Witz, sie Wast l!" keuchte der Darmwäscher. „Sehn s nicht, dass bei mir eingebrochen haben?" „Oje, is gutt!" sagte der Gefreite. „Ausbruch, is nix einbruch!"

„Halts Maul!" er werkelte an dem ruinierten Schloss herum. „I möchte nur wissen, warum s alle Gauner auf mich abgesehen hab n?" Der Feldwebel betrachtete nachdenklich, die beschädigte Tür. Er leuchtete mit der Taschenlampe erst außen dann innen, machte sie zu, so gut es ging, öffnete sie wieder, ging hinein und wieder heraus, sagte: „Hm! Hm!" und benahm sich wie Sherlock Holmes. Der Darmwäscher packte ihn sogleich bei seiner Eitelkeit. „Na, finden s was?" fragte er. „Jawohl!" sagte der Feldwebel. „Ich glaub, dass des kein Einbruch sondern a Ausbruch ist! Der, den wir suchen ist von da drinnen gekommen!" „Ich chaben gesagt!" grinste der Gefreite, sich nach Anerkennung umschauend. „Sie Herr! Sie Herr! Verkaufens mir a Tüte voll von ihrer Gescheitheit. Das sieht doch a Blinder, dass die Tür von innen aufgesprengt worden ist!" Der Feldwebel war perplex. „Sie geben s es also zu?" „Was heißt zugeben?" schrie der Darmwäscher. „Unterschreiben tu ich s. Diesmal werden s mir nicht mehr mit so an Schmäh kommen, dass i hätt besser aufpassen sollen. I kann nicht zu jedem Kanalgitter an Wachter stellen!" „Ja, aber wie ist denn der nachher rein gekommen?"

„Kommen s mit, wann s es wissen wollen!" er zerrte den Feldwebel am Ärmel ins Gedärmekammerl. „Da ist er rein gekommen!" „Da schau i ja!" rief der Feldwebel und glotzte auf das geöffnete Kanalgitter. „Serr gutt!" meinte der Gefreite und kratzte sich. „Jawui!" Während der Feldwebel nachdenklich in die gähnende Finsternis hinabschaute und umstanden von seinen Soldaten, allerhand kriminalistische Experimente machte, begann der Darmwäscher, seine Besitztümer zu sichten. Es ging zu wie bei einer Inventur: „Das ist da und des aa!" hörte man ihn murmeln. Plötzlich aber schrie er: „Marandjosef, mei neuche Gattihosen is pfutsch! Herr Feldwebel! Herr Feldwebel! Das Seicherl hat mei neuche Gattihosen mitgehn lassen!" Getrieben von wildem Schmerz, begann er aufs Neue zu suchen. Auf dem Balken, auf dem Fensterbrett, auf den Regalen und in den Kasteln. Am Schluss warf er sich auf den Bauch und spähte unter das Bett. Der Schreck lähmte seine Stimme: „Herr Fe... ! Herr Fe..." ! versuchte er zu jammern, aber es ging nicht. Er saß auf dem Boden, Angstschweiß auf der Stirn und aus seinen Äuglein, die verzweifelt unschuldsvoll, zu dem Feldwebel aufsahen, rannen zwei dicke Tränen über die unrasierten Wangen. „Herr Fe ..., mei ... meine Röhrling sind aa weg!" „Chat er, glaub ich, angehabt!" meinte der Gefreite. Der Darmwäscher bot ein Bild des Jammers. Kein Wunder! Eine neue Unterhose und ein paar Röhrenstiefel waren immerhin ein Reichtum, dessen Verlust ihn schmerzen musste. Der Feldwebel aber war kein Freund von rührseligen Szenen. „Was geht das mich an!" sagte er gleichgültig. „Das geht mich gar nix an! Gengan s auf die Polizei. De Herrn dort haben eh nix zu tun, Die werden sich über die Unterhose freuen. Werden s sehn!" „Chä, chä!" lachte der Gefreite. „Mit Gattihose is serr gutt, Pane Feldwebel. Kann man schreiben in Steckbrief: Erkennungszeichen neuche Gattihose. Chä! Chä!" „Ihr Deppen! Dachte sich der Darmwäscher, während er die Tür zunagelte, um für den Rest der Nacht beruhigt schlafen zu können.

Der Feldwebel kehrte in sein Wachlokal zurück, machte einen schönen Bericht, den der Herr Regierungsrat Wagner am anderen Morgen auf seinem Schreibtisch vorfinden sollte.

12

Das Feuergefecht am Donaukanal hatte man weit gehört. Die ruhige Nacht und der Nordostwind trugen seinen Lärm über Erdberg, wo die einfachen Bürger, ihre Decken angstvoll über die Köpfe zogen. Wenigstens im Bett wollte man vom Krieg, Ruhe haben. Anni hoffte, dass Karl in dieser Nacht zum Gitter kommen würde. Wieder trat sie den beschwerlichen Weg, aus ihrer Kammer in den Garten an. Die Angst vor Entdeckung war durch die Gewohnheit längst kleiner geworden, aber ganz konnte sie ihrer Aufregung nicht Herr werden. Jetzt, Im Frühjahr, waren die Nächte lau und angenehm. Während sie über die Holztreppe in den Garten eilte, dachte sie an den harten Winter. Oh, wie oft hatte sie geglaubt, erstarren zu müssen, wenn Karl sich verspätet hatte. Eiskalte Luft kam von der Donau her, der Schnee lag hoch, im Garten. Wie leicht konnte man ihre Spur im Schnee sehen und sie verraten. Aber sie hatte es überstanden. Nun schien der Mond wieder freundlich durch die blühenden Fliederbüsche, die ihren Duft durch den Garten wehten. Anni ging zum Gitter und setzte sich an der gewohnten Stelle auf den Mauersockel. Von Sankt Peter und Paul, schlug es zwölf. Sie zählte die Schläge, erinnerte sich lächelnd, wie sie als ganz kleines Mädchen oft um die Mittagszeit zur Kirche gelaufen war und sprachlos vor Staunen vor dem hohen Turm gestanden war. Ging! Gong! Ging! Gong! Sprach der Turm, ohne dass sie sah, wie er das machte. Sie staunte den Riesen an, der da über den niederen Häusern stand. Die Leute die vorüber gingen sagten: „Anni, mach s Mäulchen zu, sonst fliegt dir ein Spatz rein!"

Sie hatte aber später dieses und noch manche andere Rätsel gelöst, hatte den Mechanismus dieses Riesen und aller anderen, die herrschen und drohen, bloßgelegt. Sie hatte erkannt, dass der Staat nichts anderes ist als ein Uhrwerk, an dem als treibendes Gewicht die Arbeit des Volkes hängt. Er, den sie erwartete, hatte es ihr erklärt und aus dem engen Rahmen ihrer Welt befreit. Zu ihrer Liebe gesellte sich Dankbarkeit und Bewunderung. Ungeduldig spähte sie durch die Gitterstäbe. Wo bleibt er heute so lange? Halb eins! Anni erbebte, sprang auf und klammerte sich an die Gitterstäbe. Irgendwo, war geschossen worden! Jetzt hörte sie noch einen Schuss! Das Mädchen, griff nach dem Herzen, als könne es die wilden Schläge hemmen. Weiß Gott! Vielleicht sind es Wilderer drüben in den Praterauen, vielleicht … Nein, Wilderer würden niemals so einen Lärm machen. Das war ein Kampf! Man erkannte es an dem Knallen der Schüsse, aus der Regelmäßigkeit, mit der sie fielen. Dann wurde es still, man hörte nichts mehr!

„Mein Gott! Mein Gott!" flüsterte das Mädchen, „was war das?" Bebend und zitternd lauschte sie in die Nacht. Anni sank auf den Sockel nieder. Sie rang mit dem Entsetzen. Er war es nicht, sagte sie sich mit ihrer ganzen Kraft. Er wird kommen! Er muss kommen! Geräusche narrten ihre Sinne, Schritte ließen sie aufjauchzen, aber sie gingen vorüber, knirschten im Kies, verschwanden in der Ferne. Die Uhr schlug eins, die Uhr schlug zwei! Die Sterne wanderten. Nebelfetzen, grau und gespensterhaft, schwebten aus den Auen und flossen über den Strom dahin.

Unten am Praterspitz, wo der Kanal und die große Donau eine schmale Landzunge bilden, auf der die riesigen Benzintanks der Ölgesellschaften stehen, lehnte ein Landsturmsoldat mit grauem Vollbart am Pfeiler der Verbindungsbahnbrücke, das Gewehr im Arm. Er sah in das leise fließende Wasser. Dort! Schwamm dort nicht ein Mensch? Ja! Deutlich konnte man im Mondlicht den Kopf und die Arme sehen, die sich aus dem Wasser hoben. Der Soldat legte seine Hand fester um den Schaft des Gewehres. Er kannte seine Anweisungen. Wer versucht, unter der Brücke durch zu schwimmen, wird erschossen! Wird erschossen! Das klingt klar und einfach: Man zielt und macht den Zeigefinger krumm. Der Soldat hob das Gewehr, stützte den Arm auf die raue Granitmauer des Pfeilers und visierte nach dem Schwimmer. Auf dem hellen Hintergrund des Wassers, fand er leicht sein Ziel. Grinsel, Korn und Schwimmer deckten einander wunderbar. Die Waffe folgte dem Kopf des Menschen dort, der mit hastigen Stößen der Mündung des Kanals zustrebte.

Der Tod – hinter dem Leben!

Der Soldat aber schoss nicht. Er schüttelte den Kopf, einmal, noch einmal und ließ das Gewehr sinken. Ich bin ein Mensch: dachte er. Du armer Teufel dort! Vielleicht hast auch du einen Vater, der jetzt irgendwo mit dem Schießeisen steht und nicht weiß, in welcher Gefahr du bist!

Der Schwimmer, verschwand in der grauen Ferne. Der Soldat sah ihm eine Weile nach, schulterte dann das Gewehr und begann wieder die kurze Runde um den Pfeiler. Die kalte Morgenluft drang durch die schlechte Uniform. Langsam, langsam verblassten die Sterne, die groß und funkelnd über den Himmel gezogen waren. Mystische

Helle breitete sich vom Osten her über das Firmament. Die Nacht wich zurück, der neue Tag kam. Am flachen Horizont glühte plötzlich ein feuriger Streifen auf, blutrot wie schmelzendes Metall, warf fächerförmige Strahlen aus, die Sonne!

Anni saß immer noch am Gitter und wartete. „Er wird kommen! Er muss kommen!" murmelte sie vor sich hin, horchte, wenn die Turmuhr schlug, sank wieder in sich zusammen, wenn die dröhnenden Schläge verhalt waren. – Aber er kam nicht! –

Das Mädchen zitterte. Kalte Schauer jagten über ihren Körper, sie schaute wie irr, ihre Wangen glühten im Fieber. Sie konnte nichtmehr denken. Sie saß und saß und wusste nicht warum. Sie wartete und wartete und wusste nicht worauf! Furchtbare Phantasien gaukelten ihr, blutige Bilder vor. Ließen sie in ein Grab schauen, in dem das Liebste lag, das sie auf Erden besessen hatte. Während der neue Tag kam, sein Licht in den Garten warf, der das Geheimnis einer großen Liebe behütet hatte, begrub ein liebendes Weib in wahnsinnigem Schmerz, das Glück.

Als die alte Leutgebin die schmale Kammer betrat, in der es heute so merkwürdig lang, still blieb, fand sie ihr Kind, im Fieber glühen. Der Arzt kam und schüttelte den Kopf. Die Menschen in dem Haus waren besorgt. Die Mutter saß am Krankenbett, wechselte die feuchten Umschläge, die dem brennenden Leib Kühlung bringen sollte. Der alte Leutgeb hatte seine Werkstätte zugesperrt, denn der Arzt hatte jeden Lärm untersagt. Er wanderte unruhig herum, warf manchmal einen Blick durch die Tür in das Krankenzimmer, blieb oft vor dem alten Kruzifix stehen, an dem ein bizarrer Christuskörper ewige Qualen zu leiden schien, kniete auf dem Betschemel, dessen Samtpolsterung Spuren unzähliger Andachten zeigte, erhob sich, gestärkt und beruhigt und zog seinen schwarzen Rock an. Deutete seiner Frau, dass er einen wichtigen Weg hätte und ging in die Rudolfsgasse zum Regierungsrat Wagner.

Der hatte heute einen jener Tage, an dem er die Würde seines Amtes und die Größe seiner Verantwortung x-mal zum Teufel wünschte. Um acht Uhr früh schon war ihm der Darmwäscher auf s Büro gerückt und hatte mit seinem Jammer über seine „neuche Gattihose" und seine „Röhrlinge" die Räume des Kommissariats gefüllt. Er traute dem Kerl nicht, wusste, dass er P.U. war und hätte ihm am liebsten mit dem „grünen Heinrich" ins Gefängnis geschickt. Seinen überzeugenden Reden war er jedoch nicht gewachsen. Wie ein geschickter Advokat, der eher die Schuld des Richters, des Staatsanwaltes, des Schriftführers und der Schöffen beweist, als die seines Klienten zugibt. Genauso machte es der Darmwäscher. Er brachte es sogar zu Stande, dass er mit Entschuldigungen und Tröstungen entlassen wurde. Ja, man war froh, wenn man ihn loswurde. Seinetwegen hätte man keinen Finger gerührt, aber da war das Staatsinteresse! Also musste eine Schar Kriminalbeamter in das unterirdische Wien steigen, zu einem Spaziergang durch die Kanäle, während andere mit mehreren Polizeihunden, durch die Praterauen schwärmten. In dem Steckbrief, wurde zwar nicht, die „neuche Gattihose vom Darmwäscher" aber die Röhrenstiefel eingetragen. Wer von diesem Tag an Röhrenstiefel trug, war sehr verdächtig, forderte Polizeiaktionen heraus und verdiente sich einen mehrstündigen Aufenthalt am Kommissariat.

Der Herr Regierungsrat empfing den alten Leutgeb sehr ungnädig, quittierte dessen Bericht, dass es ihm bisher nicht gelungen sei, etwas Verdächtiges festzustellen, mit einem spöttischen: „So, so!" und war im Übrigen so sehr beschäftigt, dass er es nicht der Mühe wert fand, dem alten Mann auch nur die Hand zu geben. Gedrückt schlich dieser wieder fort. Er ging nicht sofort heim, sondern ging düster und verbissen durch das Elendsviertel der Schindelgedeckte, ebenerdigen Häuser, das in den Kriegsjahren noch grauer, noch tiefer ins Unglück gestürzt worden war. Er wanderte durch die schmalen Gassen, zwischen Mauern, deren Verputz längst abgefallen war, an wackeligen morschen Toren und kleinen Fenstern vorbei, aus denen die Luft der Not ins Frei strömte. Er stieg über den Unrat, der dazu Haufen lag, über die Kinder, die spielend in ihnen wühlten, schlug mit dem Stock nach großen Ratten, die hier selbst das Tageslicht nicht abhalten konnte, auf Futtersuche zu gehen. Sie hockten in den Winkeln und Ecken, tauchten aus den Kanalgittern auf und schauten mit ihren hungrigen, schwarzen Augen, neugierig in diese sonderbare Welt.

Frau Resi war erstaunt, als sie ihren Vater so unvermutet auftauchen sah. „Der Großvater!" rief sie, „Marandjosef! Ist was geschehen zu Haus?" „Na, na!" sagte der Alte und setzte sich müde auf das Gasometerkastl. „Geschehen ist weiter nix. Die Anni ist krank geworden und da darf i nix arbeiten, wegen dem Lärm!" „Mein Gott, die Anni? Ja, was fehlt ihr denn?" Erkundigte sie sich besorgt und der Alte erzählte, was er wusste. „Weist, ich vertrag das Müßiggehen nicht und Kaffeehaus-sitzer bin ich auch keiner, so hab ich mir gedacht: Schaust zur Resi. Na, ja!" „Da werden die Buben a Freude haben!" „San s da?" „Ja, freilich! Sie sind im Hof hinten. Der Peter ist grad aus der Schule gekommen."

Der alte Mann stand auf. Sein Enkerl, das hatte er gern und den Peter konnte er auch gut leiden.

„I geh raus, zu den Raubersbuam!" sagte er. Frau Resi trug ihm einen Sessel nach. Der kleine Schani saß im Hof, auf einer alten Decke, die ihm Frau Schestak ausgebreitet hatte und spielte mit dem schwarzen Kätzchen. Nicht weit entfernt, auf dem Hackstock saß Peter und versuchte, die Szene auf ein Zeichenblatt zu malen. „Grüß euch Gott!" rief der Alte. Peter sprang auf. „Küss die Hand, Großvater!" Schanerl sah ihn mit seinen blauen Augen an, „Adada!" sagte er, zeigte mit dem Finger auf das Kätzchen: „Atzi! Atzi! Eiei geben!" „Freilich!" lachte der Großvater und bückte sich nieder. „Atzi Eiei geben! Na was denn! Hörst du bist groß geworden, gar nimmer zum kennen!"

„So blass ist er halt", meinte Frau Resi und betrachtete ihren Sprössling besorgt. „es kommt keine Sonne rein, in den Hof. Der Peter führt ihn eh oft auf den Kardinal- Nagelplatz runter, aber dort ist so viel Staub, nicht zum Aushalten!" „Dort kommt bald a schöne Kirche hin"; tröstete sie der Alte. „Dann stellen s gewiss a paar Bankerln auf und a Wiese rundherum werden s auch machen. Nachher kann der Schani auf an Bankerl sitzen. Gelt, Schani!"

Schani interessierten diese schönen Aussichten nicht weiter. Er wollte nur sein Atzi. Er stellte sich geschickt auf seine kurzen Beinchen und wackelte hinter dem Kätzchen her.

„Sag, Großvater, darf man die Anni besuchen?" erkundigte sich Frau Resi. Der alte Leutgeb aber wehrte ab. „Na, na! Sie hat a arges Fieber, man weiß noch nicht, was draus wird. Du darfst auch nicht kommen, Peter. Später schon, in a paar Tag vielleicht!"

Er saß noch eine Weile bei den Buben, betrachtete Peters Zeichnung und brach dann wieder auf. Zu Hause hielt er es nicht aus, woanders aber packte ihn Unruhe. So machte er sich auf den Heimweg. Peter hatte keine Freude mehr, mit seiner Zeichnung. Er trug sie in die Wohnung und verstaute sie hinter dem Kleiderschrank. Er dachte an Anni. Er hatte solche Sehnsucht, sie zu sehen, ihr zu helfen, sie zu trösten. Den ganzen Nachmittag musste er daran denken. Er saß über seinen Büchern, wollte lernen, seine Blicke gingen über die Zeilen, sein Mund murmelte mechanisch die Worte, aber sein Kopf behielt es nicht. Als es zu dämmern begann, schlich er fort, zum Haustor hinaus. Er rannte mit langen Beinen, denn er war im vergangenen Jahr hoch aufgeschossen, groß und hager geworden. Mit seinen fünfzehn Jahren, war er seinen Altersgenossen in vielen Dingen weit voraus. Sein Herz aber hing mit reiner, idealer Liebe an Anni. Sie war krank und er sehnte sich danach, ihr liebes Gesicht zu sehen und ihre Stimme zu hören. Schnell war es dunkel geworden. Peter stieg über die Trümmer und Schutthaufen, die auf dem Kardinal-Nagelplatz, überall dort lagen, wo einmal Häuschen gestanden waren und strebte im Ave-läuten der vielen Klöster und Kirchen dem Schlössel zu. Der Torflügel stand offen, Peter traute sich nicht hinein zu gehen. Der Großvater hatte es ja verboten. So ging er ein paarmal am Haus vorbei, sah zu den Fenstern hinauf und bemühte sich eine Ausrede zu finden, warum er da war. Aber er fand keine!

Eine schwarze Wolkenwand war von der Ringstraße heraufgezogen. Langsam begannen große Tropfen zu fallen. Noch immer stand er unschlüssig auf der Straße. Ich will nur in den Hof gehen und zu ihrem Fenster hinaufschauen, dachte er. Niemand wird mich sehen! Er ging in die Toreinfahrt. Vom Dunkel geschützt, hielt er mit klopfendem Herzen an. Ja, oben ist Licht! Mattes Licht aber kein Laut drang zu dem Lauscher herab. Eine lange Zeit stand er so da, bereit beim kleinsten Geräusch die Flucht zu ergreifen. Dann wurde er Kühner. Er ging in den Hof und sah, dass auch der Invalide die Petroleumlampe angezündet hatte. Ich besuche Herrn Sawitsch! beschloss er. Ja, das konnte er machen, ohne gescholten zu werden. Denn Herr Sawitsch war sein Freund, bei dem er Ziehharmonika spielen lernte. Er eilte schnell die Treppe hinauf, vor Annis Fenster blieb er stehen. Er brachte es nicht über s Herz, vorüber zu gehen. Es wäre herzlos und grausam gewesen. Der dünne Vorhang, den Anni mit Vögeln bestickt hatte, war vorgezogen, hier an der Seite aber konnte man in das Zimmer sehen. Einmal, nur einmal wollte er hineinschauen. Er sah das Bett, die Wand mit dem Bücherregal und am Rand des Bettes saß die alte Leutgebin. Stumm und wie erstarrt, schaute sie unverwandt, Anni an. Über der Decke lag ein schlanker weißer Arm. Nichts anderes konnte er sehen doch es erfasste ihn Sorge und Mitleid, er begann zu zittern.

Die Mutter saß wie versteinert und hielt die glühende Hand des Kindes in der ihren. Sie saß schon viele Stunden so, lauschte auf die Fieberphantasien, die in wirren Worten ein tiefes Geheimnis verrieten. Staunend, sagte sie immer wieder: „Mein armes Kind! Mein armes, liebes Kind!"

Peter, hatte die Augen voller Tränen, als er die armselige Kammer des Invaliden betrat. Er schämte sich ihrer nicht. Der Invalide saß auf der Kiste, in der er seine wenigen Habseligkeiten hatte. Er hielt die Ziehharmonika auf dem Schoß und fingerte lautlos auf ihrer Tastatur he-

rum. Vor ihm stand auf einem wackeligen Stuhl ein Notenblatt mit dem neuesten Gassenhauer. Den übte er! Es sah
merkwürdig aus, wie dieser arme Krüppel mit Ernst und
Eifer spielte, ohne dass man das Geringste davon hören
konnte. Peter begriff sofort, dass es aus Rücksicht war.
Er setzte sich gleich neben den Musikanten und schaute
auch in das Notenblatt. Sawitsch, sah ihn an. „Ja, ja!"
sagte er bedeutungsvoll. „Was halten sie davon?" „Es
ist schlimm!" „Schlimm?" wiederholte Peter leise. „Sie
wissen s nicht, aber ich weiß es!" sagte der Invalide. „Du
sollst es auch wissen, denn du bist ein ehrlicher Kerl
und du hast sie gern." Peter nickte und sah den Bettel-
musikanten fragend an.

„Heute Nacht ist sie am Gitter gewesen und hat auf
den Karl gewartet. Der hat aber nicht kommen können,
denn sie haben auf ihn geschossen und er ist in den Kanal
gesprungen." „Aber er lebt?" Peter sprang von der Kiste
auf. Der Invalide beachtete es nicht. „Sie ist am Gitter gesessen und hat die Schüsse gehört! Glaubst du, dass man
davon verrückt werden kann?" „Ja, ja! Aber er lebt doch?"
„Sie weiß es nicht, ich weiß es nicht, niemand weiß es! Er
kann leben – er kann tot sein. Wir müssen warten. Verstehst du das?" Er fingerte wieder an seiner Harmonika
herum. Es war ganz still im Raum. Die Petroleumlampe
brannte, es war nur mehr sehr wenig Öl im Behälter aus
blauem Pressglas, aber der Docht reichte bis zum Grund.
Peter sah ein, dass es da nichts mehr zu fragen gab. Er
hatte alles gehört, alles erfahren. Nach einer langen Zeit,
in der er schweigend da gesessen war, sagte er: „Ich muss
nach Hause!" „Ja, geh, damit du keinen Verdruss mit
deiner Tante bekommst!" Peter ging den Weg, den er
so schnell hergeeilt war, langsam zurück. Es hatte zu

regnen aufgehört. Aber auf der Straße, die schon seit Jahren nichtmehr gepflastert worden war, standen tiefe Pfützen. Nur jede dritte Gaslaterne brannte. Zwischen dem trüben Licht, die kaum die nächste Umgebung erhellte, herrschte vollkommene Finsternis. Es schlug neun Uhr. Überall sperrte man die Haustore zu. Die Ruhe lag wie ein Alptraum über der Stadt, die einmal so lebendig gewesen war.

Es verging kein Tag an dem Peter nicht im Schlössel gewesen wäre. Endlich durfte er Anni besuchen. Sie hatte die Krisis überstanden, lag bleich in ihrem Bett und lächelte ihm entgegen. Er brachte Blumen mit und legte sie stumm in ihre Arme. Die schönen Worte, die er dazu sagen wollte, waren wie weggewischt. Anni verstand ihn auch so. „Danke, ich habe gewusst, dass du mich besuchen wirst!" „Du musst bald wieder gesund werden!" So saß er eine Weile neben dem Bett und sah das Mädchen an. Manchmal lächelten sie. Er dachte an Karl Schediwy. Ja, er wäre sehr weit gegangen, wenn er ihn hätte holen können. Er hätte ihn an Annis Krankenbett geführt, als die einzige Medizin, die ihr helfen konnte. Denn er liebte Anni jetzt, wo sie so schwach und hilflos war, viel mehr als früher und hätte sie so gerne gesund und glücklich gesehen. Die alte Leutgebin war gerührt als sie Peters Sorgfalt sah. Die schwere Krankheit ihres Kindes hatte sie mit Angst erfüllt und nun, wo die Gefahr vorüber war, blieben Liebe und Hoffnung zurück. Sie wünschte die Stunde herbei, in der sie mit ihr offen sprechen konnte. Sie hatte nach und nach die Zusammenhänge erfasst und die Ursache ihres Zusammenbruches. – Man sprach in Erdberg noch immer von den Ereignissen jener Nacht, nannte ganz offen den Namen Schediwy und das der Mann im Wasser, von einer Kugel getroffen worden war und nun tot sei.

Nur zwei Menschen gab es, die es besser wussten – Karls Eltern!

Es lässt sich nicht beschreiben, was der Vater Schediwy empfand, als es gewiss war, dass der Schuss auf den Schwimmer, seinem Sohn gegolten hätte. Anfangs war es eine merkwürdige Starre, die dann plötzlich in einen wilden Taumel umschlug. Gerade als er im Wachlokal am Winterhafen das Gewehr vom Ständer nahm und sich zur Ablöse bereit machte, war ein Telegramm gekommen, in dem die Posten an der Donau zu erhöhter Aufmerksamkeit angespornt wurden. Begründet war dies, dass ein Deserteur aus der Baracke des Darmwäschers an der Schlachthausbrücke in den Kanal gesprungen und sich so stromabwärts schwimmend der Verhaftung durch die Militärpolizei entzogen hatte. Name war keiner genannt worden, dafür genau Tag und Stunde.

„Gehen wir! Gehen wir! Schediwy!" rief der Korporal, der die Wache anführte. Denn der Alte stand da, das Gewehr in der Hand und glotzte auf die weiße Wand des Zimmers. Automatisch reihte er sich der Patrouille ein, automatisch latschte er mit den anderen fort. Als er längst wieder an dem Brückenpfeiler stand, bemühte er sich, das Erlebnis der letzten Nacht mit der Botschaft in Einklang zu bringen. Zweifellos – es war Karl, sein Sohn gewesen! Da begann der Alte zu singen und zu tanzen, rannte wie toll um den Brückenpfeiler und am liebsten hätte er das Gewehr in tausend Stücke zerschlagen, damit es nie wieder dem Mord dienen könnte. Endlich besann er sich. Er öffnete das Magazin, fing die Patrone auf, die aus dem Lauf sprang und steckte sie in die Manteltasche.

In Silber ... nein, in Gold wollte er sie fassen lassen und Sonntag s an der Uhrkette tragen. Die Kugel mit der ein alter Vater, bald seinen jungen Sohn erschossen hätte. Die Leute würden doch fragen, was das zu bedeuten habe, die Kugel an der Uhrkette, ob er im Krieg durch sie, etwa verwundet worden sei? Oh! Da würde er eine Rede halten ... Eine Rede...! Immer wieder nahm er sie heraus, sah sie an, küsste sie, putzte das Messing der Hülse. Als er das nächste Mal Ausgang hatte, da packte er sie feierlich aus einem roten Seidenpapier und stellte sie, vor seiner Frau auf den Tisch. „Gib s weg!" sagte sie, denn sie traute solchen Dingen nicht. „Hörst du, gib s weg!" „Weißt du, was das ist, Mutter?" fragte er, bebend vor Aufregung. „Na ja, so ein Ding halt. Gib s weg, sonst geht s los!" „Oh, nein!" rief er bedeutungsvoll, „Das Ding ist nicht los geangen und wird nicht los gehen. – Mit dem Ding da hab ich unserem Karl das Leben gerettet!" „Du bist ein Narr!" sagte sie resolut. Aber sie machte doch große Augen, als er alles erzählte. Dann saßen beide Hand in Hand auf dem alten, buckligen Sofa, über dem die Penduluhr und die Familienbilder hingen. Vor ihnen auf dem Tisch stand das glänzende Ding, mit der matten, stählernen Spitze. Sie sahen es an und waren erschüttert. „Wir müssen s der Anni sagen!" beschlossen sie dann. Anni aber kam und kam nicht und auch Peter ließ sich nicht blicken. Frau Schediwy wollte Sawitsch abpassen, hoffte, dass er auf seine Bettelrunde auch in ihr Haus kommen würde. Der jedoch fuhr täglich hinaus in den Türkenschanzpark, wo die Zweihellerstücke zwar auch aus Eisen waren, aber reichlicher gegeben wurden als im Armenleuteviertel der Landstraße. „Was mach wir da?" fragte sie ihren Mann, als er einmal wieder kam. „Schreiben, dem Sawitsch schreiben!" schlug er vor. So geschah es auch. Er wurde eingeladen, auf Besuch zu kommen. Traurig, wie immer war er gekommen, fröhlich humpelte er fort. Das war eine schöne Nachricht für Anni.

Inzwischen waren drei Wochen vergangen. Mit Freude bemerkte die alte Leutgebin die Besserung im Befinden ihres Kindes." Schau Tschapperl, du siehst schon viel besser aus!" sagte sie oft. „Bist mein gescheites Mädel, gelt? Iß nur fest alles, was i dir bring. Denk dir, der Vater ist gar in der Hof-Apotheke gewesen und hat dir an Kognak gebracht!" So versuchte sie sich einzuschmeicheln. Eines Tages sagte sie: „Anni, pass auf! I hab dich gepflegt, wie du krank warst. Jö, wie du geglüht hast! Na, i bin gesessen, da am Bettrand und hab' dir Umschläge gemacht. Du hast viel geredet im Fieber, so phantasier halt ... weißt?" „Was hab i denn geredet?" erkundigte sich Anni. „No ..., so halt. Verschiedenes ... hast geredet ... i hab mir s nicht so gemerkt." Nach einer Weile flüsterte sie: „Da Vater hat nie was davon gehört. Du brauchst keine Angst haben!" – Das war allerdings deutlich. – „Mein Gott, ich werde doch nichts schlechtes gesagt haben?" „Na, na, was fällt dir ein. Aber schau, i bin die Mutter ... vor mir brauchst keine Geheimnisse, zu haben." Es war lange still. „Hab ich von ihm geredet?" fragte Anni dann. „Ja, du hast viel von ihm geredet. I weiß warum du krank geworden bist. Da hab i mir gedacht: Sie muss ihn sehr gern haben!" „Mutter!" bat Anni abwehrend. „Reden wir einmal darüber. Jetzt ist gerade Zeit. Du brauchst an Trost, schau Anni!" Dem Mädchen war so eigentümlich zumute. Seit es wieder bei klarem Verstand war, hatte sie an nichts anderes gedacht, als an Karls Schicksal. Nun bot ihr die Mutter, Trost und Hilfe an. Sie war immer gut zu ihr gewesen und litt auch so unter der Halsstarrigkeit des Vaters. Aber niemals war sie ihr so vertraut gewesen. Die Geschichte mit Karl, die einmal das ganze Haus auf den Kopf gestellt hatte, war noch nie zwischen ihnen besprochen worden. Es bestimmte einzig und allein der Vater. Der machte kurzen Prozess: Entweder – oder! Hatte es da geheißen. Entweder du lässt ihn,… oder… Das Oder aber war so schrecklich, dass man es gar nicht in Betracht zu ziehen wagte. Darum war Anni überrascht. Sie nahm die hingereichte Hand, aber zaghaft! „Hast du was erfahren über ihn? Ist ihm was geschehen?" Die Mutter schüttelte den Kopf. „Man hat nix mehr gehört davon. Wenn Gott, wollen hat, dann ist er ihnen auskommen." „Wenn das wahr wär!" flüsterte Anni. Wieder schwiegen beide lange Zeit. Die Mutter schaute in ihren Schoß, wo sie die Hand ihres Kindes hielt. Liebkosend fuhr sie darüber, wieder und immer wieder, dann begann sie still zu weinen. Es schien, als sei da irgendein alter Schmerz erwacht, ein unterdrücktes Leid zum Ausbruch gekommen.

„Schau, mein liebes Kind", sagte die Mutter dann, während sie sich mit dem Zipfel der Schürze die Augen trocknete. „Ich hab so viel an mich selber denken müssen, wie ich dich so armselig da liegen gesehen habe. Ist das notwendig, hab ich gedacht, dass ein junges Mädchen so elendiglich zugrunde gehen soll, nur weil s a Herz in der Brust hat? Ich war auch einmal jung. I will nicht klagen, damit ich mich nicht versündige … aber mir ist auch Unrecht geschehen. I hab an Burschen gern gehabt, der hat Wolferl geheißen. Aber mein Vater hat gesagt: Na, na, nix da! Du heiratest den Leutgeb. I hab geweint und geschrien …, aber am Schluss ist s do so kommen, wies der Vater hat haben wollen. Gleich im ersten Jahr ist die Resi

gekommen. I hab so a Freude gehabt, mit dem Kind, förmlich ausgesöhnt habe ich mich, mit meinem Schicksal. Viel
schöner war die Welt, seit meine Resi da war. Jeden Tag
habe ich inbrünstig gebetet: Lass das Kind groß und stark
werden und ... glücklich. Es war, als wenn der liebe Gott
mich erhört hätte. Die Resi, die am Anfang, schwach und
kränklich war, ist gesund und dick geworden. Wangerl hat
s gehabt wie Apferln und gesungen hat s den ganzen Tag.
An meinen Wolferl, hab ich nimmer gedacht ... Manchmal
vielleicht schon ... aber es hat lang nimmer so weh getan
wie früher..." Sie schwieg und streichelte Annis Hand. Ihre
blassen Wangen waren plötzlich so rot geworden und ihre
Augen wanderten unruhig durch das Zimmer.

„Einmal bin ich mit der kleinen Resi zum Heustadel-
wasser gegangen", erzählte sie weiter. „Ich hab das Kind
eine Weile getragen, dann ist s wieder selber gelaufen. Grad
auf an schmalen Weg, zwischen den Büschen, kommt auf
einmal ein Mann daher. I hab ihn gar nicht angeschaut,
hab vorüber gehen wollen. Er aber bleibt stehen und sagt:
„Grüß dich, Karoline!" – Grüß dich Wolferl! sag ich und
bin völlig schwach dabei geworden. Er schaut mich an, ich
schau ihn an. Er sagt: „Na, Karoline wie geht s dir denn?
Bist glücklich geworden?" – „O ja, o ja! Sag i drauf. Heut ist
so a schöner Tag, gelt Wolferl! Er schaut voll Verlegenheit
zum Himmel und sagt, dass es heute nichtmehr regnen
wird. Wie ich noch ganz außer mir war, über den Zufall,
gehen wir alle drei schon nebeneinander her, immer weiter
in die Au. Er schaut die Resi an und fragt: „Ist des deins?" –
„Ja, sag ich und was machst du allerweil? – „Arbeiten! Aber
es ist in Wien nicht mehr zum Aushalten. Übermorgen
fahr ich nach Amerika!" – Geh mach keine Witze, Wolferl!
Sag i, warum willst denn nach Amerika? – So halt, weil s

mich da nimmer freut!" Aber i hab s nicht und nicht glauben wollen. Da nimmt er a Schrift vom Konsulat raus und die Schiffskarte fürs Zwischendeck. So sind wir weiter gegangen bis zu einem kleinen Wald. Dort haben wir uns ins Gras gesetzt. Die Resi hat Blumen gepflückt und Marienkäferl gefangen. Dann ist s müd geworden und eingeschlafen. Wir zwei sind da gesessen und haben nicht viel geredet. Ein jeder hat sie geschämt, mit irgendwas anzufangen. I hab allerweil an die Schiffskarte gedacht und dass er wirklich nach Amerika fährt. Dann ist es dunkler geworden und i wollt Heim gehen. Aber i hab mi nicht rühren können. „Schau Karoline, seit i dich verloren hab, bin i a rechter Strolch geworden. Nirgends gefällt s mir und nirgends halt ich s lang aus. I hab dich schrecklich gern gehabt." Er hat weiter geredet und weiter geredet, förmlich in die Verzweiflung rein. Mir ist so bang geworden und er hat mir so leidgetan." Hast mich gar nimmer gern Karoline?" hat er gefragt. I hab geschrien: Na! Na! Was glaub s t denn! I bin a verheiratetes Weib. Da ist er still geworden und ganz blass, dass man s in der Dunkelheit hat sehen können. „Einmal sag mir s noch, dass d mich gern hast, Karoline, einmal noch, dann sehn wir uns nimmer wieder." – Und ich hab ihm s gesagt. I war außer mir, ich hab nicht gewusst was i red, aber es ist die Wahrheit gewesen. – So ist s gekommen, Anni, du bist nicht des Kind vom Vater. Jetzt weißt es „! Die alte Leutgebin schwieg und sah still vor sich hin. Noch immer glühten ihre Wangen und darüber leuchtete das weiße Haar wie Schnee. Anni, hatte die Beichte angehört. Sie war mit geschlossenen Augen dagelegen. Ihr Herz aber, war weit und offen und voller Verständnis. Sie richtete sich auf und schlang die Arme um die alte Frau. „Mutter!" flüsterte sie, „Liebe Mutter!"

„Mein ganzes Leben lang hab ich s ertragen", sagte die leise, „niemandem hab ich s gesagt nur meiner Mutter, auf dem Sterbebett und jetzt dir. Wenn ich manchmal hart zu dir war und dir nicht geholfen hab gegen den Vater, so war das schlechte Gewissen daran schuld. Das drückt gar hart und hört nicht auf zu wispern, bei Tag und a in der Nacht. Davor will i dich bewahren, mein liebes Kind. Wenn s t den Karl so gern hast, dann musst sein Weib werden. Mit meine sündigen Händ', geb' i dir meinen Segen!" Anni nahm die Hände der Mutter und küsste sie. „Was ist dann aus ihm geworden... aus deinem Wolferl ... meinem Vater?" „Er ist wirklich nach Amerika. Ich hab lange nichts von ihm gehört. Später hab ich erfahren, dass er nach Kalifornien gegangen ist, in die Kohlengruben. Dort soll er bei an großen Streik vom Militär erschossen worden sein."

Sie hatte in ihrer Mutter eine Freundin und Helferin gefunden. Bald konnte sie das Zimmer verlassen. Draußen auf dem Gang, saß sie in der Sommersonne und versuchte neuen Lebensmut zu fassen. Sawitsch hatte ihr längst von Karls Rettung erzählt und Peter versuchte sie von Karls Wiederkehr zu überzeugen. Den guten Menschen zu liebe tat Anni so, als würde sie noch hoffen. Sich selbst aber belog sie nicht.

Der Sommer verging und es kam der Herbst: Der Herbst des Jahres 1918.

Die Schwalben, schwärmten über das Haus und sammelten sich zur Abreise in den Süden. Noch waren die Tage warm. Aber die ersten dürren Blätter segelten schon im Wind und raschelten auf dem Kies der Gartenwege. Anni saß viele Stunden, am Donaukanal und schaute in das Wasser, dem Symbol der Ewigkeit.

13

Es kam, wie es kommen musste. Das sechshundertjährige
Reich aus sechzehn Nationen, die einander niemals geliebt, sondern sich gegenseitig unterdrückt hatten, zerfiel über Nacht. Die Monarchie der Habsburger zerbrach.
Und es zerbrach die Front, die sie wie ein eisernes Band
zusammengehalten hatte. – Die Front!

Aus der Ebene Venetiens herauf durch die Täler der
Etsch, des Piave und Isonzo – drängte sich kein Heer
mehr, eher einer Herde gleichend – die zerlumpte, ver-
lauste, heruntergekommene Masse der Soldaten. Fort!
Fort! Nach Hause! War der Gedanke, in dem sich alle:
Deutsche und Tschechen, Ungarn, Rumänen, Polen, noch
einmal einig waren! Fort aus dem Reich des Todes und des
Hungers. Grau und traurig, durchglüht von fiebernder
Hast und wie gelähmt von Gleichgültigkeit, zogen die
Kolonnen der Elenden dahin. Wagen auf Wagen, Pferde,
Geschütze, Schlachtvieh in endloser Reihe drängten zu
den Alpenpässen, wanden sich über die Serpentinen,
an Abgründen vorbei. Zurück! Zurück! Waffentrümmer
bedeckten die Wege. Über zersplitterte Gewehrkolben,
Handgranaten, Maschinengewehrgurten, Munitions-
kisten stolperten die müden Füße der Fliehenden. Da
und dort standen Gruppen um einen Pferdekadaver,
fetzten mit den Bajonetten Fleischstücke aus dem noch
dampfenden Körper. Wer nichtmehr weiter konnte, warf
sich am Wegesrand hin und starb an Hunger und Er-
schöpfung. Die Generale flohen in ihren Autos, die Augen

in ihrer Angst nach hinten gerichtet, wo der Feind nachrückte. Dann wieder nach vorne, wo fanatische Soldaten, rachsüchtig die Wege blockierten. Der Gehorsam war der Meuterei gewichen, die Disziplin dem Selbsterhaltungstrieb. Plündernde Scharen stürmten die Magazine der Etappe, zerstachen die Mehlsäcke, dass weiße Staubwolken hoch aufwirbelten..., zerschossen die Fässer, dass Wein und Schnaps in Strömen flossen, beluden sich mit Zigaretten und Konserven, gegerbten Kuhhäuten und Stoffrollen. Immer mehr Gierige kamen und scheuten nicht vor Mord und Totschlag zurück. In diesen Totentanz fielen, zerfetzend und vernichtend die Granaten des Feindes. Über die Alpenstraßen zog eine Kette des Grauens. Leichen säumten sie, Blut stand in Lachen, kostbares Material, aus Schweiß und Arbeit des Volkes gemacht, türmte sich wie Gerümpel, wurde fortgeworfen, aus dem Weg geschafft, hinuntergestürzt, in die Schluchten. Wunderbar romantisch in den leuchtenden Farben des Herbstes stand die Natur: rostrot die Buchen im Piavetal, dunkle Tannen und Fichten, reingewaschen vom Regen glühte der Dolomit rötlich im Sonnenschein. Wildwasser rauschte und schäumte in ewiger Hast. Gespenstisch wie riesige Raubvögel schwebte das Capronig-Geschwader über den Straßen des Todes. Nachts leuchteten unabsehbar die Lagerfeuer, spiegelten sich im Lago di morte. Vereinzelt bellten Schüsse in der Stille. Fort! Fort! Hinauf zu den Pässen! Hinunter in die Täler Tirols! Heim nach dem alten Österreich, das aufgehört hatte zu sein und doch das Ziel von Hunderttausenden war. Man kämpfte um jeden Fußbreit, um jeden Schritt, der näher der Heimat war. Man schlug Schlachten um Bahnhöfe, rang um Lokomotiven und Waggons, wendete alle Schrecken des Krieges an, um endlich, endlich Frieden zu finden. Viele, die den furchtbaren Marsch über den Kreuzbergpass, den Predil oder Brenner überstanden hatten, lagen nun tot auf den Schienen, in den Tunnels von den Waggondächern abgestreift, zerschmettert, gerädert, zu Brei zerstampft. Wien zitterte!

Denn noch immer war diese Stadt, in deren Regierungspaläste das Unheil beschlossen worden war, der Mittelpunkt des zerfallenden Reiches. Nach Wien strebten die Regimenter und Bataillone der zu Tieren gewordenen, gequälten Menschen. Überfluteten das Land und die Stadt, drohten und forderten. Wo aber waren die Zauberlehrlinge, die die Gewalt geschaffen hatten, aber nun nichtmehr bannen konnten? Wo waren die Minister und Generale? Was machten sie?

Das Volk aber, schritt zu rettenden Taten, vorbei war die stumme Duldung – die, die es vorher geknechtet hatte, verkrochen sich ...

Irgendwo in Österreich, irgendwo in Wien – dort wo es seit jeher am ärmsten war, gab es ein blasses, blondes Mädchen, das in diesen Oktobertagen, Genesung aus langer Krankheit fand. Vorüber war das stille, Sitzen im Winkel, vorüber die tatenlose Trauer um die Opfer. Anni, erwachte aus ihrer Lethargie, ihrer Teilnahmslosigkeit. Sie ging hinaus auf die Straße, die von Demonstrationen und Manifestationen erfüllt waren. Aufgeregt wie Ameisen eines zerstörten Baues, liefen die Menschen durcheinander, ziel und planlos, sammelten sich da und vereinigten sich dort. Hörten zu oder redeten, jubelten oder fluchten und fingen Gerüchte auf. Sie suchten den Anfang des Fadens, um den Knäuel des Geschehenen zu entwirren. Auch der alte Leutgeb war in seinem wortkargen Tun gestört worden. Nicht so sehr der plötzliche Umsturz, der ihm ein Greul war, versetzte ihn in Angst und Schrecken, sondern die Ohnmacht der kaiserlichen Regierung und die Untätigkeit der Polizei.

„Anno 1866 war es auch so!" sagte er. „Da sind wir bei Königgrätz geschlagen worden. Schuld daran war, der Nebel von Chlum und die Zündnadler von den Preußen. Ist halt a Unglück gewesen! Österreich hat s aber ausgehalten. Da hat s nix geben. Ja, ja, wie damals die Blauröck bei Korneuburg gestanden sind mit ihre Pickelhauben, da hab i mir gedacht: Habedieehre! Wien, jetzt wirst preußisch! Ja, Schnecken. Mir Österreicher sind mit den Türken fertig geworden, mit den Lutheranern und Jakobinern, mit dem Napoleon und mit die Achtundvierziger. Wenn jetzt a paar Pülcher an Krawall machen, so kost' mi das an Lacher! Passt s auf, bis die Wiener Edelknaben, die Vierundachtziger und die Kaiserjäger zurück sind und bis die Sicherheitswache wieder bei einander ist, nachher werden sie sich aus den roten Fahnen, Schneuztücher machen können." Er ging auf die Straße, sooft es in der Nähe einen Auflauf gab, schwenkte den Hut und schrie: „Hoch die Monarchie! Hoch Kaiser Karl!" „Anni!" rief die Mutter dann, „er ist schon wieder draußen. Ogottogott! Die erschlagen ihn noch!" Dann lief Anni hinaus und holte den alten Mann aus der Menge lachender und spottender Menschen, die sich aus ihm eine Hetz machten. „Lass mich!" zeterte der Alte, „ich bin Feldwebel bei die Hessen gewesen, i hab die Okkupation mitgemacht, glaubst ich fürchte mi? Hoch Kaiser Karl! Hoch Habsburg!" „Schau, Vater das sollst nicht machen!" bat Anni und führte den rabiaten Greis in seine Werkstatt. „Die Welt ist anders, als du glaubst. Jetzt siehst wenigstens was die Zeitungen für Lügen geschrieben haben. Es gibt keine Monarchie mehr. In Böhmen haben s die Republik, in Laibach sind die Serben, bis zum Brenner ist alles italienisch. Der Kaiser Karl sitzt in Schönbrunn hinterm Stacheldraht. Keiner weiß, was noch werden wird! Geh, Vater sei gescheit!" Da stöhnte der Greis auf und aus seinen müden Augen rannen dicke Tropfen in den Bart. Es schien, als sei der Todeskampf des alten Österreich, in seiner Brust, so schmerzlich litt er und so verzweifelt wehrte sich sein Unverstand. Anni bedauerte ihn. Das Geständnis der Mutter hatte die Bewunderung nicht geschwächt, die sie für den starren, unbeugsamen Charakter dieses Mannes stets empfunden hatte. Sie fühlte sich nun, da sie wusste, dass sein Blut nicht das ihre war, freier und zu tiefer Liebe verpflichtet. Sie tröstete ihn und redete ihm zu, sie wischte ihm die Tränen fort und trocknete ihm den Schweiß von der Stirne. Er ließ es sich gefallen. Sie war ja sein Liebling, die Anni, über der er allen Segen seines frommen Herzens ausgoss und sich um ihr Wohl sorgte. Er ließ sich ihre Zärtlichkeit gefallen, hörte ihre Erklärungen mit einigem Widerstreben und murmelte: „Ihr Jungen seit schuld, ihr habt s geschürt und gewühlt, habt keine Ruhe gegeben, bis alles in Scherben liegt. Mein Gott! Mein Gott!" Hoffnungsvoll durchforschte er die Zeitung nach Zeichen und Wunder, klammerte sich an jeden, der was gehört, etwas erfahren hatte, flüchtete in den Veteranenverein „Erzherzog Karl", dessen Mitglieder im Hinterstüberl des Cafe Hubmayer verdattert beisammen saßen.

Erst der Gemeinderat, Stehweinhallenbesitzer Stowasser brachte etwas Leben in das Kammerl, in dem es nach Petroleum und nassen Lodenmänteln roch.

Bei ihm war es jetzt jeden Tag oha! Ganz so wie im Jahre 1914 kam er nur aus seinem Keller, um politische Weisheiten und patriotische Reden von sich zu geben. Breit aufgepflanzt, die silberne Uhrkette auf dem Bauch, stand er da, eine große schwarzrotgoldene Masche im Knopfloch das noch ganz faulig nach der letzten weißen Nelke roch. „Nur keine Angst, meine Herren! Wir fürchten Gott und sonst gar nichts in der Welt! Die Flohbeuteln, die was den Krieg verloren haben, verjagen wir. Den Ungarn samt dem Andrassy geben wir an Tritt in den Hintern. Die Tschechen, sollen ihren Powidel alleine fressen und von den Polaken, hamma eh nix außer Läuse. Wir wollen a reale Politik und stehen mit beiden Füssen auf den Tatsachen. Was wir bürgerliche Mandatare beschlossen haben, dabei bleibt s. Mir bilden an selbstständigen deutschösterreichischen Staat, sind für a konstitutionelle Monarchie, mit an Kaiser Karl oben auf. Wenn s nicht ander s geht, nachher schließen wir uns halt an die deutschen Brüder an." „Na, und was glauben s, Herr Gemeinderat, was wird mit der Kriegsanleihe sein? Kriegen wir was?" fragte eine Stimme schüchtern im Hintergrund." No, was denn, sie blöd s Laberl! Wenn wir das ganze Graffelwerk verkaufen, die Panzerschiffe und die Dreißigfünfzehntelmörser und die Rösser, glauben s, dass sich das ausgehen wird auf ihre fünfzig Gulden? Sie Armutschkerl?" „Und die Invaliden? Mein Sohn ist Invalide..." „Die kriegen a Uniform und a Werkel, so wie alleweil", entschied der Stowasser. „Wozu haben wir ein Invalidenhaus, mit den schönen Bilder und den vielen Türen, die zum Bewachen sind? im Belvedere und in Hetzendorf und in Schönbrunn. Ihr werd s es no erwarten können." „I man halt nur!" hüstelte die schüchterne Stimme. „Nur ka Angst net, meine Herrn!" schloss Herr Stowasser, nachdem er seine politische Mission im Veteranenverein beendet hatte und ging gut gelaunt. Noch am Gang, hörte man ihn singen: „Solang der alte Steffel steht, solang des Riesenrad sich dreht…"

Der alte Leutgeb, hatte aus dem Gehörten wenig Trost geschöpft. Es war anders, als er in der Zeitung gelesen hatte, dass der Wiener Infanterietruppendivision Nr. 25, die in musterhafter Weise intakt geblieben war und den furchtbaren Rückzug von Vittorio de Veneto bis zum Kreuzbergpass unter schweren Opfern gedeckt hatte, ein feierlicher Empfang am Südbahnhof bereitet werden sollte. Da waren sie endlich, die Vierundachtziger, die alle Patrioten so heiß herbeigesehnt hatten, zum Schutz der Stadt. „Ja, wo will s t denn hin Vater?" fragte die alte Leutgebin, als ihr Mann nach dem schwarzen Gehrock und dem Stock mit der silbernen Krücke verlangte. Sie lief, als sie das gehört hatte gleich in die Küche. „Jessas, Anni, lass ihn nicht alleine gehen! Er will auf den Südbahnhof zum Truppenempfang. Da wird gewiss geschossen, wie gestern in Meidling! Lass ihn nicht alleine gehen!" Anni teilte die Sorgen der Mutter. Eilig zog sie ihr bestes Kleid an und begleitete ihn. In der dreckigen, verkommenen Wartehalle des Südbahnhofs, die seit vier Jahren keinen Besen und kein Scheuertuch mehr gesehen hatte, zwischen Bergen von Mist, Haufen von Papier und Stapeln von leerer Bierflaschen, versammelte sich das offizielle Wien, soweit es sich aus seinen Verstecken wagte, um die Helden von Sokal, vom Doberto, von Asiago und von Montello zu begrüßen. Vorne stand der Bürgermeister Weiskirchner, in demselben Stadtpelz, in dem er das Wiener Hausregiment einst am Isonzo besucht hatte. Um ihn herum gruppierten sich die Spitzen des Gemeinderats. Sie sahen erwartungsvoll zur rußigen Halle hinaus, bald in das Gesicht ihres Oberhaupts, als würde der jeden Moment die bekannten Worte sprechen: „Kriegsanleihe zu zeichnen ist patriotische Pflicht jedes Wieners." Festtagsfreude schwebte über der Versammlung.

Sie kommen! – Tusch! –

Die Puffer der Lokomotive rasselten an den Prellbock. Schiebetüren kreischten in ungeölten Schienen. Vierzig Mann! Sechs Pferde und drei Mann! Es kroch heraus, was von der Blüte Wiener Jugend übergeblieben war. Kompanien von achtundzwanzig Mann. Die anderen, die fehlten, moderten irgendwo! – Wickelgamaschen schlotterten um dürre Beine. Montur-fetzen, hingen an den bloßen Rippen, unter den verlausten Kappen faulten im Schweiß, die Haare.

Anni, stand seitlich an die Wand gedrückt und musterte die Gesichter der Honoratioren. Was ging hinter diesen Spießerstirnen vor? Konnte einer von ihnen die Größe, dieser elenden Menschen er fassen, die vier Jahre lang, Tag für Tag Helden gewesen waren, Helden im Dreck, im Blut, Helden im Hunger? Fragte sie einer: Warum? Herrgott, warum sind diese Tischler, Schuster, Pflasterer und Hutmacher da Helden gewesen und wofür haben sie gelitten? Klopfte sich einer an die Brust, zu den Worten: Für Habsburg, Skode und Krupp! Für den Profit, für den Profit...!

„Habt acht!" Fersenzusammenreißen. –

Der Kommandant trat vor und senkte den Säbel! Dann sprach der Bürgermeister. Er sprach mit der Gewandtheit des Parlamentariers, mit der Leutseligkeit der

Exzellenzen, mit der Demagogie des Volksredners. Sehr schöne Worte! Worte, würdig um in jedes Lesebuch aufgenommen zu werden: Deutschmeister! Vierundachziger! Söhne dieser Stadt...! Draußen wurden Zuggarnituren verschoben. Ketten klirrten, Puffer krachten, rote Fähnlein fächelten eilig. Der Bürgermeister redete und redete ... Seine Linke hielt den Hut, mit der Rechten nestelte er an den Knöpfen seines Stadtpelzes. Die Soldaten begannen zu wetzen und zu rücken. Die letzte Reihe nahm die Gewehre ab und stellte sie neben sich. Eisenbeschlagene Kolben klirrten auf dem Boden der Halle. Hinten ließ sich eine heisere Stimme vernehmen: „Halts Maul, Wastl! Wir wissen s eh! Gemma! Gemma!"

Der Bürgermeister war fertig. Er nahm seinen Zwicker ab und putzte ihn. Franz Josef hätte gesagt: Es war sehr schön! Es hat mich sehr gefreut! Unter klirrendem Spiel marschierte die Truppe in ihre Kasernen. Der alte Leutgeb weinte vor Freude. Anni war traurig und niedergeschlagen. Sie fühlte sich so einsam und bang, inmitten der Mütter und Frauen, die ihre Söhne und Ehemänner wieder hatten. Für sie kam keiner mehr. Der Ihre war weg, verschwunden in einer Nacht, versunken im Strom ......! Jäh, erwachte der bohrende Schmerz wieder. Karl! Wollte sie schreien. Karl! Sie aber presste die Lippen zusammen und ballte die Fäuste.

„Da Krieg ist aus, ich bin zu Haus!" mit diesen Worten, die er sich auf dem langen Weg ausgedacht hatte, trat Herr Übel durch die Tür seiner Greißlerei. Er warf den mageren Rucksack, der ein halbes Dutzend zerrissene Socken und zwei schmutzige Gatjehosen enthielt, auf das Gasometerkastl, fuhr sich mit dem Handrücken über die Lippen und Bart und beugte sich dann über die

Budel, um Frau Resis Willkommensgruß zu bekommen. „Meiner Seel', du hast das Busserln nicht verlernt, Resi!" stellte er während einer kurzen Atempause fest. Frau Resi war sprachlos vor Glück. „Mein Johann!" sagte sie immer wieder, „Mein Johann!" Sie wollte ihre runden Arme, nicht von seinem Hals geben. Bis er zu lachen begann und sich befreite. „Wo ist der Lorbeerkranz?" fragte er schnüffelnd, „wenigstens a Buschketterl hätt s t richten können!" „I hab ja nicht gewusst, wann du kommst", entschuldigte sie sich. „Aber wart, i hol dir den Schani, der ist lieber als das schönste Buschketterl!" Schani war hinten beim Herrn Schestak und kaute behaglich am Schweif seines Hölzernen Pferdchens. Er wackelte mit seiner Mutter fort und die noch zu große und zu breite Wachsleinwandschürze stand wie ein Ritterpanzer um seine kleine Persönlichkeit. „Küss die Hand, Papa!" sagte er, wie die Mutter es ihm beigebracht hatte und er machte eine tiefe Verbeugung. „A, da schau her", staunte der, „jetzt bin i gar der Papa. Alsdann, pass auf, Schani, jetzt bleibt der Vater immer bei dir. Alle Tage kannst Hoppareita machen!" „Allweil Hoppareita!" sagte Schani und holte sein hölzernes Pferdchen hinter dem Rücken hervor, um es weiter zu benagen. Herr Übel zog im Triumpf wieder in seine Wohnung ein. Frau Voglhuber war dabei die Posaune, Frau Schestak die Pauke und der Schustermeister steckte den grauen Kopf mit der verbogenen Brille zur Tür seiner finsteren Werkstätte heraus und deklamierte:

„Jetzt, wo ise Krieg aus, – Kommens alle Helden z Haus.

Früher oder späte, – Kommen tut eine jede.

Pane Übel is scho da – is gesund, Hipp, hipp, Hurra!

Peter kam aufgeregt von der Straße. Ernst Wagner tauchte hinter ihm auf. „Es war herrlich!" riefen sie wie aus einem Mund. „Wir haben dem Andrassy eine Katzenmusik gemacht! Auf dem Josefsplatz hat unser Professor eine Rede gehalten." „No, das gefällt mir!" meinte Herr Übel und lächelte über die Aufregung der beiden Burschen. „Meinetwegen könnt s euch heiser schreien. Ich bin müde! Ich leg mich ins Bett." Er begann fröhlich zu singen: „Alte, Alte, Alte, geh zieh mir die Schuh aus ...!" „Na freilich, gleich!" beeilte sich Frau Resi zu versichern und half dem müden Krieger in sein Bett. Da thronte er nun in den weichen Federn, den Kaffee auf dem Nachtkastl. Rundherum saßen die Leute der halben Gasse und hörten, wie tapfer er den Leopoldsberg verteidigen geholfen hatte.

„Wenn nur meiner auch schon da wär!" jammerte die Frau Hausbesorgerin Voglhuber." Sechsmal haben s vom Kommissariat schon nach ihm geschickt. Die suchen jetzt die ganzen Wachleute zusammen, die eigerückt gewesen sind. Na, meiner ist Rayonsinspektor und jetzt wird er gewiss wieder befördert!" Am späten Nachmittag kam Anni auf Besuch. Sie begrüßte ihren Schwager mit großer Freude. „Geh, Schani lass die Tante niedersetzen!" sagte der zu seinem Sprössling, der auf der dicken Decke des Bettes herumkroch und dabei vor Vergnügen quietschte. Anni nahm den Kleinen auf den Schoß und setzte sich auf die Bettkante. „Was glaubst, wer dich grüßen lässt?" fragte Herr Übel mit verkniffenem Lächeln. „Oder na,... eigentlich hat er gesagt: „An schönen Handkuss an das Fräulein Anni! Dass d nicht darauf vergisst, du Hallawachl!" „Na, wer?" fragte Anni gespannt. „Gewiss einer von deinen Freunden am Leopoldsberg ... der Maxl Blöch ..." „Abgerutscht!" frohlockte er. „Wasser, Wasser, tiefes Wasser."

Anni dachte nach: „Ich weiß sonst niemanden!" „Na und der Hauptmann Rienößl?" „So, der!" „Ja freilich! Der ist do völlig verliebt in dich. Immer hat er gefragt, ob du nicht wieder auf Besuch kommst." Anni lachte. „Wie hat er denn die Sache aufgenommen? Ich meine den Umsturz?" „So halt! Er hat uns vor der Kirche antreten lassen und hat gesagt: ihr wisst s es eh schon, es Falotten. Ich sag euch also nichts Neues. Wir sind fertig mit dem Krieg. Mit dem alten Österreich is Schamstadiener. Wer will kann heimgehen, wer nicht will, kann da bleiben, bis wir auseinander mobilisiert werden. Denkt s manchmal an euren alten Hauptmann Rienößl. Ich werde auch an euch denken. Es habt s mich zu viel geärgert, als dass ich euch vergessen könnt. Habedieehre...... Abtreten!" Aber wir sind noch stehen geblieben und der Maxl, der was immer bei der Tarockpartie war, ist vorgetreten und hat gesagt: „Herr Hauptmann, melde gehorsamst, es freut uns, dass wir jetzt heimgehen können. Aber wir müssen schon sagen, dass uns bei ihnen ganz gut gefallen hat. Sie haben uns manchmal Sekkiert, melde gehorsamst, besonders wenn sie uns mit Liegestütz bedroht haben. Da lassen wir Gras darüber wachsen. Wir danken ihnen für das Verständnis, was sie mit uns alten Familienvätern gehabt haben und werden sie a gewiss nicht vergessen. Sein s auch nicht bös, dass mir manchmal echte Sauschädeln waren. Wie sie immer gesagt haben, die nicht gewusst haben, wie man Doppelreihe, rechtsum! Und Ziehung, halb links! macht. Ist ja eh alles für die Katz gewesen, wie man jetzt sieht. Und so sagen wir ihnen, Herr Hauptmann und dem Leopoldsberg, Pfüat God! Nix für ungut! Melde gehorsamst ..." „Ös falsche Kroten!" hat der Hauptmann darauf gesagt und es sind ihm die Tränen in die Augen geschossen."

Herr Übel streckte sich behaglich in seinem Bett." Ich steh'nimmer auf! Wenigstens morgen bleib ich noch liegen. Ich bin so müd'i kann s gar nicht sagen!" Die Frau Schestak nickte verständnisvoll mit dem Kopf und sagte: No ja, no ja, no ja!" Frau Voglhuber hingegen bemerkte bissig: „Wenn der meine da wär, der könnt sich das nicht leisten. Den brauchen s bei der Wach'. Sechsmal haben s schon hergeschickt!"

Anni dachte an Vater Schediwy. Ob er auch schon zurück war? Sie beschloss, einen Sprung hinzugehen. Dort waren ja alle betrübt, seit jener Nacht, in der der Vater ahnungslos das Mordgewehr gegen seinen eigenen Sohn gerichtet hatte. Wochen waren vergangen. Wochen der Hoffnung, der Enttäuschung und Verzweiflung. Tag für Tag hatte die Mutter auf eine Nachricht von ihrem Sohn gewartet, dass er gerettet und in Sicherheit sei. Sooft der Vater Ausgang hatte und mit ängstlich fragendem Blick durch die Tür kam, gab es dasselbe verneinende Kopfschütteln. Dort in der Schublade lag die Patrone, noch immer in rotes Seidenpapier gewickelt. Die Mutter nahm sie oft heraus und schaute sie an. Aber man sprach nicht mehr darüber. Man sah einander an und schüttelte den Kopf und seufzte. Die Ungewissheit drückte mit jedem Tag schwerer und schwerer. Anni ging, seit sie wieder gesund war fast täglich zu ihnen. Sie selbst verstand es, mit ihrem Schmerz fertig zu werden, die alten Eltern aber suchten vergeblich, dem letzten furchtbaren Schlag, der auf sie niedergefallen war, standzuhalten. Wie lange würde es dauern und auch Karls schwarzgerändertes Foto würde bei den Bildern der drei anderen Buben an der Wand hängen? Wer fragte in dieser Zeit, die die Welt mit Blut und Tränen überschwemmte, nach der stillen Tragödie in Erdberg? Der Vater wurde kleiner und magerer und gelber mit jedem Tag, er brach langsam in sich zusammen, verglühte im Feuer ohnmächtigen Hasses zu einem armseligen Aschehäufchen. – Der Rücken der Mutter, der die Last eines unglücklichen Lebens getragen hatte, beugte sich noch tiefer, damit das starre Auge besser, das sich öffnende Grab sehen konnte. Zwei Leben die einmal mit Hoffnung erfüllt waren, verloschen in Verzweiflung. Anni ging hin, weil sie wusste, dass ihre Anwesenheit den alten Leuten nützte. Sie nahm sich fest zusammen, verbiss ihren Schmerz und versuchte Ruhe und Trost zu bringen. Stundenlang konnte sie so bei der Mutter sitzen, die immer etwas zu tun hatte. Wenn sie nicht die ungeheure seelische Kraft dieser Frau gekannt hätte, wäre sie fortgelaufen, vor Entsetzen. Die Mutter öffnete den Kleiderschrank, räumte Karls Anzüge heraus, bürstete und bügelte sie, suchte nach kleinen Schäden: nach ausgerissenen Knopflöchern und lockeren Knöpfen, nähte und flickte, putzte Flecken aus. Still und ohne Aufsehen, mit der Beharrlichkeit einer Geisteskranken. Manchmal sagte sie: „Er wird s noch brauchen, der Karl! Ich spüre, dass er wiederkommt!" Ob Vater Schediwy auch schon zurück war? Ganz gewiss" Sie wollte ihn begrüßen. Ein paar Blumen würden ihn freuen, dachte sie, Nelken, rote Nelken. Ob noch welche im Garten des Schlössels blühen würden? Sie ging in den Garten und suchten in den Beeten. Die letzten nebeligen, kalten Tage hatten Verwüstungen angerichtet. Es roch nach nasser Erde und faulen Pflanzen, nirgends leuchtete es rot. Nur ein paar Astern standen da, Novemberblumen – Grabesblumen, nicht geeignet zum Willkommen!

Enttäuscht verließ sie den Garten. Sie musste mit leeren Händen kommen. Zögernd machte sie sich auf den Weg und zögerte vor der Wohnungstür. Die Küche war dunkel, im Zimmer aber brannte Licht. Sie sah den rötlichen Schein der Petroleumlampe durch die Milchglasscheibe, hörte, Stimmen. Also war der Vater zurück. Anni klopfte! Ein bestimmtes, trommelndes Klopfen, das seit jeher ein Erkennungszeichen gewesen war. Drinnen rückte ein Sessel, der Diwan knarrte. Eilige Schritte kamen durch die Küche. Der Riegel schnappte und die Tür öffnete sich. „Grüß dich Anni!" sagte Vater Schediwy und er machte eine einladende Geste. Er trug noch die alte, blaue Uniform. „Nur hereinspaziert!" Seine Stimme, klang freundlich und zitterte. „Bist wieder da, Vater?" „Ja, freilich bin i wieder da! Alle, sind wir da!" „Ich hätte dir so gern Blumen gebracht, aber jetzt im November ..." Der Alte hörte nicht mehr zu. Er drängte sie aus der Küche ins Zimmer. – Dort stand Karl und streckte ihr die Arme entgegen. Anni schrie auf. Ihr Atem stockte. Sie schloss die Augen und lehnte sich in plötzlicher Schwäche an den Türpfosten. Alles Blut schoss zum Herz und sie wurde schwindelig. Sie konnte nichts sagen und nicht denken. Als sie die Augen wieder aufschlug, stand Karl vor ihr, hielt sie umschlungen und küsste sie. Er sah sie ernst, mit liebevollen Augen, sehnsüchtig an.

„Geh! Geh! Mutter! Koch an Tee!" rief der Alte und schob seine Frau in die Küche hinaus. „So!" sagte er dann, nachdem er die Zimmertür geschlossen hatte, „so!" Er setzte sich auf das Stockerl neben dem Herd und sah interessiert zu, wie die Frau mit zitternden Händen, den Spirituskocher anzündete und auf der Stellage nach der Teebüchse fingerte.

Drinnen im Zimmer war es ganz still. Die beiden jungen Menschen saßen auf dem Diwan, hielten einander bei den Händen und sahen sich in die Augen. Sie forschte in seinem Gesicht. Erst jetzt sah sie, dass er frisch rasiert und gekämmt war, reine Wäsche und seinen besten Anzug trug. Sein schönes, braunes Haar lag in Wellen. Er nahm ihren lieben Kopf zwischen die Hände, behutsam und zart, streichelte ihr blondes Haar und ihre Wangen, die so blass und so schmal geworden waren und küsste sie auf die Augen. „Sie haben uns allein gelassen", flüsterte er nach langem Schweigen, „Dürfen wir sie aussperren von unserem Glück?" „Nein", sagte Anni, „nein Sie haben um uns gezittert, um dich und um mich. Wir können es ihnen niemals vergelten...". „Weiß du, dass er in jener Nacht...", fragte er beklommen. „Ja, ja", rief sie, „weißt du, dass sie dir Knöpfe angenäht und dir Flecke aus dem Rock geputzt hat, dass sie es nicht hat glauben wollen, dass du nicht mehr kommst?" Er sagte nichts darauf, sondern senkte nur den Kopf in stiller Andacht.

Dann saß die Familie um den Tisch bei Brombeertee mit Himbeersaft, lange, lange, denn es gab ja so viel zu erzählen. Wie es dem Vater ergangen war, wie Karl sich donauabwärts hat treiben lassen und endlich todmüde und eiskalt bei einem Fischer in Albern, unterkam. Vier Wochen war er in dem kleinen Schiffshäuschen mit einer schweren Lungenentzündung gelegen, ohne Arzt, ohne Medizin. „Der alte Mann, der kaum mehr selbst seinem Beruf in Kälte und Nässe nachgehen konnte, hat mich mit alten Hausmitteln, wie Katzenschmalz, Brusttee und kalten Wickeln, gerettet. „Ich habe ihm alles erzählt. Er hätte mich anzeigen, mich hinauswerfen, mich vor der Tür seiner elenden Hütte verrecken lassen können. Er hat

es nicht getan, denn er hasste den Krieg, so wie wir. Ja –
das Gewissen, sucht sich manchmal seltsame Schlupf-
winkel aus, wenn es aus den Ämtern der Regierenden
vertrieben wird. Der Vater war stolz, die Mutter glücklich und Anni suchte unter dem Tisch, immer wieder
Karls Hand. „Ich bring dich nach Hause!" sagte er, als
es spät geworden war. „Komm!" Sie brachen auf und beschlossen, einen Umweg zu machen. Es schlug neun Uhr.
Die Nacht war sternenlos und finster. Schwerer Nebel
lag über ihrem Weg, sog sich in die Kleider und über-
zog sie mit klebriger Nässe. Verzweifelt versuchten die
wenigen Gaslaternen ihn zu durchdringen. Karl setzte
seine Schritte fest auf den Boden. „Endlich darf ich mich
als freier Mann fühlen!" sagte er. So gingen sie weiter,
immer weiter, in den Nebel, ihre Herzen waren erfüllt
von Glück und Liebe.

14

Vor dem Lyzeum, das Gretl Wagner und Klara Neubauer besuchten, ging seit längerer Zeit ein Herr auf und ab.er trug
einen dunklen Paletot mit Samtkragen, einen schwarzen,
steifen Hut und graue Glacehandschuhe. Manchmal blieb
er vor dem Haustor stehen, zog seine Taschenuhr mit der
Geste eines Mannes, der es nicht gewohnt ist zu warten.

Der Sicherheitswachmann, zu dessen Rayon die Gasse
gehörte, stand stramm und salutierte. Der Herr grüßte
oberflächlich und gab damit zu verstehen, dass er kein
Aufsehen wünschte. Der Posten trollte sich und der
Wartende, schritt weiter auf und ab. Endlich hörte man
den schrillen Ton der Schulglocke. Man konnte sie bis auf
die Straße hören und veranlasste den Herrn, sich hinter
eine Säule, etwas abseits, zu stellen. Klappernde Schritte
kamen die Treppe herab, lachend und plaudernd strömte
eine Schar junger Mädchen aus dem Schulgebäude und
zerstreute sich dann, nach allen Seiten. Der Herr blickte
suchend durch seinen Zwicker, den er soeben geputzt
hatte und ging dann langsam hinter einem der Mädchen
her. „Fräulein Neubauer!" er blieb stehen und drehte sich
um. „Sie, Herr Regierungsrat?" „Ja", sagte er zögernd
und ein wenig verlegen." Sie finden es vielleicht merkwürdig, ich habe auf sie gewartet... möchte mit ihnen
sprechen!" „Bitte, wenn sie mich begleiten wollen!" „Ich
bin so frei!" Der Herr Regierungsrat Wagner kam an ihre
Seite und schlug die gezeigte Richtung ein. „Donner-
wetter, ist sie hübsch geworden!" dachte er und wollte

schauen wie vorteilhaft sie sich verändert hatte. Klara schwieg, neugierig, was er sagen würde. „Gretel ist krank, wie sie wissen", begann er nach einer Weile. „Sie hat sich erkältet und liegt im Bett. ... Diese Gelegenheit wollte ich benützen, um die Gründe aus der Welt zu schaffen, aus denen sie uns meiden." „Aber bitte", fiel Klara ein, der es peinlich war, den Vater ihrer Freundin sich demütigen zu sehen. „ich hoffe, dass sie längst vergessen haben, was ein kindisches Mädchen unüberlegt gesagt hat!" „Nein, Klara! Sie waren damals ebenso wenig ein kindisches Mädchen, wie heute. Sie haben vollkommen Recht gehabt, mir meine Pädagogische Unfähigkeit vorzuwerfen. Eben, weil ich das einsehe, komme ich zu ihnen." Er schwieg unvermittelt und bewegte den Hals im Kragen hin und her als fühle er sich beengt. „Ich möchte, dass wir wieder gut miteinander sind, dass sie wieder zu uns kommen, sie fehlen mir." Er verbesserte sich rasch: „Sie fehlen ... Uns! Sie haben auf Ernst immer einen großen Einfluss gehabt ..." „Ich hab ihn gern", sagte sie einfach. „Eben, eben!" bestätigte der Regierungsrat. „Da ist eine wohltuende Sympathie, welche ... Ich schäme mich fast, es einzugestehen ... meine väterliche Autorität übertrifft. – Sehen sie, da ist Peter! Ich halte den Burschen für hochbegabt und glaube, dass er im Leben eine bedeutende Stellung erreichen wird. Auch er hat Einfluss auf Ernst einen sehr guten sogar. Sie aber Klara ..." „Ich bin eben ein Mädchen!" Der Regierungsrat nickte. „Ernst lässt sich von ihnen um den Finger wickeln. Sie sind die Heilige auf seinem Hausaltar!" „ich habe mich immer bemüht, ihn zu verstehen und weiß, dass er ein guter Kerl ist, dem nur die richtige Führung fehlt." Der Regierungsrat ... überhörte das: „Es ist eine elende Zeit", sagte er. „Man hat Sorgen ..., private Sorgen und dienstliche, das alles mischt sich zu Unlust und Unsicherheit. Es ist, als wäre man aus den gut geölten Angeln gehoben, in denen man ein Leben lang, gehängt ist. Zu Hause bei uns, hat sich auch einiges verändert. Ich habe die Schwester meiner verstorbenen Frau zu mir geholt. Sie führt mir den Haushalt, denn die Schlamperei, wie bisher, habe ich nicht weiter ertragen. Wie gesagt: Ernst macht mir Sorgen. Er will nicht lernen ... Er reitet auf seinen fixen Ideen herum. Je älter er wird, desto ratloser werde ich!" „Sie benützen harte Worte, man darf einem Menschen doch seine eigenen Ideen nicht ausreden." „Entschuldigen sie, aber ich möchte mich nicht noch einmal von ihnen maßregeln, lassen ... Aber was soll man machen, wenn er nicht einsehen will, dass man es gut mit ihm meint?" „Was nennen sie gut meinen?" fragte das Mädchen. „Ich möchte ihm eine Laufbahn eröffnen, wie er sie sich besser nicht wünschen kann!" „Bei der Polizei?" Er gab keine Antwort. „Sie meinen, bei der Polizei?" fragte sie noch einmal.

„Nun ... Nun, warum nicht?" stotterte er. „Ich verstehe nicht, warum sie das fragen?" Klara lenkte ein: „Ernst ist ein junger Mensch, mit Idealen. Er möchte einen Beruf, der seinem Geist Freiheit gestattet. Vielleicht ist er zu edel und kühn, um aus verstaubten Paragraphen Fußschlingen für seine Mitmenschen zu legen." „So stellt sich der Laie, die Tätigkeit der Polizei vor", sagte er verärgert. Klara war erregt und fing fast zu laufen an, so dass er kaum Schritt halten konnte. „Klara, liebe Klara, so hören sie mich an! Wie an allem, so kann man auch an der Polizei manches kritisieren. Die humansten Gesetze enthalten Härten, man kann aus einem brutalen Wachmann keine Klosterschwester machen!" Sie waren stehen geblieben und sie sah ihn an. „Gut, reden wir nicht mehr davon, aber verlangen sie nicht von mir, dass ich ihnen helfe, den Ernst zu verbiegen!" Der Regierungsrat duckte sich förmlich unter ihrem flammenden Blick. Damals, als er Ernst wegen den Auerhahnfedern verhauen hatte, war ihm Klaras Kritik als freche Anmaßung erschienen. Heute nahm er sie schweigend hin. Sie verdirbt ihn! Sie verdirbt ihn ganz! Schrie es in ihm. Aber er sagte: „Kommen sie wieder zu uns! Bitte, kommen sie wieder!" Es war für ihn undenkbar, dass sie nicht kommen könnte. Sie gingen versöhnt auseinander. Er begleitete sie bis vor ihr Wohnhaus. Blieb noch einige Zeit vor dem Haustor stehen, nachdem sie schon längst verschwunden war. Du bist zweiundvierzig und sie ist sechzehn! Dachte er. Sechsundzwanzig Jahre Unterschied! Er nahm den Hut ab und fuhr sich durch die Haare, die an den Schläfen schon ganz grau waren.

Klara dachte lange über diese Unterhaltung nach. Sie wollte wissen was den Regierungsrat dazu veranlasst hat. Sie hatte einen Widerwillen gegen den Mann und seinen Beruf und empfand seine Mitteilsamkeit als sehr unangenehm. Mit gutem Willen hatte sie versucht, in seiner Strenge, Vaterliebe und Vatersorgen zu sehen. Wenn sie dann aber sah, wie seelisch vereinsam der arme Bursche war, wie er auf das geringste Zeichen von Herzlichkeit bereit gewesen wäre, ein braver Sohn zu sein, aber durch Verständnislosigkeit, gewaltsam zum Zyniker gemacht und immer tiefer in seine Verschlossenheit hineingetrieben wurde,. Jeder Versuch verschwand, menschliche Schwächen, menschlich zu betrachten. „In unserer Kinderstube hat immer die Gewalt geherrscht", hatte

Ernst einmal geklagt." Der Vater ist körperlich stärker, deshalb regiert er. Das oberste Prinzip war immer: Furcht zu erwecken, Furcht vor Strafe, Furcht vor körperlicher Züchtigung, Furcht vor der grimmigen Autorität, die einen Meter achtzig misst! Verstehst du das?" Damals hatte sie über diese drastischen Worte herzlich lachen müssen. Augenblicklich verstand sie die altväterliche Erziehungskunst. Sie teilte Ernsts Standpunkt, sie an den Pranger zu stellen. Auch Peter begriff die Leiden seines Freundes. „Lass ihn wüten", hatte er geraten. „Schau, dass du groß wirst, dann kannst du eigene Wege gehen!" Ernst hatte recht, Klara hatte recht, Peter hatte recht: Die Autorität jedoch war einen Meter achtzig groß und hatte Halsweite fünfundvierzig! Nun hatte Klara eine neue Sorge, die sich zu den alten gesellten. Da war der Haushalt, der in diesen Tagen brennender Not, so schwer zu versehen war. Da war ihr Studium, das jeden Tag schwerer wurde, da war der Vater, der mürrisch und nicht zu „verkiefeln" war, seit die Weltgeschichte ihm einen gewaltigen Strich durch die Rechnung gemacht hatte.

Mit einer Präzision , hinter dem man nur den Teufels vermuten konnte, war an dem Tag, an dem der Herr Offizial Neubauer den Schlusspunkt hinter das Manuskript seines Buches „Bürokratismus, ein Beitrag zur Geschichte der Zivilisation" gemacht hatte, war der Umsturz gekommen. Wie eine Mutter vor dem totgeborenem Kind, wie der zu spät kommende Arzt vor der Leiche eines Patienten, wie der Hungrige vor der Schüssel, die ein anderer leergegessen hat, stand er vor der Arbeit seines Lebens. Der vernichtende Schlag, zu dem er gegen Paragraphenritter und Aktenschmierer ausgeholt hatte, hatte kein Ziel mehr. Der Zug der Zeit hatte auch dem k.k. Amtsschimmel die

Krippe, vor dem Maul weggerissen und das ehrwürdige
Vieh zum Hungertod verurteilt. Der Kadaver der verhassten Mähre lag da und streckte alle viere von sich.
Die Gutmütigkeit des Offizials Neubauer war dahin und
Klara bekam es zu spüren. Nichts war ihm mehr recht und
mit nichts war er zufrieden. Das essen schmeckte ihm
nicht, die Wäsche war nicht schön genug gewaschen und
die Kleider nicht genug ausgebürstet. Mit einem Wort:
er wurde zum Nörgler ersten Ranges. Abends kroch er
früh ins Bett und zwang Klara, die noch gerne gelernt
hätte, das Licht auszumachen. Dann lag er da und stierte
in die Finsternis, bis vor seinen Augen Punkte und Bei-
striche zu tanzen begannen. Wenn er dann endlich ein-
schlief, träumte er immer dasselbe.

Er Träumte: Es ist tiefe Nacht über Wien. Kein Mensch
ist weit und breit. Finsternis liegt über den Straßen.
Manchmal lugt der Mond aus den Wolken, um zu sehen,
wie weit die Ereignisse des Umsturzes sind. Da schimmert
am Ballhausplatz ein Lichtlein. Es kommt aus dem Tor
des Ministeriums hervor, schwankt und hüpft, tanzt
in die Himmelpfortgasse und weiter zum Stubenring
in das Haus, vor dem Vater Radetzky steht. Weiter von
Amt zu Amt, über die stille Ringstraße hin. Das Lichtlein ist eine Stalllaterne und die trägt ein kleiner, dicker
Mann mit einer Virginia hinterm Ohr und einem ver-
beulten Amtskappel auf dem Kopf. Der Mann geht und
sucht, leuchtet in jeden Winkel. Er schnauft asthmatisch
und stöhnt: „Wo ist er nur? Mein Gott! Mein Gott! Wo
ist er nur? A so a Unglück! Jetzt taucht er selber auf, der
Herr Offizial und beobachtet den Mann mit der Laterne.
Was sucht er nur? Er geht hin und sagt „Entschuldigen
schon, was suchen der Herr?" Der Mann starrt ihn ganz

entgeistert an. „Unseren Amtsschimmel such ich!" sagt er trostlos. „Er ist uns ausgekommen. I hätt ihn doch zum Schinder führen sollen. Wo ist er nur? Ogottogott! Wo ist er nur?" Er schwankt weiter seinem Laternderl nach ... Endlich, endlich findet er ihn. Er steht in der Polizeidirektion und frisst kaiserliche Verordnungen aus dem Jahr 1850. „Gehst her, du Luder!" ruft der Mann, „jetzt kommst in die Würscht! Hast gehört ...?" Der Amts-schimmel folgt seinem Wärter wiehernd zum Schinder, Wunderbar! Der Schinder ist der Herr Offizial. Er haut sein Manuskript dem Schimmel auf den Schädel. „Jetzt bist hin, du Luder!" sagt der Mann und löscht sein Laterndl aus ... ! Der Herr Offizial erwacht, in Schweiß gebadet ... Mit einem Mann, der von solchen Träumen geplagt wird, ist nicht gut Kirschen essen. Darum freute sich Klara, wenn ihre Freunde kamen. Aber auch die Anderen hatten Sorgen: Erstens Klage über den Vater, Gretels Wut auf die Tante, die sich breit, in die Familie hineingesetzt hatte und „Mutter" spielte.

„Morgen gehen wir alle zur Ausrufung der Republik!" verkündete Peter. „Wer alle?"

„Der alte und der Junge Herr Schediwy, meine Tante Anni und ich. Wer von euch will, kann mitkommen!" „Ich komm mit!" sagte Ernst. „Ich auch!" sagte Klara. „Was geschieht dort?" fragte Gretl. „Du bist blöd!" fuhr Ernst seine Schwester an. „Die neue Staatsform wird feierlich verkündet. Zuerst ist eine Festsitzung des Nationalrates. Da haben wir nichts davon. Der Alte hätte uns Karten für die Galerie besorgen können, aber er sagte: Man muss nicht bei jedem Unsinn dabei sein!

„Hört! Hört!" rief Peter. „Gut, Wir werden uns unter das Volk mischen und uns die Reden anhören." „Mischt euch!" lachte Gretl, „ich misch mich nicht". Peter sah sie verstohlen an, wie konnte dieses gescheite Mädchen den Ereignissen so teilnahmslos gegenüber stehen. Er sah ihr wunderschönes, lebensfrohes Gesicht mit den kecken Augen und den blendenden Zähnen zwischen den roten Lippen. Sah ihre graziösen Bewegungen und wie sie ihre Schönheit ins rechte Licht rückte. Dann Klara daneben, die aus sich selber schön war, ohne Berechnung. Er hatte beide gern, Gretl und Klara, aber es stieg ein bitteres Gefühl in ihm auf: „Sie ist zu fein dazu, sie will nicht ans Volk anstreifen". Es wurde eine lange Debatte und alle außer Gretl, beschlossen, morgen zur Demo für die Republik zu gehen. Am Schluss sagte Gretl: „ich bin nicht so, wie ihr glaubt. Nur mich interessiert Politik nicht. bei euch ist das jetzt Mode, so wie ihr früher Indianer gespielt habt. Geh hin, Ernst, wenn es dir Spaß macht. Aber Papa und Tante sollen nichts davon wissen: die sind k und k..."

Das bevorstehende Ereignis des 12. November, das alle Gemüter in Wien und Österreich erregte, warf seine Vorzeichen bis in das Hinterstübchen des Cafe Hubmayer, wo die Mitglieder des Veteranenvereins „Erzherzog Karl" jetzt täglich zusammen kamen. Schon dreimal war der zweite Obmann an den Wänden rundum gegangen und hatte mit einem weichen, schwarzgelben Lappen die Bilder des allerhöchsten Vereinsheiligen, des Vereinspatrons sowie des Gründers und ersten Obmanns, Wezel Wandruschek, genau abgestaubt. Es diente weniger der Reinlichkeit, als zur Beruhigung seiner Nerven und zum Trost. „Mir können nichts dafür, du guter alter Herr", seufzte er gequält. Bei dem Foto des verewigten Gründers zog er sein Tüchel und schneuzte sich gründlich. „Was tätst du sagen, wenn du das noch erleben müsstest, Wandru-

schek? „Da soll mi der Teufel holen!" möchst sagen, gelt!
Wirst dich eh im Grab umdrehen! Nach und nach kamen
sie alle und es begann stark nach nassen Lodenmäntel
zu riechen. „Respekt, Herr Feldwebel! Haben sie heute
Nacht besser geschlafen?" – „Servus, Herr Zugsführer!
Mit meinem Katarrh ist s a rechter Graus, i bekomm kei-
ne Luft." – „Wo ist denn heute der Gefreite Spennadler,
der ist doch sonst immer der Erste?" „Melde gehorsamst,
Herr Korporal, der ministriert heute in der Kirche, der
Pfarrer hat ihn darum gebeten, der Bua hat das Fieber!"
So kam allmählich zwischen den verschiedenen Herrn
Feldwebeln mit weißen Bärten, den Zugsführern mit der
Gicht und den Korporälen mit Asthma eine nette Unter-
haltung in Gang. „Ob heute der Gemeinderat Stowasser
kommen wird?" das war die Frage.

   „Oh, i glaub schon, höchstens, er hat die Grippe!" ließ
sich der Obmann vernehmen. Man begann sich schauder-
hafte Geschichten von der spanischen Grippe zu erzählen,
die in Wien umging und sich auf die ausgemergelten,
unterernährten Menschen warf. Den Herrn Stowasser
hatte sie noch nicht erwischt. Er kam gesund und munter
wie immer. Er spannte die Mitglieder, nicht lange auf die
Folter. Heute war es bei ihm, besonders Oha! Sein Gesicht
glühte seine Äuglein funkelten glasig, die Spitzen seines
Schnurrbarte vibrierten. Die schwarzrotgoldene Schleife
im Knopfloch war noch größer geworden, „Servus, die
Herrn!" begann er, mit seinem sehenswerten Hintern
eine passende Sitzgelegenheit suchend. „Alsdann morgen
geht's los. Wir bürgerlichen Mandatare haben alles ge-
prüft und erwogen." „Wie der allerhöchste Franz Josef!"
warf der Obmann gerührt ein. „Morgen, wie ich sag,
wird s ausgerufen, die Repu … Repa … ‚Repupupa…, fix

Laudon, jetzt was i nicht heißt das Repu ... oder Repa! Das ist völlig Wurscht! Die Hauptsache ist, dass wir s haben!" „Du lieber Gott, was würde der Wandruschek sagen?" „Kusch, lass den Herrn Gemeinderat reden!" „Jawohl, Herr Feldwebel!" Herr Stowasser glotzte blöd. „Alsdann, wo bin i stehen geblieben? Aha ... bei der Repu ... Repa ... na, na bei der a Geschichte halt, die morgen ausgerufen wird. Passt s auf des ist a so: Mit n Kaiser geht s nimmer. Sie wollen ihn nicht haben. Sie sagen, er hat s schikaniert. Und die Zita ... Was soll i sagen? Die war überhaupt nie, nicht beliebt, nicht a mal bei die Patrioten!" „Stimmt!" sagte der Obmann, „Sie war a Unglück für des allerhöchste Herrscherhaus, jetzt darf man s ja sagen." „Wann des der selige Wandruschek no erlebt hätt!" stöhnte ganz hinten ein Zugsführer. Herr Stowasser sagte: „Geehrte Herrn! Euer Wandruschek hätt des a nicht ändern können, denn er hat von der Politik an Dreck verstanden. Mir müssen die Repablik ham, einfach weil ma müssen. Versteht s? Den Kaiser Karl in Ehren, aber jetzt muss er ins Dorotheum, ob er will oder nicht! Vielleicht lösen wir ihn aus, bevor er verfällt. Jetzt regieren wir bürgerliche Mandatare. Wir werden keinen fressen! Na seht s!" „No aber, werden wir noch in unsere Uniformen ausrücken können, beim Umgang?" „Und wie!" versicherte Stowasser. „Werden wir noch unsere Gewehre tragen dürfen und die Säbeln?" „Alles dürft s, dafür werden wir schon sorgen. Nur keine Angst nicht, meine Herrn! Der Wiener geht nicht unter und wegen so einer Repablik, schon gar nicht!"

Die Republik! Peter ließ keine Gelegenheit aus, den Reden, die ihn berauschten zu zuhören. Schon Stunden bevor man zum Parlament aufbrechen wollte, wurde er nicht

müde, den Reden Vater Schediwy s, vom Sinn der Demokratie und vom Zweck der Revolution zu lauschen. Der
alte Mann war froh und stolz, sein mühsam erworbenes
Wissen den Jungen, Lernenden mitteilen zu können. Er
saß am Tisch, wie ein Professor in der Schule und sprach.
Aber er sprach nicht so gelehrt, sondern menschlich. Er
nahm seine großen Arbeiterhände zu Hilfe, als wollte er
seine Gedanken, wie ein Gebäude aufbauen, in seinen
Augen in dem alten, faltigen Gesicht glomm das Feuer
der Überzeugung. Manchmal, wenn die Richtigkeit seiner
Worte Bestätigung suchten, wandte er sich hinüber: „Gelt,
Mutter?" Sie saß auch dabei und sagte „Ja, ja!" wenn sie
gefragt wurde. „Damals war s schwer!" sagte er. „Ein Wort
hast gesagt – und schon, haben s dich am Krawattl gehabt. Mich haben s eingesperrt … wegen einer Dummheit.
Ich rede nicht gern davon, weil s überheblich wär. Andere
sind viel länger dafür gesessen, weil s zu den Arbeitern
gehalten haben. Zum Beispiel unser Doktor, der Victor
Adler, den wir jetzt begraben werden, den haben s doch
allerweil eigesperrt. Am ersten Mai und wenn er wo a
Rede gehalten hat und bei jeder anderen Gelegenheit. Oh,
sie haben Angst gehabt vor ihm. Er wurde auch „Arzt der
Armen" genannt. Unermüdlich prangerte er die Zustände
in den Lehmgruben bei Wien an. Vor allem Tschechen und
Slowaken arbeiteten in den Wienerberger Ziegelfabriken.
Sie hausten in kasernenartigen Massenquartieren und
lieferten die Bausteine für die Ringstraßenpalais. In seiner
Wochenzeitschrift „Gleichheit" machte er auf das Los
der Ziegelarbeiter aufmerksam und klagte die Gewerbe-
inspektoren an. Entlohnung in Blechgeld, Überschreitung
des Elfstundentages, Kinderarbeit! Menschenunwürdige
Behausungen. Junge Arbeiter, hatten bereits Lungen-

schwindsucht, Tuberkulose und Gicht und ihre Krankheiten waren ein Entlassungsgrund. Er war Führer der Sozialdemokratie und gründete an Stelle der „Gleichheit" das Parteiorgan „Arbeiterzeitung" die es ab 1. 1. 1895 schon als Tageszeitung gab. Denn er wollte nicht nur die Krankheiten bekämpfen, sondern auch die Gesellschaft. Bei mir war s ja nur a Dummheit. Stell dir vor, i geh ins Wirtshaus und bestell mir a Essen. Es war an einem Sonntag. Glaubst unter der Woche, hätt i mir des leisten können? Nach dem Essen, hab i zum Kellner gesagt, dass er mir noch an Kaiserschmarrn bringen soll. I trink meinen Gespritzten und wart, auf mein 'Kaiserschmarrn. Au! Sagt der Ober, wie er ihn bringt, der Teller ist brennheiß! Dann geben s acht, dass mein Kaiserschmarrn nicht fallen lassen, sonst wird a Schmarrnkaiser draus! Sag i! Gelt Mutter?" Die Frau nickte lächelnd. „Irgend so a Kerl hat s gehört und hat mi angezeigt. A Wachmann ist gekommen. I bin wegen Majestätsbeleidigung angeklagt worden und hab sechs Monat bekommen!" „Gemeinheit!" rief Peter. „Ah, mein Lieber, das ist nicht die Gemeinheit. Die Gemeinheit ist, dass i fast frei gekommen wär, denn i hab die Wahrheit gesagt. I hab mir nix schlechtes denkt. Mein Doktor hat wunderbar geredet, da hat der Staatsanwalt zum Schrein und Drohen aufgehört. Da zieht der Richter an Wisch aus der Akte, schaut drauf und sagt: „Er ist ein Organisierter! Ah so! schreit der, dass mir angst und bang geworden ist. Da brauchen wir weiter keine Beweise mehr für die strafbare Absichtlichkeit." Dann bin ich verurteilt worden. Gelt Mutter? Siehst Peter, heute geh ich hin und schau mir an, wie die Republik ausgerufen wird. Na glaubst, dass mi das freut?" Er glaubte es mit der ganzen Kraft seines jungen Herzens.

Karl kam mit Anni. Sie waren festlich gekleidet und drängten zum Aufbruch. Vater Schediwy zog seinen besten Rock an, setzte den Ehrwürdigen Schlapphut auf, durch den sich einmal Künstler und Revolutionäre zu erkennen gegeben hatten. Nahm den Stock, mit dem silbernen Knopf, der einmal, als sein Besitzer noch ein junger Bursche war, in die Pickelhaube eines berittenen Polizisten eine tüchtige Beule geschlagen hatte. Noch auf dem Weg erzählte er aus der vergangenen Zeit.

„Wisst s, damals als wir noch jung waren, haben wir und zusammen getan und sind mit unsere Hüte und den roten Krawatten, bummeln gegangen. Die Älteren und Gescheiteren haben gesagt: „Tut s das nicht. Ihr reizt nur die Polizei und macht s es scharf auf uns." Aber wir sind doch gegangen und wenn was nicht gepasst hat, haben wir gleich drein gehaut mit den Fäusten oder Stöcken. Was hätten wir denn tun sollen? Später sind wir dann gescheiter worden. Wir haben eingesehen, dass es mit den Fäusten nicht weiter geht!"

Auf der Hauptstraße, trafen sie auf den Zug des dritten Bezirks. Dort waren auch Klara und Ernst Man begrüßte einander, reihte sich ein und zog mit der Menge fort. Auf dem Ring, der breiten Nobelstraße Wiens, stauten sich die Kolonnen. Über sie war vor zehn Jahren der pompöse Kaiser – Huldigungs- Festzug dahingerauscht. Sie war die Straße der Macht und des Luxus, das Potemkinsche Dorf, das der Fremde bestaunte und hinter dem es, unbeachtet und unbesucht, ein Favoriten, ein Ottakring, ein Hernals, ein Erdberg gab. Über diese Straße des Scheins und der falschen Vergoldung, zogen nun die Reihen, der Hunderttausenden. Wenn man sich die einzelnen Leute anschaute, musste man tief erschüttert sein. Schlecht gekleidet, schlecht ernährt, die durchfurchten Gesichter um einen Hoffnungsschimmer erhellt. Jeder im Zug war eine stumme Anklage des Regimes, das da zu Grabe getragen wurde. Trotzdem waren diese Elenden, diese Hungernden, die einzige Macht in Österreich, die ungebeugt und ungebrochen geblieben war.

Der Tag war trüb und regnerisch. Nebelfetzen hingen tief über der Stadt und man konnte kaum in die Ferne schauen. Grau … grau, soweit das Auge reichte. Nur die Fahnen blühten wie Mohnblumen im weiten Menschenfeld. Aber auch sie sind schwarz umrandet und gehen schwer und schwankend vorwärts. Der Anführer war tot, gestorben an dem Tag, da das Ziel seines Lebens erreicht war – Victor Adler!

Zum Parlament!

Dort, vor dem Gebäude, in dem die politischen Schlachten der Monarchie geschlagen worden waren, in dem sich, trotz der Rosse an der Rampe, die nach alter Überlieferung böse Geister bannen sollten, der böse Geist von Adel, Kapital und Klerus geherrscht hatte, staute sich die Menge. Immer fester, immer dichter wird sie zusammengepresst. Bis zum Karlsplatz stehen die Züge, wollen vorwärts, vorwärts, obwohl kein Schrittbreit mehr zu gewinnen ist. Die Glücklichen, in der Nähe des Parlaments, stehen und warten. Sie sehen auf, zur Pallas Athene, die wie verwundert auf die große rote Fahne schaut, die man ihr an die Hand gebunden hat. Warten! … Warten!

Fahnen wehen, Standarten schwanken, manchmal flattern Flugzettel über die Menschenmenge, wie ein Schwarm weißer Tauben. Dann schlägt die mächtige Uhr auf dem Rathausturm. Viermal dröhnt der Hammer … langsam, bedächtig. Alles wendet sich zur Rampe. Alle Augen sehen die Männer, die dort aus dem Tor kommen: Die Abgeordneten der Provisorischen Nationalversammlung. – Erwartungsvolle Stille! –

Seitz spricht. Er hält den Hut in der Hand. Sein Bart schimmert grau. Seine Stimme schalt über den Platz: „Deutschösterreich ist eine demokratische Republik!" Rot–weiß–rote Fahnen gehen an den Parlamentsmasten hoch, Jubel braust auf, pflanzt sich fort!

Gebannt war Vater Schediwy den Vorgängen gefolgt. Er stand mit Anni, Karl und den beiden Jungen am Volksgartengitter, reckte sich, um über die Köpfe der Vordermänner schauen zu können. Er hatte kein Wort der Rede verstanden, weil er so weit weg war, aber er verstand ihren Sinn. Not, Hunger, Qual und Demütigung, all das, was er aus Überzeugung erlitten hatte, war vergessen. Die symbolische Handlung dort, die er zu erleben niemals gehofft hatte, war das Tor, in eine bessere Zukunft. Sein Gesicht, war durch die Erregung bleich geworden, seine Augenlider zuckten, seine alten Hände griffen nach Karl und Anni. „Mir wird so schlecht!" sagte er, „ich muss mich … ich muss mich … niedersetzen!" Karl nahm ihn fest unter dem Arm und zog ihn in den Volksgarten. „Setz dich auf s Bankerl, Vater!" bat Anni. Er ließ sich nieder. „Das Herz … will nimmer!" flüsterte er. Er schloss die Augen und atmete schwach. Anni, nahm ihm den Hut ab und wischte den Schweiß von seiner Stirn. Karl hatte ihm Hemd und Weste geöffnet und massierte das Herz. „s wird schon besser …, Wasser!" Peter riss ein Blatt aus seinem Notizbuch, faltete einen Becher und füllte ihn am Brunnen. Dann hüllten sie den Alten in ihre Mäntel. Anni sah forschend in Karls Augen. „Es ist die Freude, sie hat ihn schwach gemacht!" Sie standen um die Bank und warteten besorgt, merkten nichts davon, dass draußen auf dem Ring, Soldaten ins Parlament einzudringen versuchten und durch Schießen und Schreien eine Panik verursachten. Vater Schediwy hatte einige Minuten geschlummert und erwachte frischer und kräftiger. „Sagt s der Mutter nichts!" bat er auf dem Heimweg. „Sie ist so schreckhaft und kommt gleich mit dem Doktor!" Sie stand beim Haustor und hielt nach ihnen Ausschau. Gerüchte über den Zwischenfall hatten sich wie ein Lauffeuer, in der Stadt verbreitet. Die die daheim geblieben waren, ängstigten sich, weil sie die Angehörigen in Gefahr wussten. Sie war glücklich als sie die fünf, daherkommen sah. Sie hatte beim Greißler, eine Kiste bekommen und das Feuer brannte schon hell im Ofen. Der Alte rieb sich die Hände. „Wir sind ganz durchfroren und dabei haben wir erst November!" „Vergiss nicht auf morgen!" sagte Anni, als Karl sich verabschiedete. „Mein Vater hat eingewilligt mit dir zu reden. Ich bitte dich, rede vernünftig mit ihm und denk daran, dass er ein alter Mann ist, der die neue Zeit nicht versteht." „Du kannst dich drauf verlassen. Ich komm um drei Uhr!"

15

Die alte Leutgebin hatte einen Plan. Seit ihrem Geständnis an Annis Krankenbett, war ihr eine Last vom Herzen genommen worden. Sie hatte viel über ihr Leben nachgedacht und stand nun treu und fest an der Seite ihres Kindes, im Kampf um s Glück. „Pass auf, Anni!" sagte sie „ich denk so: Einmal müssen wir damit anfangen. Willst dich immer verstecken mit dem Karl, immer heimlich, dass der Vater nichts merkt? Du bist noch jung, das ist war, aber du wirst älter und die beste Zeit für die Liebe geht vorbei. I weiß dass du mit Leib und Seele dem Karl gehörst und dass du dir nichts anderes wünscht als ein eigenes Nest. Der Vater muss überredet werden! Sagt er jetzt nicht ja, nachher sagt es nie mehr. Jetzt tappt er umeinander wie a Kind. Er begreift s nicht, was geschieht in der Welt und hat solche Angst vor dem jüngsten Gericht. Du weißt ja, wie gern er dich hat, wie er dir nachrennt und wie er froh ist, wenn du mit ihm redest. Sei Zeitung schreibt jetzt auch anders als früher. Hauptsache, dass wir den Vater rumkriegen. Ich fang noch heute damit an!"
Sie fing wirklich an. Es war ein schweres Unternehmen. Es hieß, mit offenem Licht zu einem Pulverfass gehen, es war Tollkühn. Auch jetzt loderte der ganze Zorn des Alten auf, als er das Thema hörte, von dem zu sprechen, ein für alle Mal verboten hatte. Jetzt wo Altehrwürdiges aus den Fugen ging und alles zudem er aufgeschaut hatte, in Trümmern lag, war es selbstverständlich, dass der Ungeist der Zerstörung auch in seine Familie eindrang, die

206

er vor solchen Schlägen gefeit glaubte. Zu jeder anderen Zeit hätte er für zaghafte Versuche, seinen Willen zu beeinflussen, nur Verachtung gehabt. Jetzt aber begann er zu toben und schreien. Er begann zu debattieren und genau das wollte sie. Mit dem ganzen Eifer ihres Mutterherzens lockte sie Grund auf Grund seines Hasses gegen die Familie Schediwy und Karl ans Tageslicht. Sie wollte beweisen, dass diese Gründe einer ehrlichen Prüfung nicht standhalten konnten. „Aber Vater, du wirst doch wegen dem, weil dir der Schediwy als Bub vor vierzig Jahren einen Dreckknödel auf deinen Sonntagsanzug geworfen hat, dein Kind nicht unglücklich machen?"

„Nicht wegen dem!" polterte der Alte, „aber man sieht, dass er schon als Bub einen Hass auf bessere Leute gehabt hat. Später, wie er im Arbeiterverein gewesen ist, hat er immer in meiner Werkstatt, den Gesellen die „Arbeiterzeitung" verteilt!" „Bist du nicht auch mit an „Sankt-Bonifazius- Blatt" vor der Kirchentür gestanden?" fragte die Mutter. Der Alte starrte sie entgeistert an. „Mit n… mit n … no ja, aber das ist eine heilige Zeitung!" „Nix ist heilig, nur wenn die Menschen es dazu machen", sagte sie kurz. Der Vater hatte eine überlegene Gegnerin gefunden. Aber er dachte nicht daran sich zu ergeben." I was schon, was i red. Der Schediwy hat nie nach den Worten der Schrift gelebt. In der steht: Im Schweiße deines Angesichts sollst du dein Brot essen. Er hat immer gegen die Fabrikanten und Herrn gehetzt. Weniger Arbeitszeit, dafür mehr Lohn, ja das hätt 'ihm fein gepasst. An Urlaub, jedes Jahr und weiß i was noch alles!" „In der Schrift steht aber auch: Du sollst dem Ochsen, der da drischt, das Maul nicht verbinden! Den Arbeitern aber, haben s das Maul immer verbunden", stellte sie fest. „Und ich will nicht, dass meine Anni, so einen Vagabunden zum Schwiegervater kriegt!" schrie er. „Gott hat die Menschen eingeteilt in Arme und Reiche, in Gescheite und Dumme. Es ist Auflehnung gegen den göttlichen Ratschluss, wenn a Armer reich oder a Dummer gescheit werden will!" „Mein Gott, ja! Wir pfuschen alle rein, in die Schöpfung. Mir bringen die Leute um, bevor sie selber sterben und kurieren die Kranken, statt das man s krepieren lassen. Wir ziehen Kleider an, obwohl er uns nackert geschaffen hat, jedes Ehepaar schaut drauf, dass es höchstens zwei, drei Kinder hat, obwohl s fünfundzwanzig haben sollt, wenn s nach dem Willen der Schöpfung geht." „Du bist a Heidin!" heulte der Alte, „a ganz a gemeine Heidin!" „Oh, nein!" widersprach die Mutter. „I hab schon meinen Glauben. Aber i hab auch Ehrfurcht vor den Menschen, die doch das Ebenbild Gottes sind!" Der Alte fühlte sich in die Enge getrieben. Alles schimpfen und poltern half nichts mehr gegen seine Frau, die früher, so still war und ihm in allem Recht gegeben hatte. Kein Zweifel, auch sie war von der Rebellion ergriffen worden. „Was geht dich der alte Schediwy an? Wenn du ihn nicht leiden kannst, brauchst du ja dein Lebtag nicht mit ihm zusammen kommen. Aber den Jungen kennst doch gar nicht. Wer weiß, vielleicht gefällt er dir?" „I will ihn nicht kennen lernen. Er ist sicher nicht besser wie sei Vater. Er ist desertiert. A Mensch, der was vom Militär desertiert …" „Wer weiß, warum er das gemacht hat. Vielleicht haben s ihn recht sekkiert?" „da heißt s Maul halten und weiterdienen. So war das schon zu meiner Zeit, wie i Feldwebel gewesen bin. Das Militär ist die Schule der Selbstzucht, da lernt man an Gehorsam und a Disziplin. Da gibt's keine Entschuldigung!" Die Mutter ließ nicht locker: „Ma soll erst hören und dann urteilen. Lass ihn kommen, schau dir n an und nachher red '!" Der Alte wollte diese unangenehme Unterhaltung beenden. Schließlich musste diese Angelegenheit einmal erledigt werden, sollte sie ihn nicht bis ins Grab verfolgen. „I werde mir s überlegen", brummte er, „ihr sollt s nicht sagen, dass i a Dickschädel bin. Jetzt gib mir a Ruh!" Die Mutter war froh, über diesen ersten Erfolg. Auch Anni freute sich. Sie baute fest auf Karls Vernunft und seine Gabe, die Menschen so zu nehmen, wie sie waren. Wenn sie einmal miteinander gesprochen haben, dann ist das Eis gebrochen, dachte sie.

Der Alte saß in seiner Werkstatt und grübelte. „So sind die Herrn, was allerweil gegen den Reichtum und gegen s Kapital los ziehen! A reiches Mädel wollen s gern heiraten. Der Krieg hat ihnen auch nicht gepasst, a Packerl Kriegsanleihe als Mitgift, o ja des schon. Na wartet s ihr wird s schauen, es zwa Weiber! Lasst s ihn nur kommen, den jungen Herrn. So klein, werde ich ihn kriegen, rausrennen wird er bei der Tür vor Schande, auf Nimmerwiedersehen!" Er drehte und wälzte einen schwarzen Plan, wie er Frau und Tochter kurieren könnte. „I hab'mir s überlegt", sagte er ein paar Stunden später. „In Gottes Namen, soll er halt kommen, da Anni ihr Schamsterer. Kochst an Kaffee und backst an Dalken dazu. Räumst das blaue Service aus dem Glasschrank. Wenn er ein Ehrenmann ist, nachher kann er das Mädel haben. Wenn nicht, schmeiß i ihn raus!"

Es wurde nichts mehr darüber geredet, aber alles auf s beste vorbereitet. Die Mutter kochte Kaffee, buk einen Maisgrieskuchen dazu, räumte das ehrwürdige, blaue Service mit den goldenen Randerln aus dem Glasschrank, was nur alle heiligen Zeiten einmal geschah. Deckte den

Jausen-tisch mit der schönsten Tischdecke die sie hatte. Ja, sie brannte auf dem grünen Kachelofen sogar ein Franziskerl an, um selbst die Luft des Zimmers für das kommende Ereignis vorzubereiten. Karl kam pünktlich um drei Uhr, so wie es ausgemacht war. Anni und die Mutter empfingen ihn. Die Mutter sah ihn zum ersten Mal und freute sich, einen kräftigen, stattlichen Mann vor sich zu sehen, dessen ruhiges, sicheres Benehmen, den besten Eindruck machte. Auch der Invalide wusste Bescheid, sah beim Fenster seiner Kammer heraus und zeigte Karl beide Fäuste: Ich halte dir die Daumen!

„Kommen s nur, er ist drinnen, er wartet schon." Karl folgte den beiden Frauen. Der alte Leutgeb hatte die Audienz, die er da erteilen wollte, sorgfältig vorbereitet. Vormittags war er beim Raseur gewesen und hatte Haar und Bart in Ordnung bringen lassen. Gleich nach dem Mittagessen, hatte er angefangen, sich in Gala zu werfen. Er wollte Eindruck machen, dem Sohn seines Todfeindes, die Ehrbarkeit seines Hauses zeigen. Nun saß er da im gepolsterten Sorgenstuhl, angetan mit dem schwarzen Umgangsrock und in der Brust des schnee-weißen Hemdes blitzten zwei kleine Brillantknöpfe. An der Hand den massigen Wappenring, der Tischlerzunft zum fünfunddreißigsten Meisterjubiläum. Zufrieden saß er da. Der gekreuzigte Christus mit dem Betschemel stand jetzt näher beim Fenster, so dass man ihn sofort be-merken musste und war mit weißen Nelken geschmückt, die der Alte, im Blumengeschäft um teures Geld gekauft hatte. Die Familienbilder waren entfernt worden und an ihrer Stelle hingen die Porträts des Kaiser Franz Josef und des Bürgermeisters Lueger. Dann das Tableau: Er-innerung an meine Dienstzeit, das, in drei Farben, ausgestickt und mit schwarzgelben Fähnchen beklebt war. Er war zufrieden! Es klopfte! Herein kamen die Anni, dann der Karl und die Mutter. Anni war blass und unruhig, aber sie lächelte, nahm Karl bei der Hand und führte ihn zum Alten. „Hier lieber Vater, ist Herr Karl Schediwy, den du gerne kennenlernen willst", sagte sie. Der stand langsam und bedächtig auf und machte eine höfliche Verbeugung. „Freut mich! Sagte er. „Freut mich! Bitte schön, nehmen s Platz." Karl wartete bis sich der Alte wieder gesetzt hatte, ehe er sich niederließ. „Ich danke ihnen herzlich, Herr Leutgeb, dass Sie es mir möglich gemacht haben, mich vorzustellen." „Nix zum Danken! Warum denn? I will doch auch wissen, mit wem das Mädel umgeht", Er beobachtete Karl und ärgerte sich, weil der von den schönen Vorbereitungen nicht die geringste Notiz nahm. Er schien weder den Betschemel noch die Bilder zu sehen, sondern er saß ganz unbefangen da und überließ dem Alten die Führung des Gesprächs. „Mutter bring den Kaffee!" befal er mit dem leutseligen Ton eines Mannes, der Herr in seinem Haus ist. Zu Karl gewendet sagte er: „Also, sie sind der berühmte Karl! Na ja, i hab schon viel von ihnen gehört. I will ihnen daraus keinen Vorwurf machen, aber in meinem Haus haben sie schon lang a große Rolle gespielt." „Ich verstehe, was sie damit meinen", entgegnete Karl höflich. „Vielleicht wäre es meine Pflicht gewesen, sie darüber nicht in Zweifel zu lassen …" „I weiß, sie haben dazu keine Zeit gehabt", unterbrach ihn der Alte. „Sie warn beim Militär und …" „Ja, das hätte mich nicht abhalten können, ihnen meine Aufwartung zu machen. Ich habe aber geglaubt, es ist nicht erwünscht." Der Alte runzelte die Stirn, „Wieso?" fragte er. „Anni hat mit erzählt, dass sie ihr den Verkehr mit mir verboten haben." „Aber sie ist do weiter mit ihnen gegangen!" „Niemand übertritt leichter ein Gebot als das Herz!" sagte Karl. Anni lächelte ihm zu und der Alte dachte: Er redet verdammt gescheit. Ja, so reden s alle, die dem Volk sein alten Glauben und sei fromme Einfalt nehmen wollen. Na, mi kriegt er nicht! „Wissen s aber eh, warum i ihr s verboten habe?" „Es ist war, ich bin nur ein einfacher Arbeiter. Ich lebe eine Woche lang von dem, was ich mir die Woche vorher in der Fabrik verdient hab ..." „Na! ... na! Da sind s auf n Holz- weg, verehrter Herr, wenn sie glauben, dass ich einen Arbeiter verachte. Da, schauen s mich an! I bin selber ein Arbeiter gewesen und bin s heut noch. Der Arbeiter- stand ist ein heiliger Stand. Der Nährvater Christi selbst ist der Schutzpatron. Mir ist für mein Kind ein Arbeiter lieber als ein Doktor oder ein Baron. Nicht deshalb, hab ich s verboten, sondern weil mir die Familie nicht passt aus der sie kommen!" „Warum nicht?" fragte Karl ganz ruhig. „Wissens, zu meiner Zeit ist man weit gegangen und hat genaue Erkundigungen eingezogen, bevor man einem Burschen des Madel zum Heiraten gegeben hat!" „Der Kaffee wird kalt!" rief die Mutter, ängstlich ge- worden wegen der Wendung des Gesprächs. Anni goss mit zitternder Hand den Kaffee in die Schalen und reichte den Kuchenteller herum. Jetzt wird er über Karls Vater schimpfen! Dachte sie und ließ keinen Blick von Karl, als könnte sie ihm damit die Beherrschung erleichtern. Man rührte in den Schalen. Der Alte sah tiefsinnig in das braune, wässrige Gebräu und dachte nach, wie er seine Abneigung gegen Karls Familie begründen könnte, ohne sich einer direkten Ehrenbeleidigung schuldig zu machen. „Warum passt ihnen meine Familie nicht?" fragte

Karl geduldig aber beharrlich. Der Alte merkte, dass er ihm nicht ausweichen konnte. „I weiß schon, das man einem Menschen nicht vorwerfen darf, was er einmal gesagt oder getan hat", meinte er, „Aber schauen s , meine Anni ist a unbescholtenes Madl, sie trägt meinen guten Namen und hat an Ruf zu verlieren". „Sie meinen weil mein Vater eingesperrt gewesen ist?" „Na ja … wenn sie s schon selber sagen!" „Er hat unbewusst und ohne böse Absicht, ein einziges Wort gesagt und nach dem Gesetz ein Verbrechen begangen, das laut irgend einem Paragraphen mit sechs Monaten bis zwei Jahren Kerker zu bestrafen war. Sie, sehr geehrter Herr Leutgeb, haben doch so gesunde Ansichten über die Ehrbarkeit des Arbeiterstandes. Sie müssen doch zu geben, dass das Verbrechen der Majestätsbeleidigung und die sechs Monate, die mein Vater dafür bekommen hat, nicht mit Einbruchsdiebstahl, schwere Körperverletzung oder öffentliche Gewalttätigkeit gleich zu setzen ist, die ein anderer dafür abzusitzen hat. Das Gesetz, das einen Menschen um eines einzigen Wortes wegen, sein Leben lang zum Verbrecher stempelt ist die schwerste Anklage gegen sich selbst. Wäre die Majestät, die sich durch Gerichte schützen lassen muss, wirklich Majestät, dann wäre sie so hoch und erhaben, dass sie gar nicht beleidigt werden könnte. Gesetze, die das Gegenteil behaupten, sind selbst, die größte Majestätsbeleidigung." Der Alte konnte das nicht verstehen. „Ihr Vater war allerweil a Politischer", sagte er. „Er ist auf der schwarzen Liste gestanden …" „Wir sind alle Politische", lächelte Karl. „Sie ja auch, Herr Leutgeb!" „Ich? Wieso?" brauste der Alte auf.

„Sie waren doch Obmann des christlich- sozialen Wählervereins und sind auf der Liste für den Bezirksrat gestanden." „Das ist was anderes! Mich hat das Vertrauen der Bürger auf die Stelle gerufen, weil ma gewusst hat, dass i a ehrliche Überzeugung hab!" „Gewiss und sie glauben damit moralisch gehandelt zu haben, weil ihre Politische Richtung die herrschende war und sie damit ihrer Weltanschauung gedient haben. Meinen Vater hingegen hat die Arbeiterschaft in der Fabrik zum Vertrauensmann gemacht, weil sie gewusst hat, dass auch er eine ehrliche Überzeugung hat. Ihm wirft man vor, dass er seine Weltanschauung vertreten hat, obwohl seine politische Richtung die unterdrückte und getretene war. Nun ist sie die herrschende geworden und mein Vater ist ein ebenso großer Ehrenmann, wie sie!" „Und gehört sich das für den Sohn von an „Ehrenmann", dass er vom Militär desertiert und si in Baracken und wo, vor der Polizei versteckt?" schrie der Alte und klopfte mit dem Kaffeelöffel auf den Tisch. Karl war auf den Vorwurf gefasst gewesen. „Ja, ich bin desertiert", sagte er, „es fällt mir nicht ein, es zu leugnen. Ich bin desertiert, weil ich die Verbrechen nichtmehr anschauen konnte, die unter den hochtrabenden Schlagwörtern wie Vaterlandsliebe und Kaisertreue täglich begangen worden sind!" „Es sind Zehntausende desertiert so wie Karl!" wagte Anni zu sagen. „Ja, die sind schuld, dass wir geschlagen worden sind, wir haben verloren!"!

„Die Geschichte wird diesen Irrtum berichtigen." Sagte Karl. „Nicht die Wiener Arbeiterregimenter waren es, die die Lücken in die Front gerissen haben. Im Gegenteil, sie alleine sind beisammengeblieben und haben sich gewehrt bis zum Waffenstillstand. Die ersten waren die Tiroler Bauernregimenter, die Standschützen und Kaiserjäger. Sie haben nach Hause wollen in ihre Gebirgstäler, um ihre

Frauen und Kinder vor den eindringenden Italienern zu schützen. Aber auch das hätte nichts ausgemacht, wenn die Monarchie innerlich nicht so schwach und morsch gewesen wäre. Sie ist an den Selbständigkeits-bestrebungen, der Nationen zerbrochen. „Sie hat schwach und morsch sein müssen!" schrie der Alte. „Ihr habt s es so weit gebracht. Ihr seit s mit die Freimaurer Hand in Hand gegangen und habt s der alten, ehrwürdigen Monarchie s Grab geschaufelt. Wer hat die Verbrechen begangen, von denen sie reden? Unser k.k. Heer vielleicht? Unsere glorreichen Armeen? Unsere braven Soldaten, die durch euch erst aufgehetzt worden sind? Na, ihr seit s die Verbrecher! Ihr kennt s kein fünftes Gebot, euch ist das Menschenleben nicht heilig. Sie trauen sich in mein ehrliches, bürgerliches Haus zu kommen und mir mein Kind weg zu nehmen, sie Mörder!... Mörder!" Jetzt war das Wort heraus und flatterte wie eine gespenstische Fledermaus durch das Zimmer. Der Alte war aufgesprungen, stand da und wies mit weit ausgestrecktem Arm nach Karl. Jetzt endlich hatte er seinen Trumpf ausgespielt, den verhassten Menschen vor Frau und Tochter als schrecklichen Verbrecher entlarvt. So dachte er. Die Wirkung aber blieb aus. Man starrte nicht auf Karl, man wich nicht vor ihm zurück, man verlangte keine Aufklärung, sondern gab sich viel Mühe, ihn, den Alten zu beruhigen. „Aber Vater, sei doch gescheit! Setz dich nieder!" bat die Mutter und versuchte, den Alten auf den Stuhl zu drücken. Anni sagte: „Wir wissen eh, was Karl gemacht hat. Er hätte es auch nicht verschwiegen „! Auch Karl war aufgestanden, als der Alte so hart mit ihm gesprochen hatte und er war blass geworden. Er war überrascht und verwirrt, fasste sich aber schnell. „Hören sie mich an,

Herr Leutgeb" bat er, „Sie haben die Wahrheit gesagt ...
Ich bin ein Mörder ... Aber sie müssen mich anhören!"
„Na, na, i will nix hören und nix wissen. I hab' keine Zeit
dazu!" „Wer Zeit hat, einen Menschen zu beschuldigen,
muss auch Zeit haben, seine Rechtfertigung anzuhören."
„Lass ihn reden!" bat die Mutter. „Um der Gerechtigkeit
willen, hör ihn an!" rief Anni.

Der Alte stand am Fenster und starrte hinaus. Irgendetwas in seinem Plan stimmte nicht, irgendetwas war
fehlgeschlagen. Die Frauen hielten zu Karl, auch jetzt
noch. Er wollte wissen: Warum? Aber er wollte nicht nach-
giebig sein. Soll er reden! Dachte er und stierte in den
grauen Novembernachmittag hinaus. „Reden s! Reden
s!" drängte die Mutter. Anni ging hin und rüttelte ihn:
„So red' doch Karl!" Karl sagte: „Sie können sich denken,
Herr Leutgeb, wie einem zumute ist, den man plötzlich
an das furchtbarste Ereignis seines Lebens erinnert. Der
Krieg hat die Menschen verroht und es gibt keinen, der im
Feld war und sich nicht irgendetwas vorzuwerfen hätte.
Der angeblich höhere Zweck, unter dem der Massen-
mord veranstaltet wurde, treibt mit den Zehn Geboten
Schindluder. Wenn mein Fall wäre, wie hunderttausend
andere, wenn ich in Serbien Frauen und Kinder mit dem
Bajonett zerstückelt, wenn ich den Mädchen die Ringe
samt den Fingern und die Halsketten samt den Brüsten
abgeschnitten hätte, so würde kein Mensch danach fragen.
Wenn ich in Polen die Zivilisten mit der Reitpeitsche vom
Gehsteig in den Straßendreck hinuntergejagt oder ihnen
mit der Peitsche beigebracht hätte, dass sie alle, Frauen,
Mädchen, Greise und Greisinnen, mich zu grüßen haben,
so hätte mich die Uniform, die ich trug, entschuldigt.
Wenn ich einen alten Juden gezwungen hätte, mir mit der

Kerze zu leuchten, während mir seine Tochter zu Willen sein muss oder wenn ich einen fünfjährigen Buben zu Tode geprügelt hätte, weil er es gewagt hat, abgefallene Zwetschken im Garten seines eigenen Vaters aufzuheben und zu essen, obwohl das gesamte Obst von der Militärbehörde als beschlagnahmt erklärt worden war, da hätte ich als fescher Kerl gegolten, als echter Held, dem man Medaillen und Sterne hinaufhängt und in der Regimentsgeschichte einen Ehrenplatz bekommt. Ich habe nichts dergleichen gemacht, im Gegenteil, etwas viel Ärgeres: Ich habe einen der Schufte, denen der Krieg nur ein Vorwand zur Befriedigung ihrer tierischen Gemeinheit war, verurteilt und gerichtet, kraft einer Moral, die sie die ewig göttliche und die ich die ewig menschliche nenne." Karl strich sich die Haare aus der Stirne. Seine blassen Wangen färbten sich wieder. Da keiner was sagte, erzählte er weiter: „Nach meiner letzten Verwundung bin ich zu einem Feldgericht in Galizien kommandiert worden. Es war eines von den Feldgerichten, von denen man noch nach hundert Jahren mit Schaudern sprechen wird. Seine Aufgabe war es, die Bevölkerung zum Patriotismus zu erziehen und die Armee vor Spionen und Verrätern zu schützen. Wir haben dort drei schöne Galgen gehabt, jeder aus drei Balken und es ist selten vorgekommen, dass sie leer waren. Denn die Gegend schien von Verrätern zu wimmeln. Die fortwährenden Niederlagen, die unsere Truppen hatten, die genaue Kenntnis des Feindes, von den Standorten unserer Stäbe und Kommandos ließ sich nicht nur mit der Sympathie der Bevölkerung für die Russen erklären. Wer frisch gewaschene Wäsche zum Trocknen an die Sonne hängte, wer zu starkes Feuer im Ofen hatte, dass Funken, aus dem Schornstein flogen,

wer gar ein Licht ins Fenster stellte, war der Verräterei
so gut wie überführt und baumelte, nach kurzem Prozess
an unserem Galgen. Die „Seele" des Feldgerichts, war
der Militärauditor Bellowitsch, ein Mensch, dem Grau-
samkeit und Unbarmherzigkeit im Gesicht geschrieben
stand. Er kannte nur ein Urteil: Hängen! So hängte man
zwölfjährige Knaben und achtzigjährige Greise, junge
Mädchen und alte Frauen, Menschen, die an den Verbrechen, die man ihnen vorwarf, so unschuldig waren
wie der Sonnenschein. Gleich als ich hinkam, merkte
ich, dass der Auditor von der Mannschaft gehasst und
verabscheut wurde. Denn er begnügte sich nicht damit,
seine Opfer an den Galgen zu bringen, er verhöhnte und
marterte sie auch noch und quälte sie bis zum Wahnsinn.
Ich hatte Wachdienst. Das Feldgericht befand sich im
ehemaligen Arrestgebäude des Städtchens und immer
musste ein Mann in dem Gang vor den Zellen, Posten
stehen. Eines Nachts hatte ich Dienst, da wankte der
Herr Auditor betrunken, wie er meistens war, daher und
ließ sich von mir die Zelle zeigen, in dem sich das zuletzt
eingelieferte Opfer befand. Ich führte ihn hin. Er hatte
den Schlüsselbund mitgebracht, sperrte die Zelle auf und
nahm auch die Laterne mit hinein. „Ich wünsche, nicht
gestört zu werden", sagte er noch. Wir wussten von den
Nächtlichen Ausflügen, die er unter Vorgabe, Verhöre zu
machen, unternahm. Es waren stets nur weibliche Häft-
linge, die er zu verhören hatte. Unter diesen suchte er sich
nur die jungen, hübschen aus. In der Zelle, die er jetzt
betreten hatte, befand sich eine junge Lehrerin, die der
Spionage beschuldigt wurde. Sie war ein sehr schönes,
gebildetes Mädchen, das alles was geschah, mit stiller
Duldung hinnahm. Als die Tür hinter dem Auditor zu-

schlug, hörte ich es gellend schreien. Ich ging fort, an das andere Ende des Ganges, zündete mir eine Zigarette an, was eigentlich verboten war und versuchte mich in jenes Phlegma einzuhüllen, ohne dass man, keinen Tag lang Soldat sein kann. Ich hatte den Urlaubsschein schon in der Tasche, würde morgen heimfahren können. So dachte ich an Wien, an die Eltern, an die Anni und war darüber glücklich, vierzehn Tage lang nichts vom Auditor Bellowitsch und seinen Verbrechen sehen und hören. Aber ich musste immer wieder an die junge Lehrerin in der Zelle denken und den besoffenen Unmenschen, der sie jetzt peinigen würde. Es ließ mir keine Ruhe. Ich trat leise hin und schaute durch das Fenster an der Tür. Das Mädchen saß zitternd und bleich am äußersten Rand seiner Pritsche. Der Herr hingegen machte sich auf dem übrigen Teil bequem. „Du willst also nicht, du Aas!" sagte er lallend. „Gut, so wirst du baumeln!" Das Mädchen antwortete nicht. Sie saß da, die Hände verkrampft und starrte mit weit aufgerissenen Augen in die Laterne. Er hob den Fuß und gab ihr mit dem gespornten Stiefel einen Tritt. „Aas!" schrie er, „dreckiges Aas, Saumensch, blödes, zu etwas musst du doch gut sein!" und zog ihr mit der Reitpeitsche eine über. Das Mädchen krümmte sich unter dem Schlag. „Ich protestiere!" rief es. Der Auditor lachte schallend. So etwas war ihm wahrscheinlich noch nicht vorgekommen. Er war aufgestanden und torkelte auf das Mädchen zu.

„Aber Katzerl!" lallte er, „aber Katzerl! Na, protestier halt!" Das Mädchen stieß ihn zurück, dass er schwankte. Es wäre mit dem Betrunkenen vielleicht fertig geworden. Der Auditor aber war ein großer schwerer Mann. Er warf sich auf das schwache Mädchen und fiel mit ihr um. „Protestier halt!" schnaufte er. „Protestier halt!" Ich stand an der Tür und sah durch das Fenster. Das Mädchen lag da und rührte sich nicht mehr. Vielleicht war es tot, vielleicht nur ohnmächtig. Der Auditor kniete neben ihr und glotzte sie an. Sein Gesicht war blau-rot angelaufen, die Adern am Hals traten dick hervor. Dann fuhren seine dicken, klobigen Hände über den zarten Körper und unter ihre Röcke. Sein Gesicht war das eines Tieres, als seine Hände an ihrer Hose rissen ...! Ich weiß nicht , wie es geschah. Ich hatte das Gewehr abgenommen und an die Mauer gelehnt, dann öffnete ich die Tür und kam in die Zelle. Er hörte mich nicht. Ich trat ganz nah hinter ihn, legte meine Hände um seinen Hals und drückte zu. Als ich los ließ, fiel er schwer wie ein Sack zur Seite. Ich wälzte ihn herum, öffnete seine Bluse und legte mein Ohr auf sein Herz. Es schlug nicht mehr. Er war tot. Sofort wurden mir die Folgen meiner instinktiven Handlung klar! Es gab keine Zeugen, aber die Schuld konnte nur auf mich fallen. Ich musste fort, augenblicklich fort! Keine Minute durfte vergehen. Ich schüttelte das junge Mädchen, bis es zu sich kam. Es verstand sogleich! Ja, es wusste einen Ort, wo es sich verstecken konnte. Ich löschte die Laterne, versperrte die Zelle und wir kamen unbemerkt aus dem Gebäude. Die junge Lehrerin umarmte und küsste mich wortlos, dann verschwand sie im Dunklen. Ich stand da und dachte nach. Ich war in der Lage eines Mannes, der durch die Handlung eines Augenblicks, aus der Bahn geworfen wird. Vor wenigen Minuten noch war alles so wie immer, da stand ich auf meinem Posten und malte mir aus, wie ich auf Urlaub fahre und wie schön alles sein würde. Der Urlaubsschein fiel mir ein. Er knisterte in der Tasche meiner Bluse. am Bahnhof pfiff eine Lokomotive.

Sie rief und lockte mich, zeigte mir den Weg der Rettung. Ich kam ungehindert nach Wien. Was sich später im Feldgericht ereignet hat, weiß ich nicht. Auch ob es der jungen Lehrerin gelungen ist, unentdeckt zu bleiben. Jetzt habe ich ihnen meine Geschichte erzählt, Herr Leutgeb. Ich glaube nicht, dass ich mich für meine Tat noch vor Gericht verantworten muss, denn es steht eine Amnestie bevor. Mein Gewissen klagt mich nicht an. Ich bereue nicht, was ich getan habe, denn je länger ich darüber nachdenke, desto klarer wird es mir, dass mich eine höhere Macht dazu getrieben hat." Karl schwieg und blickte zu dem Alten, der noch immer am Fenster stand und hinausstarrte. Niemand wagte es, zu reden, denn jetzt hatte der alleine das Wort. Dem alten Leutgeb war keine Silbe entgangen. Wenn es auch den Anschein hatte, als seien ihm die Leute auf der Straße wichtiger, als Karls Rechtfertigung. Er hatte gelauert und gehorcht und jedes Wort dazu benützt, sein Entsetzen und seine Abscheu vor Karl zu steigern. Es schien ihm, als sei noch nie jemand, Zeuge eines so frivolen Geständnisses gewesen. Nun drehte er sich langsam um. „Sie denken, dass ich ihnen das glaube?" fragte er höhnisch, „Herr ... Herr ..., für was halten sie mich denn?" „Ich bin bereit zu schwören!" sagte Karl.

„Der Alte lachte. „Schwören?" rief er, „Ah, das wär ja noch schöner. Zuerst an Mord und dann einen Meineid, na ja, darauf kommt s schon nichtmehr an. Sie werden nicht schwören, Herr! I dulde es nicht, dass mit einer Heiligkeit Spott getrieben wird. I hab genug! Sie haben mir Unfrieden ins Haus gebracht, haben mein Familienleben zerstört, sie haben mein Kind und meine Frau, auf ihre Seite gebracht. An mir werden sie aber keinen

Schwiegervater haben. I hab genug! Weil i einmal a Ruhe brauch, so sag i: Die Anni soll machen was sie will. I wird schon alleine fertig mit meine alten Tage, i brauch keine Totengräber, solange mir der Herrgott am Leben lässt." Der Schmerz übermannte ihn. Dicke Tropfen rannen in seinen weißen Bart. Er ließ sich in seinen Lehnstuhl fallen und bedeckte sein Gesicht mit den Händen. Karl stand bleich und unschlüssig da. Sein Selbstbewusstsein war im Boden versunken. Seine Augen gingen zwischen dem Alten, der Anni und ihrer Mutter hin und her. Die Mutter trocknete mit dem Schürzenzipfel ihre Augen. Anni alleine hatte ihre Fassung bewahrt. Ihr Gesicht war ernst und blass, aber sie war entschlossen. Sie ging zu dem Alten, kauerte sich vor ihm nieder und zog die Hände von seinem Gesicht. „Vater!" sagte sie leise „Vater!" Der hörte nicht darauf, aber Anni ließ nicht locker. „Schau Vater", bettelte sie, „kannst du s denn nicht verstehen? Wir sind jung, unsere Zeit ist eine andere, als die deine war. Wir haben andere Gesetze, nach denen wir leben. Wir sind nicht schlecht ... wir sind nur anders, Vater!" Er sah sein Kind mit einem Blick an, in dem die Unnachgiebigkeit seines Charakters und die Liebe seines Herzens, lag. „Was ... was wirst machen, Mädel?" „Ich geh' mit dem Karl" 1 würgte Anni hervor, „ich muss ... ich gehör zu ihm ... ich liebe ihn!" „Ist gut", murmelte der Alte, „ist gut, Anni. In der Schrift steht: Du sollst Vater und Mutter verlassen und dem Manne nachfolgen! Es ist ein göttliches Wort und wir Menschen sollen daran nicht herum nörgeln. Geh, Anni! Gott soll dir beistehen!" Er legte seine Hand auf ihren Kopf, wie wenn er sie segnen wollte. Anni küsste ihm ergriffen die Hände. „Herr Leutgeb", sagte Karl merkwürdig beklommen, „ich verspreche ihnen, dass es die Anni gut bei mir haben wird. Tag und Nacht werde ich arbeiten, dass sie keine Not leiden muss. Vielleicht werden sie später einmal anders über mich denken". „Ja, ja", nickte der Alte, „das ist ihre Sache". Er ging fort, in sein Schlafzimmer. Die Mutter war erschrocken. Sie hatte die Entscheidung nicht so schnell erwartet und war nun fassungslos. „Gehst du wirklich?" fragte sie weinerlich und umarmte ihre Tochter. „Ja, Mutter", Sagte Anni. „Einmal muss es sein. Sollen wir noch so eine bange Stunde erleben? Kränk dich nicht. Der Karl ist jung und stark, ich hab' ihn gern und werde ihm helfen. In unserem neuen Leben wird immer ein Platz für meine alte Mutter sein!" Sie gingen... Die Mutter stand auf dem Gang und sah ihnen nach, bis sie im dunklen Torbogen verschwanden. Der Invalide Sawitsch lugte durch einen Riss im Vorhang. Er zitterte vor Freude ...... die Freude, die er empfand, war die traurigste Freude des Krüppels, der ausgeschlossen ist von Liebe und Lust. Sein brennendes Herz, war eine schwere Last, die er durch sein freudloses Leben schleppte. Er sollte nicht denken, denn wenn er dachte, zurück dachte an die Zeit, wo er jung und stark und ein hübscher Bursche mit gesunden Gliedern gewesen war, hatte er Lust, sich selbst zu zertreten. Alles was ein mörderisches Gemetzel von ihm übergelassen hatte. Dann rang er mit dem letzten Fünkchen Lebenswillen das nicht und nicht verlöschen wollte ...... „Wohin?" fragte Anni. Karl zog sie in seine Arme, „Zu mir, für immer und ewig!"

Mit Anni, kam Freude in die kleine Wohnung. Der alte Schediwy ließ sich alles haargenau erzählen. Wenn sein Herz auch voller Bitterkeit gegen den Dickschädel war, der ihn seit seiner Jugend gehasst und verfolgt hatte, so sagte er nichts um Anni nicht zu kränken. „Er und i haben uns getrennt", sagte er einsichtsvoll und versöhnlich. „Er dorthin und ich daher. Aber im Grund, haben wir zwei, dasselbe gemacht! Er hat sich verbohrt in seine Ideen und ist ein angesehener Bürger geworden, den sie ausgezeichnet und geehrt haben. I hab mich a in meine Ideen verbohrt, hab' gerade so wenig nachgegeben wie er, bin durch dick und dünn gegangen und hab darum, mein Lebtag keine gute Stunde gehabt. Na, ja wo ist da der Unterschied? möchtest du mich fragen: Er hat sich gestemmt und gestützt, dass er die Zeit aufhält und i hab geschoben und gedrängt, dass endlich einmal weiter geht. Ihm hat s nichts genützt, i aber darf mir einbilden, dass i doch ein bisschen mitgeholfen hab. „Siehst, Anni", sagte er geheimnisvoll, „das ist Schicksal. Die Menschen raufen, in dieser Welt und wissen nicht, wie s ausgehen wird. Die recht behalten, sind gut dran, aber sie sollten nicht überheblich werden. I trag deinem Vater nichts nach. Er ist in seiner Art ein Ehrenmann und wenn er manchmal ausfällig wird, andere Menschen nicht gelten lassen will, so ist seine Kurzsichtigkeit daran schuld". Er war stolz und glücklich. Er überhäufte Anni mit unbeholfener Zärtlichkeit und versuchte sie davon zu überzeugen, dass er ihr den Vater ersetzen konnte. „Doch noch ... i werde doch noch auf eurer Hochzeit tanzen!" rief er. „Das war immer mein größter Wunsch!" Er ging herum, als wenn er nie mehr einen Wunsch hätte. Karl hingegen überließ ihn nicht allzu lange dieser Festtagsstimmung. Er war nicht mehr alleine, er hatte Anni an sich gebunden und er sehnte sich danach, seiner Liebe Halt und Heim zu schaffen. „Ich brauche Arbeit!" sagte er. Die Mutter nickte. Ja, ja die Arbeit!

Der Alte lachte bitter. „Arbeit? Kannst du dich erinnern, wie schnell es damals gegangen ist, wie sich die Fabriken auf Kriegsbedarf umgestellt haben? Schnell, schnell über Nacht haben sie den Friedenskrempel weggeschmissen und haben Munition und Waffen gemacht. Hat s da einen Arbeitslosen gegeben? Na! Wer nicht gleich zur Heer musste, wurde in die Fabriken geschleift. I weiß noch, wie die armen Teufel in Zwischenbrücken froh waren, dass endlich eine Arbeit gehabt haben. Jetzt ist s aus mit der Munition. Jetzt stehen die ganzen mörderischen Werkeln. Glaubst du, dass sie morgen schon anfangen werden mit der Friedensproduktion? Glaubst du, dass die Millionen Soldaten, die von der Front zurückgekommen sind, übermorgen alle a Arbeit haben werden? Wie die Narren haben sie s getrieben, die großen Herrn. In den Krieg haben sie uns gehetzt, mit Lügen und Verleumdungen. Jetzt, wo alles kurz und klein geschlagen ist, machen s Frieden!! Da kommen s zusammen, in ihren schwarzen Röcken, sitzen auf gepolsterten Sesseln um an grünen Tisch und reden, wie wenn nichts gewesen wäre. Für die Arbeiter aber, die mit dem Leben davon gekommen sind, geht der Krieg erst an. Wir dürfen uns die Füße wundrennen, um ein Stückerl Brot!" Karl schwieg, es waren auch seine Gedanken, die der Vater da ausgesprochen hatte. Sie sprachen lange, das Problem aber, wie Karl Arbeit finden könnte, wurde nicht gelöst. Getrieben von dem brennenden Verlangen, Verdienst und damit die Grundlage eines neuen Lebens zu finden, durchsuchte er die Stadt. Er ging zu früheren Arbeitsplätzen, stand stundenlang in den Reihen der Männer, die sich überall drängten, wo zwei, drei Stellen zu vergeben waren. Nahm Gelegenheitsarbeiten an, schnitt Holz, schleppte Kohle und landete immer wieder bei den

Holzhütten, wo Schneeschaufler angenommen und bezahlt wurden. Wenn er genommen wurde, war er froh und stürzte sich mit Eifer in die Arbeit. Schlamm drang durch seine schlechten Schuhe, Eiswasser sog sich in den Hosen hoch und ließ ihn erstarren. Er arbeitete hastig und unermüdlich, um sich warm zu machen, hörte auch dann nicht auf, wenn die anderen der Partie zum nächsten Branntweiner flüchteten, um sich mit ein paar schlechten Schnäpsen die Illusion der Wärme und Zufriedenheit zu kaufen. Manchmal machte er zwei Schichten hintereinander. Von stummem Trotz erfüllt, schaufelte er tagsüber in der Mariahilferstraße und nachts auf dem Ring. Anni und die Eltern sahen mit Besorgnis den Raubbau, den er an seiner Gesundheit trieb. Aber sie wagten es nicht, mit ihm darüber zu sprechen. Wer gegen die Arbeit redet, redet für den Hunger. Sie konnten nichts tun, als sich auch eine suchen. Aber das war schwer!

Unsicher wie die politische Lage war auch die wirtschaftliche. Das Chaos der Wintermonate um die Jahreswende 1918 zog das öffentliche Leben in den tollen Strudel der Vernichtung. Man lebte von Tag zu Tag, sooft die Sonne aufging und die Welt mit dem diffusen Licht der Schneewolken erhellte, fand sie neue Not und neue brennende Fragen, die die vergangene Nacht gebracht hatte. Alles ruhte! Die spärlichen Lebensmittellieferungen, die Wien bisher von den nunmehr abgetrennten Provinzen erhalten hatte, hörten gänzlich auf. Die Fabriken, die Bahnen standen, denn man hatte keine Kohle. Die Straßenbahn fuhr nicht, die Straßenbeleuchtung wurde gelöscht. Das wenige Geld, das da war, verlor täglich seinen Wert. Über Nacht verarmten reiche Leute und verhungerten arme. In den Bahnhöfen und an den Bergestellen lag hochwertiges Kriegsmaterial zu gigantischen Haufen geschlichtet, dem Diebstahl, der Verschleppung und Verschleuderung preisgegeben. Der Wucher feierte Orgien. Die Aasgeier sammelten sich über der Stadt, hockten feilschend und schachernd in den Kaffeehäusern um die Börse oder spazierten, mit stolzer Miene der Sieger in Reitstiefeln und Pelerinen, in Feldgrau und Feldgrün durch die Kärntnerstraße. Geheime Schiebergesellschaften und interalliierte Kommissionen plünderten Österreich aus. Man fällte herrliche Wälder und schleppte sie fort, man suchte die neuesten Lokomotiven und Waggons aus und führte sie ins Ausland, man plünderte die Kunstgalerien, man sammelte das Nickelgeld in Kisten und schickte es irgendwohin, wo es scheinbar besser zu brauchen war als in Österreich. Man suchte in den Arsenalen nach geheimen Waffenbeständen und in den Nachtlokalen nach hübschen Wiener Mädchen. Man drohte und begehrte auf: aber man hatte auch Mitleid und verkaufte uns gegen Pfand und Schuldschein, Reste aus englischen und amerikanischen Heeresbeständen: schlechte Stoffe, stinkende Zigaretten und faule Konserven. Nach der „eisernen Zeit" des Krieges kam die blecherne des Corned beef.

In dieser Zeit war Arbeit seltener als Brot!

Anni ging mit ihrem Karl zu ihrem Schwager Johann. Der wusste schon alles, denn der Tratsch hatte es ihm zugetragen. „Na, dass ihr endlich gekommen seid s!" sagte er beleidigt. „I hab' schon geglaubt, Anni, du hast vergessen, dass du einen Schwager hast, der ein anständiger Mensch ist." „Hätten wir zu dir, betteln kommen sollen?" fragte Anni. „Ihr seid s Narren!" sagte er grob. „Sie entschuldigen schon, Herr Schediwy. Es ist doch eine alte

Geschichte, dass sich das Elend besser ertragen lässt, wenn mehr dran hängen. Schaut s euch um bei uns … Wir sind ganz leer. Die Verbrecher die das am Gewissen haben, möchte ich erwischen. I renn und mach … Nicht ein Bröserl ist zum auf treiben. Ja, ja man stellt sich alles anders vor, als es dann kommt. Morgen fangst an, hab ich mir gedacht, wie ich vom Leopoldsberg zurückgekommen bin. Von vorne habe ich anfangen wollen, das Geschäft wieder in die Höhe bringen. Jetzt muss i jeden Tag, Geld aus der Sparkassa nehmen, damit wir nicht verhungern. Wie lang, geht dieses Elend noch weiter?" „Kann es nach so einem Krieg anders sein?" fragte Karl Herr Übel nickte heftig. „Sie haben recht, i weiß!"

Sie gingen nach hinten in die Wohnung zur Frau Resi. Die sah recht schlecht und abgehärmt aus. Auch sie hatte so schöne Wünsche gehabt. Sie hatte ihren Johann, recht verhätscheln und verwöhnen wollen, damit er seine Kriegsstrapazen beim Herrn Hauptmann und dessen Tarockpartie vergisst. Niemand hatte gedacht, dass jetzt, wo der Krieg aus war, das Elend erst anfangen könnte.

Da war die Sorge um den kleinen Schani. „Wenn der nur gesund bleibt, an mir liegt mir schon nichts mehr!" sagte sie ständig. Dem Kleinen wurde alles hineingestopft, was sich auftreiben ließ. Gerade saß er mitten auf dem Tisch und biss in ein großes Stück Corned beef. „Ist das gut?" fragte die Tante. Schani nickte mit dem Kopf. „Ist Fleisch!" sagte er. Vater und Mutter sahen stolz auf ihn hinunter." So gescheit ist er! Nur dem Peter seine Bücher will er haben. Er wird gewiss einmal ein Professor!" Der Bub wusste genau, wenn man von ihm sprach. Da legte er das Gesicht in ernste Falten und benahm sich wie ein Erwachsener. „Werdet ihr bald heiraten?" fragte Frau

Resi. „Wir möchten gern", sagte Karl, aber es fehlt uns nicht weniger als alles dazu. Ich habe keine Arbeit und Wohnung haben wir auch keine. Ich finde vielleicht eine, wenn die Fabriken wieder aufsperren, sie müssen doch einmal anfangen. Ewig können wir nicht bei den Eltern wohnen. Eine Wohnung müssen wir haben!" Sie saßen beisammen und redeten von den selbstverständlichsten Dingen. Das Ziel war: ein Dach über dem Kopf, Arbeit, Sättigung und bescheidene Zufriedenheit. Herr Übel ließ keinen Blick von dem jungen Brautpaar. Er verstand nicht viel von Politik, er hatte erst in letzter Zeit begonnen ihr Aufmerksamkeit zu schenken. Aufgerüttelt durch die Unruhe die der Krieg in sein Leben gebracht hatte. Aber es war ihm, als sei das junge Brautpaar, die beiden, die sich gerne hatten und deren Liebe kein Obdach hatte, das Symbol des Staates und der Zeit. Die Hoffnung hielt sie aufrecht, die Jugend gab ihnen Kraft, die Liebe ließ sie die Entbehrungen ertragen. Er fand es tragisch und traurig, er zermarterte sich den Kopf, wie er ihnen helfen könnte. Auf einmal stand er auf und ging hinaus. Er holte aus dem Geschäft einen Schlüssel, sperrte im Hof eine Tür auf und ging in eine kleine Kammer, in der Kisten und Kartoffelsäcke herumlagen. „Ja, ja Miezi!" sagte er zu der Katze, die ihn mit lautem Rrrrau! Rrrrau! Begrüßte, schmeichelnd um seine Beine strich und ihn dann stolz auf ihre Katzenkinder aufmerksam machte, die noch klein und blind in ihrem Korb schlummerten. „Die Zeiten sind so schlecht und du kriegst Kinder! So ein Jammer!" räsonierte er „Aber lieb sind s, lauter Tiger! Bist brav Miezi!" Dann sah er sich im Raum um, griff mit der Hand an die Wände, klopfte herum, räumte die Kisten weg und schaute den Fußboden an. Er kratzte sich hinter dem Ohr, murmelte etwas in den Bart, ging zurück in die Wohnung und rief Karl heraus. Der kam sofort und fand Herrn Übel sehr verlegen an der Tür seines Kammerls stehen. „Wissen s ich hab eine Idee", redete er herum. „I hab mir gedacht, in der Not frisst der Teufel Fliegen! Schauen s ihnen einmal das Kammerl an ... glauben s könnte man daraus eine Wohnung machen? Es hat eh einmal jemand drinnen gewohnt, dann hab' ich es mir als Magazin genommen. Feucht ist s nicht. Ein Kamin ist da und ein Holzfußboden. Wenn man s ausräumt und ausmalt, neue Fenster einschneidet ... no, sind s nicht bös, dass i die Idee gehabt habe!" Das hatte Karl nicht erwartet, es war so, als hätte man ihm ein herrliches Schloss geschenkt. Er sah gleich, dass das Kammerl ein ganz wohnliches Zimmer abgeben könnte. Dort könnte der Ofen stehen, dort der Tisch und dort das Bett ... „Anni, rief er, „Anni, wir haben eine Wohnung!" Anni kam heraus, hinter ihr Frau Resi und der kleine Schani. Anni hatte Karl noch nie so freudig und aufgeregt gesehen. Am liebsten hätte er gleich mit der Arbeit begonnen, ja er vergaß in seiner Freude ganz den Wohltäter, der stumm dabeistand und seiner Frau zuzwinkerte.

Der alte Leutgeb lachte bitter, als er hörte, dass Karl und Anni demnächst heiraten und in ein Kammerl ziehen wollten. „So steigt sie hinunter ins Elend. Aus einem Schlössel in ein Kammerl ... ja, ja." Er dachte lange darüber nach, welches Schicksal seine beiden Kinder in das ärmste und elendeste Viertel Wiens verschlagen hatte. Er hatte fast Mitleid, Heimweh nach seinem Kind, das nicht mehr blond und fröhlich durchs Haus lief und ihm überall fehlte. Aber er kämpfte es nieder, machte es mit sich alleine aus, blieb standhaft, wie er sein ganzes Leben standhaft geblieben war. Sie soll warten, bis ich tot bin! Sagte er sich. Lange dauert s eh nimmer. Am Sterbebett werde ich ihr verzeihen, früher nicht! Dann kann s meinetwegen auch mein Geld haben. Es war ja immer für sie bestimmt. Da war das Haus und Kriegsanleihe im Wert von sechzigtausend Kronen. Auf diesen Beweis seines patriotischen Opfers war der alte Leutgeb stolz. „Es wird wenige Leute in Wien geben, die ihr ganzes Vermögen gezeichnet haben! Ich hab s gemacht, wie sich s gehört", sagte er oft und gerne. Es freute ihn, die schönen glatten Bogen vor sich auf dem Tisch aufzulegen. Es gab Menschen, die sich durch Börsenmanöver beirren ließen und den Kriegsanleihen Besitzern eine schwarze Zukunft prophezeiten. In letzter Zeit fingen sogar die Zeitungen zu unken an. Der alte Leutgeb lachte darüber. Er glaubte nicht daran, dass man sich einer feierlich eingegangenen Schuld so ohne weiteres entledigen dürfte und Staatsbürger um Hab und Gut bringen könnte. „Bis wir uns wieder erholt haben, bekommen wir alles mit Zinsen zurück!" sagte er zu seiner Frau, die darauf antwortete: „Wer s glaubt wird selig!" Karl und Anni arbeiteten indes an ihrem neuen Heim. Es wurde geputzt, gemalt und gescheuert. Schmutz und Spinnweben beseitigt, Kisten und Säcke in den Keller gebracht. Nur die Katze ließ sich nicht ausquartieren. Sooft man ihre Kinderstube woanders unterbrachte, trug sie Kind um Kind wieder in das Kammerl zurück, sagte sehr böse: Rrrrau! Rrrrau! Und war schließlich damit zufrieden, dass man ihr hinter dem neu aufgestellten Ofen ein Plätzchen einräumte.

Die Trauung fand im kleinen Zeremoniensaal des Rathauses an dem Februarsonntag statt, an dem das Volk der Deutschösterreichischen Republik zum ersten Mal seine

Repräsentanten wählte. Ergriffen hörten die Gäste die Rede des Standesbeamten an. Karl stand hoch und aufrecht da. Er sah mit festem Blick geradeaus, als hätte er deutlich das Bild der Zukunft vor sich. Anni, war von ergreifender Schönheit. Sie sah auf einen großen Strauß blutroter Nelken, den sie im Arm hielt. Ihr „Ja" Zitternd und freudig. Einer nach dem anderen trat mit seinem Glückwunsch hin: Karls Eltern, die Frau Karoline, Peter und Ernst Wagner, das Ehepaar Übel, der Invalide Sawitsch und der Darmwäscher. Vom Standesamt ging das junge Paar zur Wahlurne. Abends traf man sich wieder und jeder war so erregt, wie an diesem Wahlsonntag, ganz Wien. Dann gingen Anni und Karl Arm in Arm heim. Sie gingen durch den Abend eines großen Tages. Ihr kleines Heim empfing sie in strahlender Reinheit. Sie standen da und sahen sich um, freuten sich der behaglichen Wärme, die das Öfchen ausstrahlte, sahen die weißen Vorhänge, sie rochen den herrlichen Duft der Brautnelken ......!

„Anni!" – „Karli!" Sie küssten einander. Dabei fiel ihnen der heimliche Kuss am Gartengitter ein.

Auf der Landstraße war der Gemeinderat und Stehweinhallenbesitzer, als Kandidat durchgefallen. Aber er war darüber nicht erstaunt. Im Gegenteil! Er betrachtete die Niederlage seiner Partei als besten Witz des zwanzigsten Jahrhunderts und verkündete im Veteranenverein, mit lustigem blinzeln: „Nur keine Angst nicht, meine Herren! In an halben Jahr haben s abgewirtschaftet, die sogenannten Herren, die sich jetzt im Rathaus breit machen. Die Wähler hohlen uns, bürgerliche Mandatare zurück. Ihr werdet es sehen!"

16

Die Sitzung des Wiener Gemeinderates dauerte Stunden. Die Uhr zeigte Mitternacht. Heiß und dick stand die Luft im Saal. Es war eine uninteressante Sitzung, in der die Zuhörer nicht auf ihre Rechnung kamen. Es gab keine erregten Debatten, kein Weltanschauungs-Gewitter, nicht die großen Kanonen der Parteien wurden ins Treffen geführt. Pflichterfüllung, die lediglich darin bestand, anwesend zu sein, den Ausführungen zu lauschen und über ihre Anträge abzustimmen, hielt die Räte an ihren Sitzen fest. Dennoch hatte das den Gemeinderat nicht gelähmt, seinen zähen Willen zur Arbeit nicht unterbrochen. Peter Tichy saß auf der Galerie und sah in den Saal. Es war ihm gelungen, eine Eintrittskarte zu erhalten. Ein Galeriebesucher nach dem anderen ging, denn es war spät. Peter aber blieb sitzen. Die gewaltigen Summen, die da genannt wurden, die großen Projekte zum Wohl der Stadt und ihrer Bewohner, die hier in sachlichen Berichten dem Stadtparlament unterbreitet wurden, lösten in ihm ein tiefes Glücksgefühl aus, als sollte das alles seinetwegen geschehen. Er empfand wieder, wie schon so oft, wie sich hier in Wien, der Einzelne mit der großen Menge verbunden fühlte. Er horchte auf! Unten wurde von Erdberg gesprochen, vom armen, alten, vergessenen Erdberg, das Jahrhunderte abseits der Straße gelegen war. Nicht vom Erdberg der Gemütlichkeit und der Wiener Lieder, nicht vom Erdberg der guten, alten, frommen Zeit, sondern von baufälligen Häusern, vom

Rattenparadies und den Seuchen. Es wurde beschlossen, dieses Erdberg zu erneuern, abzuladen vom Gewissen Wiens, das so lange untätig war.

Erfüllt von Stolz und Freude ging Peter durch die stillen Gassen heim. Er war nun achtzehn Jahre alt und hatte niemanden mehr als seine Pflegeeltern, denn auch seine Mutter, war aus der Dämmerung des Irrsinns hinübergewandelt in die Nacht des Todes. Peter erinnerte sich ohne Schrecken an die Vergangenheit. Die kleine Parterrewohnung, in der die Großmutter schaltete und waltete. Wie oft er ausgerissen und hinaus auf die Gasse gelaufen war, zu seinen Spielkameraden. Er hatte das Bild seines Vaters vor Augen und den Kampf, den er gegen das Schicksal gekämpft hatte. Die Litfaßsäule mit der Mobilisierungskundmachung, der Abschied, die bangen Tage der ersten Kriegsmonate, die Nachricht von seinem Tod, die dadurch nicht gemildert wurde, dass es ein Heldentod war. Peter sah alles, alles! Die Bilder seiner Kindheit, huschten vorüber und verschmolzen langsam mit der Gegenwart! Wohin im Leben? In diesem Jahr noch würde er das Gymnasium verlassen, zugleich mit seinem Freund Ernst. Bis dahin musste er einen Entschluss fassen. Langsam und versonnen wanderte er durch die engen Gassen der Inneren Stadt der Landstraße zu. Der Märzwind blies, erfüllt von Frühlingsahnung und verzehrte gierig die Pfützen, die ein kurzer kalter Regen zurückgelassen hatte. Peters Lodenmantel, ein altes, abgeschabtes Stück, blähte sich wie ein Segel. Er zog ihn nicht an sich, sondern freute sich darüber. Er hob das glühende Gesicht in den Wind, dessen Kühlung so wohl tat und erfrischte. Bald lag das stille Rathausviertel hinter ihm. Hier, im Zentrum der Stadt, lockten da und dort, bunte Lichtreklamen der Nachtlokale. Betrunkene Männer und grell Geschminkte Weiber, in der lächerlichen modischen Kleidung, die diese Zeit der Spekulation und des moralischen Abstieges hervorgebracht hatte, daher, rauflustig, geil, schamlos. Bar um Bar, spie nobles Gesindel aus, das Nacht für Nacht den fragwürdigen Reichtum verprasste, der am Tag zuvor gewonnen war. Das Geld, um das man heute eine Flasche Sekt kaufen konnte, reichte morgen nicht mehr für ein bescheidenes Mittagessen. Das Volk aber bangte und hungerte, verstand nicht, wohin das führen sollte. – Inflation! –

Peter sah, las und hörte es täglich. Dort, wo er zu Hause war, verfolgte man die Vorgänge auf dem Tanzboden des Irrsinns, zu dem das Nachkriegseuropa geworden war. Er hörte mit Interesse die Meinung des alten Schediwy. Er ballte die Hände vor Zorn und machte schnellere Schritte, um in die Welt zurückzukehren, in der er zu Hause war. Zur Erdberger-Welt. Nichts hatte sich dort verändert, seit der Krieg zu Ende war. Noch roch es nach Armut und Elend. Deutlich hörte er wieder die Worte des Redners im Gemeinderat. Erdberg, das alte, verschlafene, vergessene Erdberg, war entdeckt worden. Peter wohnte nicht mehr bei seinen Pflegeeltern. Schani, den man immer noch den „Kleinen" nannte, war größer geworden. Er war dem Wäschekorb, der seine Wiege war, entwachsen und hatte herrisch nach Peters Schlafplatz auf dem Sofa verlangt. Die Wohnung war zu klein. Peter sah es ein, die Familie Übel sah es ein und die lieben Nachbarinnen machten ihre Bemerkungen dazu. So geschah es, dass um Peter plötzlich ein heftiger Kampf entbrannte. Die Frauen Schestak und Voglhuber rissen sich um ihn. Jede hatte ein Bett frei und jede wollte den jungen Studenten haben. Auch die Männer mischten sich drein. Der alte Schustermeister Schestak flehte und lockte aus seinem Kleisterloch, denn er wollte Peter, den einzigen Menschen, der seine philosophischen Verse zu würdigen wusste, nicht an den Sicherheitswacheinspektor Voglhuber abtreten, der in seinen Augen ein Vertreter der rohen Staatsgewalt und ein gemeiner Streber war. Voglhuber hingegen wünschte Peter aus ganz anderen Gründen zum Zimmerherrn zu bekommen. Er fühlte sich einsam. Die Schar Kinder, die seine Frau ihm geboren hatte, war längst in alle Winde zerstreut. Wenn er am Abend aus dem Dienst heimkam, den Säbel abschnallte und seine schäbige Weste anzog, da sehnte er sich nach einem gescheiten Gespräch. Der Sicherheitswacheinspektor, war ganz verändert vom Militär heimgekommen. Er kannte sich selbst nicht mehr. Irgendetwas, gärte und kochte in ihm, etwas war in ihm zerbrochen und nicht einmal die Uniform vermochte ihn aufrecht zu halten. Früher! Man brauchte nur ältere Leute zu fragen, wie es früher war, vor dem Krieg. Da gab es in Erdberg und in den Auen keinen schrecklicheren Ruf als: „Der Voglhuber kommt!" Da machten sich die Obdachlosen schleunigst aus ihren Notquartieren davon, da ließen die Taxler ihre halbvollen Krügeln stehen und suchten das Weite, da nahmen die Pülcher die Klappmesser aus den Rockärmeln und machten Gesichter, so fromm wie Chorknaben. Wenn Flüche Steine wären, wäre er schon lange tot. Flüche aber sind nur Worte und darum lebte er noch.

Jetzt ertappte er sich dabei, wie er Obdachlosen gute Ratschläge gab, wo sie Unterkunft finden könnten und einmal hatte er sogar einem alten Bettler, statt ihn zu verhaften, ein Almosen gegeben. Das sprach sich natürlich herum und lockte allerhand fragwürdige Existenzen in seinen Rayon. Er empfand deutlich den Wandel in seinem Wesen, aber es war ihm nicht klar, warum? Er hatte schon mit Karl darüber gesprochen. „Es ist die neue Zeit, der neue Wind, der auch durch euer finsteres Wachzimmer weht. Ihr spürt endlich, dass auch der Polizist ein Mensch ist und kein zweibeiniger Jagdhund. So wie ihr, von der Sicherheitswache euch die Anerkennung der Bürger er-kämpft habt, wollt ihr auch die armen Teufel, mit denen ihr zu tun habt, höher achten als früher. Ihr wollt Freunde des Volkes sein und nicht Schergen und ausführende Organe einer kleinen, aber herrschsüchtigen Klasse. Das verstand der Voglhuber beinahe und es erwachte in ihm das Interesse an den Vorgängen des öffentlichen Lebens und der Demokratie. Früher war der Tagesrapport der Polizeidirektion das Programm seines Lebens gewesen, jetzt horchte er auf den Tagesrapport der Welt. Er stellte es sich so schön vor, abends mit Peter beisammen zu sitzen und plaudern zu können und Gedanken über die Ereignisse des Tages auszutauschen. Die beiden Frauen hingegen hatten vor allem die materielle Frage: Das Quartiergeld, im Auge!

Die freie Bettstelle der Frau Schestak war nur durch eine dünne Bretterwand von der Werkstätte getrennt, die der Frau Voglhuber aber hatte ein Kabinett. Darum siegte sie und Peter zog mit seinen Büchern ein. Für ihn war es ein Ereignis. Er fühlte sich selbständig, reifer und stürzte sich in dem Raum, den er ganz alleine hatte, mit neuem Eifer in sein Studium. Ein Umstand aber störte das Vergnügen seiner Selbstherrlichkeit: der Käse der Frau Voglhuber. Aller Gestank der Welt schien sie in ihrem

Topf auf der Küchenkredenz vereint zu haben. Erst ist es Topfen, dann wird es sauer, fängt zu gären an und durchzieht das ganze Haus mit seinem furchtbaren Gestank. Durch die Türspalten zog es herein, sog sich überall fest, an Kleidern, Büchern und Bettzeug. Peter und Herr Voglhuber waren dagegen machtlos, denn die Frau Hausbesorgerin lebte und starb für ihren Käse. Wenn er aufgegessen war, setzte sie neuen an. Peters Freunde, die ihn gelegentlich besuchten, lachten zwar über den sonderbaren Duft, aber er wusste, dass es ihnen furchtbar unangenehm sein musste, darin länger zu bleiben. „Komm, wir machen einen Spaziergang!", schlugen sie dann vor, nur um fortzukommen. Ernst Wagner nannte den Topf, Gasgranate und schlug vor Sie in ein Kriegsmuseum zu schaffen. Klara, die so verständig war, überging ihn mit Schweigen und Gretl, die oft schön und elegant hereinwirbelte, schlug jammernd die Hände zusammen und hielt sich mit ihrem parfümierten Taschentuch die Nase zu: „Peter! Peter!" Darauf konnte er nichts sagen als: „Bitte um Entschuldigung! Ich bin hier Untermieter und kann den Käsetopf nicht von der Kredenz schießen!" Auch jetzt, als er aus der Nachtsitzung des Gemeinderates heim kam, erfüllt von der frischen Frühlingsluft, spürte er beim Betreten des Hauses sofort wieder den Duft.

Mondlicht erfüllte den Hof und warf schwarze Schatten über das Pflaster. Dunkel, wie große starrende Augen lagen die Fenster der Wohnungen. Auch drüben bei Schediwys. Der Wasserhahn tropfte leise. Peter blieb eine Weile stehen und schaute zum Nachthimmel auf. Er wölbte sich so hoch und unendlich weit über das kleine Haus, das sich ängstlich in die Reihe der anderen duckte. Über das alte, schlafende Erdberg, über die Stadt, über die Welt. Die Unendlichkeit war das Gegengewicht zum Käse der Frau Voglhuber, dessen Geruch über die Erde kroch. Einmal würde alles verschwinden, der Käse, das alte Erdberg und tausend Sorgen, tausend Leiden und tausend Schändlichkeiten. Das Firmament aber würde bleiben, triumphierend über die Veränderungen und würde neue Menschen mit neuen Sehnsüchten erfüllen. Das wusste Peter und darum liebte er es.

Am nächsten Tag gab er sein Wissen preis und versetzte damit die Gasse in Aufregung. Ungläubig hörten die Menschen zu. Gebaut sollte werden? Wohnhäuser für die armen Leute in Erdberg? Im Geschäft des Herrn Übel sprach man davon, obwohl man es nicht glaubte. Man sprach davon wie von einem Witz, dessen Zweck es ist, die Menschen zum Lachen zu bringen oder einer Geschichte, die einem gruselig über den Rücken rinnt. Aber man glaubte nicht daran. Wieso denn auch? War das Volk nicht stets mit Versprechungen abgespeist worden. War es nicht gewöhnt ausgebeutet zu werden, hatte es Je eine Wohltat erhalten, die es nicht mit seinem Schweiß bezahlen musste? War das Gefühl der Masse jemals hinausgegangen über den Wunsch der Rache? Die Rache war gekühlt! Man hatte die Herrn an die Luft gesetzt, die Kaiser und Könige, Minister und Generale, aber man wunderte sich, dass ihre Plätze, nicht wieder von Neuen Herrn eingenommen wurden und das alte Spiel von vorne begann. Man wunderte sich, dass in Erdberg für das Volk gebaut werden sollte, wo seit Jahrhunderten, kein Stein verrückt worden war. Man glaubte es nicht!!

Herr Übel stand wie König Salomon der Weise zwischen den aufgeregten Frauen, trat von einem Fuß auf den anderen, weil jetzt im März die Hühneraugen Hochsaison hatten und sagte mit diplomatischer Überlegenheit: „Wir werden s ja sehn, warten wir s ab!" Das war weise und klug! Die Frauen merkten es sofort und trugen diese Meinung in die Welt, zwischen Erdberger Lände und der Hauptstraße: „Es soll gebaut werden. Wir werden s ja sehn! Warten wir s ab!" Herr Übel persöhnlich zweifelte nicht daran. Er zweifelte überhaupt an nichts mehr. Die letzten Jahre hatten seine Vorurteile gründlich beseitigt. Die Not, durch die er gegangen war, hatte ihn zum Lebensbejaher gemacht. Er fühlte sich glücklich in seiner Familie und kam sich als Beschützer des häuslichen Herdes vor. Da war seine Frau Resi, gesund und sauber, da war der kleine Schani, ein rechter Mistbub, um den ihn die ganze Gasse beneidete, da war Peter, der Student, sein besonderer Stolz, weil er ihn doch seiner Zeit aufgenommen und groß gezogen hatte. An manchem Sonntag kam auch Anni mit ihrem Mann zur Jause. Da saß er wie ein Pascha am Kaffeetisch und griff mit geübter Hand nach dem größten Stück Gugelhupf, mit den meisten Rosinen. Bei solchen Gelegenheiten fielen ihm manchmal seine Helden ein, von deren Abenteuern er früher so gerne gelesen hatte: Achilles, Odysseus, Herakles. Dann gab er die Geschichte von Herrn Stowasser und dem Herrn Pfarrer zum Besten und wie er den Schani auf einen heidnischen Namen hatte taufen lassen wollen. „Weist Karl, da ist einmal ein Odysseus gewesen", sagte er, „Der Odysseus hat eine Irrfahrt gemacht. Er ist am Meer herumgefahren und hat nicht heim gefunden. Sei Frau, die Penelope, ist zu Hause auf ihrer Insel gesessen und hat einen Teppich gewebt. Ogodogod! Hat s immer gedacht, wenn er nur heim kommt, der Odysseus. Richtig, er ist gekommen und hat a rechte Sauwirtschaft gefunden, wie er so plötzlich gekommen ist! Da hat er sich die Ärmel auf gestreckt und hat aufgeräumt. Sag, Karl ist es uns nicht genauso gegangen? Haben wir geglaubt, dass wir uns noch einmal erfangen werden? Nix ist uns von früher geblieben. Ich hab dort im Kastl ein Sparbuch vom Kreditverein liegen. Dreitausend Kronen! Nicht einmal eine Zigarre bekommt man heute dafür. ...und wie mein Geschäft ausgeschaut hat ... „Jessas, Johann red' nix davon!" bat die Frau Resi. Aber er ließ es sich nicht nehmen, fortzusetzen: „Nix hat s gegeben wie einen stinkenden Maisgries, an sauren Powidel und a ranzige Kondenzmilch. Nein, mein Lieber, das hab i nicht vergessen, das werde i mein Leben lang nicht vergessen und wenn i hundert Jahre alt werde. Wie dann das Corned beef gekommen ist, war s besser. Und heute? Heute bekommst wieder was du willst! An Emmentaler, eine Salami, a Presswurst, Schokolade ...‟

Karl hörte ihm schweigend zu. Er lauschte den Gedankengängen des einfachen Mannes, der die Probleme des jungen Staates mit gesundem Hausverstand betrachtete. Es war für ihn interessant, zu erfahren, wie ein naiver, ungeschulter Geist, aus dem das Volk sprach, die Inflation zu bekämpfen wünschte. „Hör zu, Johann, was du da sagst: Steuern und Kriegsgewinne, Vermögen ins Ausland schleppen, Vermögensabgabe, Enteignung des Kirchenbesitzes, Reform des Steuerwesens und der Finanzgebarung ... schön! Es ist klar, dass der Staat, um Werte zu gewinnen, hin greifen muss, wo Werte sind, Werte, die aus der Not des Volkes gewonnen wurden und nun wieder dazu dienen sollen, neue Katastrophen für das Volk vorzubereiten. Sag mir: Wer soll das machen? Unsere bürgerliche Regierung?" „Nein", meinte Herr Übel ganz perplex, als hätte er diese Frage noch niemals in

Erwägung gezogen, „die macht das nicht, die ist ja selbst mit im Bandel!" Dann hieb er mit der Faust auf den Tisch, wie von einer plötzlichen Wut gepackt, dass die Kaffee-Häferln klirrten.

Furchtbar war für den alten Leutgeb der Tag, an dem es ihm endlich klar geworden war, dass die schönen Kriegs-anleihebogen, die er so gerne vor sich auf dem Tisch aus-gebreitet hatte, nicht mehr Wert hatten wie die Hobelspäne in seiner Werkstatt. Die Mühe und Plage seines Lebens war umsonst gewesen. Er hätte ausrechnen können, wie viele tausende Male er frühmorgens aufgestanden und spät abends, zu Bett gegangen war, getrieben von Fleiß. Warum? Damit er den Lohn dafür auf Nimmerwieder-sehen einem Staat borgen durfte, der ihn verschleuderte wie ein Spekulant. Es dämmerte in seinem Hirn, aber es tagte nicht. Noch immer war das Kreuz über dem Bet-schemel seine Zuflucht und der Himmel seine Hoffnung. Sein Starrsinn hielt ihn aufrecht. Er band seine grüne Schürze um, stieg in seine Werkstatt und begann von vorne. – Anni besuchte ihn oft! –

Das Unglück, das über den alten Mann gekommen war, aber auch das gütige Zureden der Mutter hatten ihn wieder milder gestimmt. Wie von Todesahnung getrieben, strebte er danach, sich mit der Welt und den Menschen zu versöhnen. Die alte, abgegriffene Bibel, die er einst zur Firmung bekommen hatte, trug nun stets im Brust-latz seiner Schürze. Oft, wenn er von der Arbeit müde war, setzte er sich auf einen seiner Särge, um darin zu lesen. Immer war es die Bergpredigt, die er las. Wenn Anni kam, lebte er auf. Sie war ja sein Sonnenschein ge-wesen, der das Schlössel erfüllt hatte und von ihm selbst vertrieben, fort gezogen war. Er saß bei ihr, betrachtete sie verstohlen und wunderte sich, wie ernst und fraulich sie geworden war. Ja, sie hatte Recht gehabt, dass sie fortgezogen war, denn hier war das Elend eingekehrt. Das Haus verfiel! Seit vielen Jahren, war nichts ausgebessert worden. Dort bröckelte die Mauer ab, dort rostete eine Dachrinne, oben auf dem Dach, faulten die Schindeln. Es mangelte an Geld, um die Schäden zu beheben. Wie schuldbewusst saß der Alte vor seinem Kind. Alles vertan, alles hin ... nichts würde er hinterlassen können. Er schämte sich, seiner Armut! Der Karl Schediwy, hat s gut! dachte er dann. Der ist jung und kann hin hauen. Er weiß warum! Ich hab s auch einmal gewusst und heute bin ich ein Bettler. Er hegte keinen Groll mehr gegen seinen unerwünschten Schwiegersohn, denn er war ein fleißiger Arbeiter und seiner Anni ging s gut. Manchmal wünschte er sogar, dem Mann, der sein Mädchen glücklich gemacht hatte, die Hand zu drücken. An dieser Hand aber klebte Blut. So deckte er alles mit dem Mantel des Schweigens zu, übersah ihn, sprach nie von ihm. Manchmal aber, wenn sie in langen Nächten munter waren, gelang es Mutter ihn auszuhorchen. Da brach das Leid jäh aus seiner röchelnden Brust. Er sah das Unrecht ein, das er dem alten Schediwy angetan hatte, er gab zu, die neue Zeit nicht zu verstehen, er fand an Karl keinen Makel, als den, dass er ein Mörder war. Darüber kam er nicht hinweg, das verbitterte ihm das Leben. Anni ahnte es. Sie kannte ihren Vater viel zu gut, als dass er Karls Ehrenhaftigkeit nicht gewürdigt hätte. Die Versöhnung aber blieb aus, sosehr sich Mutter auch bemühte.

In diesen Tagen traf Anni einen alten Bekannten wieder. Sie kam gerade von einem Besuch bei ihren Eltern zurück und ging traurig zu ihrer Wohnung, als sie rufen

hörte: „Fräulein Anni!" „Sie ... Herr Hauptmann Rienößl?"
Der ältliche Herr mit dem Bäuchlein und der roten Nase,
auf der jetzt eine moderne Hornbrille saß, zog den Hut
und schwenkte ihn. „Ja, i bin s „! Rief er freudestrah-
lend. „Das ist ein angenehmer Zufall!" „Wie kommen sie
hier her?" Er wurde ein wenig verlegen, drehte den neu-
en Hut in der Hand, wusste nicht recht, ob er ihn auf-
setzen sollte, oder nicht. „Ich hab meinen alten Freund
Übel besuchen wollen ... Und sie natürlich auch, Fräulein Anni!" sagte er. „Mein Gott, wie oft hab ich an sie
gedacht und an unsere Unterhaltung am Leopoldsberg.
Erinnern sie sich nicht mehr?" „O doch! Mein Schwager
spricht oft von ihnen. Na, der wird schauen, wie elegant
sein Hauptmann geworden ist." Er sah geschmeichelt an
seiner Figur hinunter. „Finden s mich wirklich elegant?"
fragte er zaghaft. „Wie ein Schieber!" lachte sie. „In was
machen wir denn ..., In Autoreifen, Kunstgegenständen
oder Valuten?" „In gar nix!" stellte er beleidigt fest. I bin
a alter Wiener, für mi ist die Schieberei nix. Wenn ich s
probieren tät, wäre ich gleich im Gefängnis!" Anni lud
ihn höflich ein, ins Haus zu kommen. Der Herr übel aber
war gerade nicht zu Hause, so bat sie ihn zu sich. Nun
saß er ein wenig unbeholfen in dem Anzug, der ganz neu
war, wippte aufgeregt mit den Knien, dass die Schuhe
knarrten. Seine munteren Äuglein wanderten im Zimmer herum und blieben immer wieder auf dem Bücherbrett mit der Victor-Adler-Büste hängen. Anni brachte
Teeschalen und hantierte am Spirituskocher. „Also, sie
glauben, ich bin unter die Schieber gegangen?" fing er
wieder an, nachdem er sie bewundernd beobachtet hatte. „Das war doch nur Spaß!" berichtigte sie. „Na, freilich, aber ich kann das nicht auf mir sitzen lassen. Und

dann lassen s den Hauptmann weg. I bin doch kein Militärgigerl, der sich mit seine Heldentaten groß macht? Sagen s Rienößl zu mir, oder wenn sie wollen Pepi!" Anni lachte hell auf. Er sah ein, dass sein Vorschlag etwas unschicklich gewesen war. „Haben s noch nix vom Pepi-Wirt in Mariabrunn gehört?" fragte er schüchtern. „Ein Gastwirt sind sie geworden?" sie war überrascht. „I kann nix dafür!" sagte er ehrlich." Ich bin dazu förmlich gezwungen worden, i hab in Mariabrunn ein kleines Haus, das wissen s doch?" „Nein, das wusste ich nicht!" „No, so sag ich s ihnen jetzt. Das Haus liegt grad an der Linzerstraße. Wie der Krieg aus war, hab ich mir gedacht, jetzt sattelst um! Sie waren auch schuld daran! Ich hab nicht vergessen, was sie mir am Leopoldsberg gesagt haben. Mit der guten alten Zeit ist s vorbei. Das Geschichtenschreiben hat mich nicht mehr gefreut. Ich bin mir wie ein Totengräber vorgekommen, wenn ich von den Schusterbuben, von den Fiakern und von den Wiener Früchterln geschrieben habe. Das ganze alte Zeug hat nicht in die neue Zeit gepasst. Wies mich nicht mehr gefreut hat, hab i gesagt: Weißt was Pepi, machst vor deinem Haus eine Benzinstation auf. Wie die Pumpen gestanden sind, ist der Wirbel losgegangen. Da sind s angesaust gekommen, mit ihren Schnauferln und eins, zwei, drei war i unter den Fahrern eine Berühmtheit. Den Benzin-Pepi von Mariabrunn haben sie mich genannt und gefahren sind s mit „Pepizin".Du solltest ein Wirtshaus aufmachen, haben s gesagt, wo man was zum Essen kriegt und sich waschen kann, bevor man in die Stadt hinein fährt. Keine schlechte Idee, hab ich mir gedacht. Wie s nicht zum sekkieren aufgehört haben, bin ich um die Konzession gegangen. Jetzt hab ich einen Gasthof – tadellos, mit ein paar lieben Fremdenzimmern. Hendeln und Enten hab ich auch. Daneben ist eine Garage gebaut worden mit einer Reparaturwerkstätte. Sehr gemütlich ist s bei mir, sehr gemütlich! Jeder sagt s. Sogar im Ausland wissen s davon. Neulich ist über mich, in einer französischen Zeitung was gestanden. Nur einen Haken hat die Geschichte ... die Frau fehlt!" Er sah scheu und betrübt vor sich hin. „Eine Frau wird sich doch finden, wenn alles da ist!" meinte Anni. „Das schon, wenn ich nicht so wählerisch wäre. Wenn man einmal a bestimmte Vorstellung von einer Frau hat, die einen glücklich machen könnt, wenn man jahrelang an ein bestimmtes Mädel denkt und glaubst ... Da könnten alle anderen auf einem Servierbrett liegen, man schaut sie gar nicht an." Er nahm die Brille ab und putzte sie heftig.

„Schaun s, Fräulein Anni, mein ganzes Elend ist, dass i so allein bin. Ich bin kein schlechter Mensch, manchmal spüre ich sogar edle Regungen. I bin kein dummer Mensch, hab' was gelernt und kann über alles Mögliche reden. I bin nicht begriffsstützig und hab mich schon an die neue Zeit gewöhnt. Nur verschlampt bin i, total, innerlich, wissen s, weil i halt niemanden hab, des mich ein bisschen halten tät. I hab oft an sie gedacht, was sie machen und wie s ihnen geht. Kommen hab ich wollen und sie suchen X-Mal schon. Heute ... Ich weiß nicht wie ich s sagen soll. Sie sind doch so a gescheites Mädel,...ihnen kann man doch nichts vor machen ... wollen s ... wollen s ..." Anni hob bittend die Hände „Jetzt haben s mir ein Kompliment gemacht, das ich gar nicht verdiene. Ich bin nicht gescheit, sie hätten sich das alles ersparen können, ich bin eine ganz dumme Person. Wenn ich doch gescheiter gewesen wäre. Ich bin verheiratet. Ja, seit dem Neunzehnerjahr ..."

„So?" sagte er betroffen, „so, so! Sind sie glücklich?" „Ja!"
„Na alsdann!" nickte er, „na alsdann!" Da bist du zu spät
gekommen, Pepi! Dachte er still, sah im Geist den Gasthof mit den Fremdenzimmern vor sich und radierte darin
eine blonde Frau aus, die seine Phantasie hineingesetzt
hatte. Dann kramte er aus seinen Gedanken, die Witwe
nach einem Oberlehrer heraus, die dort in Reserve gewartet hatte. ...... „Sind s nicht böse Frau Anni", bat er,
„es war die erste fixe Idee in meinem Leben und es wird
bestimmt die letzte sein. Reden wir nicht mehr darüber.
Reden wir von meinem alten Freund Übel!"

Der war inzwischen zurückgekommen und vollführte
wahre Freudentänze um den unerwarteten Besuch. Bald
darauf hörte man es aus der Greißlerwohnung nur so
kleschen. Da saßen die beiden und der Voglhuber, den
man geholt hatte, bei einer hitzigen Tarockpartie. Der
Pepi-Wirt von Mariabrunn machte sich erst spät auf
den Heimweg und überlegte dabei den Brief, in dem er
gleich morgen früh der Oberlehrers-Witwe eine lange
Mitteilung machen wollte. „Ist eh besser", sagte er ganz
laut vor sich hin, dass alle Fahrgäste der Straßenbahn
die Köpfe nach ihm drehten. Sie ahnten nicht, dass der
sympathische ältere Herr, einen Punkt hinter einen ver-
späteten Traum setzte.

17

Die Familie Wagner wohnte noch immer am Arenbergring, obwohl der Herr Regierungsrat nicht mehr Leiter des Bezirkskommissariats war, sondern im Präsidium am Schottenring saß und täglich seine Ernennung zum Hofrat erwartete. Peters Freundschaft mit den Geschwistern Ernst und Gretl und Klara Neubauer war in den Jahren der Reife fester und inniger geworden. Die vier jungen Menschen, die aus verschiedenen Welten stammten und durch Zufall, zusammengeführt worden waren, schlossen ein Bündnis, dessen Zweck es war, alles gemeinsam zu erleben. Die Gegensätze zwischen Ernst und seinem Vater hatten sich verschärft, denn beide entfernten sich immer mehr in verschiedene Richtungen. Oft hatte Peter in vertraulichen Gesprächen mit Klara und Gretl die Frage nach dem Grund dieser Entfremdung aufgeworfen. „Sie mögen einander nicht, haben einander nie gemocht ... darum", entschied Gretl mit schnellem Urteil. Klara hingegen, die Ernst liebte und tiefer in seine Seele sah als die Schwester, schüttelte den Kopf. „Nicht deshalb, Wir haben es nicht mit Antipathie zu tun. Sondern mit dem Gegensatz zweier Geistesrichtungen!" „Gut! Das kann stimmen, wir beginnen die Welt zu verstehen und schlagen uns auf die eine oder andere Seite!" rief Peter. „Natürlich, vor fünf oder sechs Jahren haben wir alle, am wenigsten Ernst, eine Ahnung von Geistesrichtungen oder politischen Zwiespalt gehabt. Auch damals schon ..." Klara ließ sich nicht aus der Fassung bringen. „Gewiss auch damals schon!" erklärte sie. „Damals, hat Ernst unbewusst, einen Widerwillen gegen die Kaste, aus der er kommt, gehabt. Dieser Geist ist ein geheimnisvolles, überaus interessantes Wesen. Er wird mit den Kindern geboren, die einmal in seinem Sinn später wirken sollen. Du siehst es heute überall. Da gibt es unzählige der sogenannten hochachtbaren bürgerlichen Familien, die ihre alten Familienbilder an den Wänden hängen haben und aus Tradition konservativ sind. Sie haben ihre Kinder im Geist ihrer Klasse erzogen und alles getan, um sie dem Einfluss „von unten" zu entziehen. Schau, wo diese Kinder heute sind und wer sie gelehrt hat: Es gibt ein größeres Glück, als den Despotismus einer kleinen Oberschicht zu stützen. Die Kinder des Bürgertums werden im Mutterleib mit dem sozialen Fortschritt infiziert, gegen die nur degenerierte Gehirne immun sind. Ernst kann nicht anders. Ich weiß es, er hat den ehrlichen Willen, einen offenen Bruch zu vermeiden. Wichtiger aber, als ihn zu beeinflussen, wäre es, die Engstirnigkeit seines Vaters zu brechen!" Während sie so beisammen saßen und über das Schicksal ihres Freundes redeten, beschäftigte sich auch der Herr Regierungsrat mit dem Problem, das seinen Familienfrieden wieder und immer wieder störte. Er hielt sich selber für äußerst liberal in allen Dingen der persönlichen Freiheit, soweit sie seine Gesellschaftsklasse betraf. Es war ihm aber dabei entgangen, dass er sich aus der Objektivität seines Beamten-Daseins in die krasseste Subjektivität begeben hatte, die heute der offizielle Kurs der Behörde war, welcher er diente. Auch hier waltete der geheimnisvolle Geist, nur war der Bazillus, der ihn erregte, ganz anders. Er rief bei den Befallenen, Wut über das arbeitende Volk hervor, das es gewagt hatte, im Staat zu bestimmen und sich nicht vertreiben lassen wollte. Der Bazillus hat keinen Namen, die Seuche aber, die er hervorruft, wird Reaktion genannt!

Der Herr Regierungsrat war ihm verfallen!

Im Präsidium sah man das gerne. Man nannte ihn „tüchtig" und „verlässlich", vergaß nebst vielen anderen „Schnitzern", die er gemacht hatte, die Blamage mit dem Deserteur und Mörder Schediwy in Erdberg und hatte schon den schönen, weißen Bogen bestimmt, auf dem ihm seine Beförderung mitgeteilt werden sollte. Umso mehr ärgerte es ihn, dass er seinen Pflichten oft durch häuslichen Zwist entzogen wurde. Früher waren ihm oft Zweifel gekommen, ob er in seiner Vaterliebe nicht zu weit gegangen war. Ob er nicht durch ewiges Nörgeln und Drohen den Charakter des Sohnes verdorben hätte. Er hatte sich in seinem einsamen Witwerdasein nach dem Verständnis einer Frau gesehnt und sich in jäh auf-flackernder Leidenschaft an Klara Neubauer gewendet, an dieses Mädchen mit dem reifen Geist eines Weibes. Später war er davor zurückgeschreckt, in die zerrissene Familie eine Tragödie zu bringen. Sosehr jede Faser seiner Männlichkeit nach Klara verlangt hatte, sosehr begann er jetzt das Mädchen zu hassen. Denn auch in Klara spürte er den Wiederstand gegen sich und seine Welt, eine neue, zähe, unbeugsame Kraft, die überall lebendig war und ihn erschreckte und irritierte. So hatte er den Entschluss gefasst, die Schwester seiner verstorbenen Frau ins Haus zu nehmen, damit sie ihm helfe. Frau v. Pivnitzka war die Witwe nach einem General der Infanterie, der zu seinen Lebzeiten in Fachkreisen als Spezialist für Paraden und militärische Schaustellungen gegolten hatte. Er lebt in der Geschichte in der k. u. k. Armee als Schöpfer des

Normalmilitärmarsches fort. Schon als jungem Offizier war es ihm unangenehm aufgefallen, dass die Musikkapellen, der verschiedenen Regimentern, verschiedene Auffassungen vom Taktmaß hatten, wodurch sich auch die ungleiche Schrittgeschwindigkeit der Truppen erklärte. Der Oberleutnant Pivnitzka, damals noch ohne „von", fand somit die Gelegenheit, sich mit unsterblichem Ruhm zu bedecken. Fortan war es die Aufgabe seines Lebens, diesen Schönheitsfehler der glorreichen Armee zu beseitigen. Seine Vorschläge fanden begeisterte Aufnahme. Ein Normalmilitärmarsch wurde komponiert und sein Taktmaß mit der Stoppuhr in der Hand, sämtlichen Militärkapellmeistern der Monarchie eingedrillt. Am Abend seines Lebens hatte der General v. Pivnitzka das angenehme Bewusstsein, dass alle österreichischen Truppenteile, in Banjaluka, Jung-Bunzlau, Kolomea, Oroshaza, Linz und überall sonst im großen Habsburgerreich, in der Minute hundertundzwanzig Schritte und keinen Viertelschritt mehr oder weniger machten. Er legte sich zufrieden hin und starb. Sein Geist jedoch, lebte in seiner Witwe fort, die keine Truppe marschieren sehen konnte, ohne ihr scharf auf die Beine zu sehen. Sie sagte gerne ja, als sie die ehrende Berufung in das Haus ihres Schwagers erhielt. Sie kam und nahm das Amt einer Kommandeuse sogleich energisch in die Hand. Ihre Lieblingsbeschäftigung war das herum kommandieren der Dienstmädchen und Köchinnen, die Abfassung von Speisezettel in Form von Regimentsbefehlen und die Veranstaltung von großen Reinigungsmanövern. Ernst gegenüber benahm sie sich wie der Kommandant einer Kadettenschule, für Gretl spielte sie die Vorsteherin eines Offiziers-töchter-Instituts. Ehe sich der Herr Regierungsrat, von seinem Schreck erholt hatte, war sein Heim ein Kasernenhof geworden. Die gemusterten und für tauglich befundenen Dienstmädchen liefen in Scharen davon und seine eigenen Kinder ließen sich nur mehr selten zu Hause blicken.

Ernst nahm die Sache von der heiteren Seite. Er gab der Tante den Titel: „Traditionsgespenst", und ärgerte sie, in dem er täglich alle Bilder der Wohnung, schiefrückte und die zum Putzen schnurgerade, aufgereihten Schuhe durcheinander brachte. Gretl hingegen war in ihren tiefsten Gefühlen verletzt und hasste sie, leidenschaftlich. Kränkung und Zurücksetzung, waren die Triebfeder des Hasses. Der Herr Regierungsrat hatte nun eine beratende, verständnisvolle Frau und lieferte sich ihr ganz aus.

Die kleine Wohnung, des Herrn, nunmehrigen Rechnungsrates Neubauer, kam wieder zu Ehren. Wie damals nach der Affäre mit den Auerhahnfedern. Die Vier versammelten sich im Winter um den Ofen, im Sommer um den blumengeschmückten Tisch und es war so wie damals. Klara spielte geschickt das Hausmütterchen. Sie kochte Tee oder Kakao, machte belegte Brötchen, warf hin und wieder ein Wort in die Diskussion, die manchmal laut das Zimmer erfüllten und gab den Gästen das Gefühl der Geborgenheit. Die Paare teilten sich. Klara saß neben Ernst, umsorgte und bediente ihn, legte manchmal ihren schlanken Arm um seine Schultern, strich ihm zärtlich über das Haar, forschte in seinem blassen Gesicht, nach Spuren heimlichen Kummers. Die Tage unbefangenen Kinderspiels waren längst vorüber. Aus Ahnen war Wissen geworden! Ein großes, tröstendes Wissen kettete Ernst an Klara ..., Klara an Ernst. Ihnen gegenüber saßen Peter und Gretl. Auch sie saßen eng beisammen, vertraut wie gute Freunde, aber es fehlte der Rhythmus der Seelen, in dem die beiden anderen verschmolzen waren. Sie belauerten einander scheu, streckten die Hände aus und gingen doch wie Fremde aneinander vorbei, als sprächen sie verschiedene Sprachen und es fehlten ihnen die Worte.

Es waren sonderbare Stunden, in der kleinen Wohnung, aufwühlend-stürmisch, träumerisch-beruhigende Stunden, erfüllt mit dem Schweigen der Liebe und Freundschaft, mit dem Pathos übervoller Herzen. Gefühle formten sich zu Worten und stiegen auf zum Himmel. Bange Sorgen formten sich zur Frage: Was wird werden? ... Diese Frage lag über den jungen Menschen!

Klara stand vor dem Lehrerinnexamen. Ernst und Peter bereiteten sich darauf vor, vom Gymnasium abzugehen. Peter fragte sich oft, ob er die finanziellen Opfer, die das Universitätsstudium kosten würde, von seinem Pflegevater annehmen dürfe. Ernst stand ein schwerer Kampf mit seinem Vater bevor. Würde er sich in einen Beruf drängen lassen, den er hasste und verachtete? Würde er die schlichte Kleidung eines freien Mannes mit der Uniform eines Polizeijuristen vertauschen müssen? Er wollte Techniker werden! Die Spielzeuge seiner Phantasie waren Eisen und Stahl, er wollte Brücken, Maschinen und Schiffe bauen. An manchen Abenden, wenn es dämmerte, rührte sich keine Hand, um das Licht anzuzünden. Man sah durch das Fenster wie die Sonne langsam unterging.

„Spiele Ernst!" bat Klara. Er holte seine Geige aus dem Kasten. Die weiche Zärtlichkeit ihrer Töne erfüllte das Zimmer und verschmolz mit der Dämmerung zu wehmütiger Traumstimmung. Ernst liebte die Lieder des Volkes. Zart und scheu, wie aus fernen Märchen geholt, tönten die alten Melodien, die Schwermut oder Frohsinn ausdrückten. Er stand am Fenster, halb abgewendet, das schöne Profil seines blassen Gesichtes verschmolz mit den letzten Strahlen der Sonne und spielte. Die beiden Mädchen und Peter lauschten. Die Geige sprach für sie eine wunderbare Sprache. Sie griff nach ihnen, mit gütig-grausamen Händen, suchte die Herzen und presste sie mit schmerzlichem Druck. Aber sie liebten diese süße Qual, ergaben sich ihr mit Romantik der Jugend. Klara saß still und stumm, die Hände im Schoß gefaltet. Gretls impulsiver Zug verschwand, die Straffheit ihres Körpers wich langsam und stille Demut und mädchenhafte Weichheit breitete sich über sie. Peter liebte sie in diesen Augenblicken. Er liebte sie dann, mit der schnellen Liebe des Jünglings, die sich jäh entzündet und jäh vergeht. Er hatte es gerne, wenn ihre Hand im Dunklen nach seiner tastete, er nahm und drückte sie, fuhr darüber, wie über das Fell eines Kätzchens. Er wehrte sich nicht, wenn ihr Arm den seinen berührte, ihr Kopf seine Schulter suchte. Vor Angst, dass er sie wegstoßen könnte, schmiegte sie sich an ihn. Ihr Stolz verschwand an seiner Kälte, wie lächerlich waren ihre Sorgen um Schönheit und Eleganz, mit denen sie ihr müßiges Leben ausfüllte. An Peters alten, schäbigen Lodenmantel, an seiner ehrlichen Schlichtheit, an seiner studentischen Strenge gemessen, kam ihr ihr eigenes Leben wie ein Verbrechen vor. Ja, es war ein kokettes Tänzlein zwischen dem reichbestellten Toilettentisch und dem Hörsaal der Universität, zwischen intimer Barstimmung und der Stille der Studierstube. Sie stand nicht im Leben, sie hing darin wie in einer Hängematte. Wo war die Wirklichkeit? Wenn ihr Kopf an Peters Schulter ruhte und Ernsts Weisen klangen, fühlte sie sich ihr nah. Die kleine Stube, vollgeräumt mit Klaras Büchern und den Aktenstößen, des Herrn Rechnungsrates. Die düstere Gasse, mit den Fronten der Mietshäusern, die Primeln, dort im Wasserglas, das war die Wirklichkeit. Das war das Leben! Nicht das sensationelle Leben der Parasiten, die Champagner schlürften! ... Es sprach von Leben der Vielen, der Namenlosen, die nicht begünstigt sind. Es sprach so hart, so ernst, so eindringlich!

O Peter! Peter! Stöhnte Gretl, unhörbar für den, dem diese gequälten Hilferufe galten. O Peter! Halt mich! Streichle mich! Er aber saß kalt und nichtsahnend neben dem bettelnden Mädchen, versäumte diese Stunde. Gretl blieb zurück, trotzig und verzweifelt und dachte nach, über das heitere Völkchen der Nichtstuer, das schmatzend die Kupons von den Renten schneidet, die das arbeitende Volk bezahlt. Gretl die Schönheitskönigin, die elegante Tänzerin aller Fünf-Uhr-Tees, Gretel die Löwin der Gesellschaft. Die über die Schriften Weiningers, Machs und Siegmund Freuds zu reden verstand, dieses wunderbare Produkt bürgerlicher Mentalität fand keinen Halt. Peter sah sie nicht an. Er sah hinüber, wo eine andere saß. Er sah über ein Flammenmeer der Liebe und über ein Gebirge der Hoffnungslosigkeit und konnte sich von dem Anblick nicht trennen. Seit dem Spiel vor dem Wigwam, wo das Holzkohlenfeuer auf der Serviertasse brannte und Klara so tapfer die Glut angegriffen hatte, schmerzte sein Herz. In stummer Liebe war er gereift und erstarrt und hütete ihren Namen wie in einem Tabernakel. Ernst spielte. Die Geige sang elegische Weisen, umschlang die Freunde mit Traurigkeit. Dann brach sie jäh ab! Die Türglocke bimmelte. Der Herr Rechnungsrat! Mit gewohnter Eile kam er herein und ließ ein schweres Aktenbündel auf den Tisch fallen. Nervös und freundlich begrüßte er alle.

Sprach sogleich vom Büro, wie viele Kontrollhäkchen er gemacht und wie viele Rechenfehler er gefunden hatte. Man bestaunte und bedauerte ihn, riet ihm, sich mehr zu schonen und ging dann. Ernst und Gretl kehrten in ihre „Kaserne" zurück. Peter wanderte zum Käsetopf der Frau Voglhuber.

Ernst unterlag!

Der Vater und Frau v. Pivnitzka siegten. Der Herbst hatte ihm das ersehnte Ernennungsdekret und Ernst den Befehl gebracht, Jus zu studieren! Begraben war der schöne Traum seiner Jugend, versunken die Bilder des ernsten, grün-bedachten Hauses am Karlsplatz, wo die Technik zu Hause war. Der Tag an dem es endgültig beschlossen wurde, war für ihn ein Tag der Verzweiflung. Nach der Aussprache mit seinem Vater, in die sich seine Tante in widerlicher Weise eingemischt hatte, kam Ernst zu Klara gestürzt. Das Mädchen hatte ihn noch nie so verstört gesehen. Er kam herein und grüßte nicht, warf den Hut hin, setzte sich auf das Sofa und vergrub den Kopf zwischen den Händen. Klara hatte große Angst. Wenn Peter nur käme! Sie ging hin und zog seine Hände vom Gesicht. „Rede, Ernst!" sagte sie leise und eindringlich. „Rede!" Er sah zu ihr auf, versuchte zu sprechen, brachte kein Wort heraus! Er zitterte am ganzen Körper, die Augen flackerten, die Nasenflügel bebten. Klara setzte sich neben ihn, presste ihre Wange an die seine, nahm seine Hände und streichelte sie, wiegte ihn, wie eine Mutter ihr Kind. „Ist es entschieden?" „Ja!" presste er hervor. Nach einer Weile: „Sie ist schuld, diese adelige Gans..." Du wirst ihn doch nicht fragen!" ... hat sie zu Papa gesagt. „Wer hat dich gefragt? ... Wer hat mich gefragt?" Ist ein junger Mensch jemals gefragt worden, wenn die Alten zu

seinem Besten entschieden haben? Es ist schmerzliche
Pflicht der Eltern, die Kinder durch Strenge zur Vernunft
zu erziehen. Schmerzliche Pflicht, hat sie gesagt. Darauf
ist Papa eingeschnappt. Er kann nicht von Pflicht reden
hören, ohne aus Überzeugung ja, ja zu sagen. Ernst ballte
die Fäuste, bebend vor Zorn. „Es ist gut, Ernstl ... es ist
gut!" Ihre Liebe, umhüllte ihn wie ein großer, warmer
Mantel. Er beruhigte sich ein wenig. Hungrig nach Güte
und Verständnis hörte er auf Klaras Stimme. Sie sprach von
vergangenen Jahren, von der Kinderzeit und wie sie sich
am Tag seiner ersten Kommunion kennengelernt hatten.
„Weißt du s noch? Damals hat es bei euch eine feierliche
Jause gegeben. Alle deine Schulfreunde sind gekommen.
Mich hat Gretl eingeladen. mein Bruder ist fesch, hat
sie gesagt, du wirst schauen! Ich hab wirklich geschaut,
wie du bei der Türe herein gekommen bist. Fesch habe
ich dich nicht gefunden. So ein großer Bengel, in einem
feierlichen, schwarzen Anzug mit langen Hosen. Es war
deine erste, gelt? Wie ein Storch bist du herum gestiegen,
im Knopfloch noch das kleine Maiglöckchen-Bukett. Du
warst stolz, bist dir sehr großartig vorgekommen! Der
wird bestimmt ein Pfarrer, hab ich mir gedacht, weil er
gar so fromm tut. Bei der Jause hat es dann gleich Krach
gegeben! Der Schuster-Fritz, weiß du noch, der mit den
Sommersprossen, hat meine Zöpfe in deinen Kakao ge-
tunkt. Du hast geglaubt, dass ich es war. Nein! Habe ich
gesagt, ich war es nicht! Na, wer denn? Ich habe den Fritz
nicht verraten wollen, da bist du wild geworden und hast
mich an den Zöpfen gezogen. Ich bin davongerannt und
habe das Tischtuch mitgerissen und die ganze Jause ist
auf der Erde gelegen! Erinnerst du dich noch, Ernstl?"
er nickte schweigend, begriff nicht, wie Klara jetzt da-

rauf gekommen war. „Denke und vergleiche!" sprach sie
weiter. „Damals bist du unter Zwang gestanden. Heute
bist du frei, innerlich frei und niemand kan über dich bestimmen, nur du selbst. Arbeite auf deine äußere Freiheit
hin, mach dich frei, bereite dich darauf vor, dein eigenes
Brot zu essen und keine Frau v. Pivnitzka wird dir vor-
schreiben, wo du es verdienen musst." Klara sprach und
bat, schmeichelte voll Hoffnung, damit Ernst sich beruhigen würde, voll Angst, dass die Kraft ihrer Liebe
nicht reichen würde, seine Verzweiflung zu mäßigen.

„Du bist nicht allein! Wir alle wollen dir helfen: Gretl,
Peter und ich!" … „du musst auch an mich denken, Ernst! …
denkst du an mich?" „Ja, ja!" rief er gequält und presste
sich an sie. „Du musst! Du musst! Wir gehören zusammen …, wir können gar nicht anders. Dürfen einander
nicht im Stich lassen! Das Kinderspiel ist für uns Wirklichkeit geworden, große, schöne Wirklichkeit! Hand in
Hand sind wir gewandert … in die Liebe! Wir wollen weiter gehen …, zum Glück! Oh, Ernst!"

Ernst beugte sich über sie. Aus dem quälenden Schmerz,
der sein Wesen beherrschte, schlug übergroß die Liebe
für dieses gute, schöne Mädchen. Verzweifelte Liebe,
die selber leidet und das Herz nicht frei und glücklich
macht. Er beugte sich über Sie, die geschaffen war zur
Liebkosung, küsste sie wild und unbeherrscht. Er schlang
seine Arme um sie, suchte ihre Lippen, ihre Augen, ihre
weiße Stirne. Das Mädchen hielt still, stumm, ein Lächeln
auf dem blassen Gesicht, das sich freudig, seinen Küssen
darbot. „Ernstl! Mein Schatz!"

In Ernst raste das Fieber der Vernichtung. Es schien
ihm, als sei die Abwehr, die er viele Jahre lang in sich an-
gesammelt hatte, jetzt am Ende angelangt. Als sei sein

Widerwille gegen ein erzwungenes Leben niemals größer gewesen als heute. Er sah keinen Weg, keine Möglichkeit mehr, nur eine Leere, eine große, schwarze, gähnende Leere ... das Ende! Er begann zu reden. Er redete wild und irre, lud die ganzen wirklichen und eingebildeten Lasten ab, die ihn beschwerten, sprach von seiner öden Jugend, die keine liebende Hand gehabt hatte, von dem Zwang unter dem er gestanden war, von dem Geist, der ihn beherrscht und eingeengt hatte. Nein, er würde niemals von dem Stallgeruch, der Polizei-Kavallerie-Kaserne in der Schönburgstraße loskommen. Er wusste, dass er sich niemals fügen könnte. Er redete auf sie ein, umhüllte sie mit dem heißen Atem seiner Erlösungs-Sehnsucht, bat schluchzend, dass sie mit ihm gehen solle ... fort ... dorthin, wo man nichtmehr wieder kommt! Das Mädchen begriff bald den Sinn seiner Worte. Er lehnte wie gelähmt in der Sofaecke, fassungslos über den Abgrund, der sich ihm bot! Wenn nur Peter käme! Betete Klara! Wenn Peter nur käme! Peter kam, wie von der Kraft ihres Wunsches herbei gezogen. Er läutete stürmisch. Klara sprang auf und lief in die Küche. Er ist es! Er ist es, jubelte es in ihr, denn auf der Milchglasscheibe der Tür sah sie die vertraute Silhouette. „Ist Ernst da?" erkundigte er sich. „Ja, drinnen!" Sie hob flehend die Hände, „Hilf mir!" Er verstand sie nicht gleich, ging aber ins Zimmer. „Servus, ich such dich, um zu fragen, ob du der Vereinigung sozialistischer Hochschüler beitreten willst. Ich habe mich schon angemeldet!" Ernst hob müde den Kopf. „Papa wünscht, dass ich der Verbindung beitrete, bei der er die Ehre hat, Alter Herr zu sein. Er will mir das historische Band schenken, unter dem sein Burschenherz geschlagen hat." „Potz Kommilitonen!" rief Peter, das ist vortrefflich. Vielleicht finden sich auch noch die historischen Kanonenstiefel und der dazugehörige Kanonenrausch. Da kann ich dir gleich ein Rezept geben, das du gut gebrauchen wirst. Schmisse bringt man sich mit einem gereinigten Rasiermesser bei, nachdem man die Wange anästhetisiert hat, damit es nicht weh tut. Die Narbe reibt man sich täglich mehrmals mit Rotwein oder Rum ein, damit sie eine schöne Farbe behält. Vorher ist es ratsam, den beabsichtigten Schmiss mit einem Stift vorzuzeichnen und im Spiegel zu schauen, ob er richtig sitzt. Am einfachsten ist es, sich an einen armen Mediziner zu wenden, der das, gegen ein entsprechendes Schweigegeld, fachmännisch erledigt. „Hör auf!" sagte Ernst angeekelt. „Oder glaubst du wirklich, dass ich in der Stadt wie ein Mensch herumlaufen werde, für den das ganze Jahr Fasching ist? Auf die Universität geht man, um zu lernen ..." „Ah", staunte Peter, „willst du diese Entdeckung nicht der Öffentlichkeit mitteilen?" „Nein, die behalte ich für mich." Klara stand an der Tür und beobachtete die beiden. Sie war so froh, dass Peter sie aus ihrer verzweifelten Lage befreit hatte. Wenn er kam und die Glocke stürmisch läutete, kam ein frischer Hauch mit ihm herein und füllte die kleine Wohnung mit fröhlichem, rebellischem Geist. Groß und schlank stand er da, den unvermeidlichen Lodenmantel gefaltet wie die Toga eines römischen Senators und in seinem Gesicht, bald düster, bald fröhlich, strahlten stets unverändert die lebhaften Augen von unerschütterlicher Zuversicht. Er ist ein Prachtkerl! dachte sie, ein Mensch, vor dem jeder ungesunde Gedanke, Reißaus nimmt. Wie elend in seinem Wankelmut war Ernst dagegen, so müde und alt in seinem Leid. Klara aber zweifelte nicht einen Augenblick, wohin ihr Herz gehörte. Peter brauchte keine Stütze, er stand fest und tiefverwurzelt im Leben, unerschütterlich wie ein einsamer Baum, an dem die Stürme erfolglos ihre Kraft erprobt haben. Sein Leben war Luft, Sonne, Freiheit! Ernst hingegen, konnte man mit einem Baum im Wald vergleichen, der schmal und dürftig in die Höhe wächst voll Sehnsucht, aus dem tödlichen Schatten hin zum Licht zu streben. Klara liebte ihn, umrankte ihn zärtlich, wie eine Liane, die Wärme, Halt und Festigkeit gibt. Sie kannte Peters flammendes Temperament, das niederprasselte, wo Zagende und Kleinmütige sich blicken ließen. Seine Beredsamkeit, der niemand widerstehen konnte. Sie wünschte sich, dass er sich auf Ernsts Weltschmerz stürzen würde, um ihn zu zerpflücken. Darum sagte sie: „Sicher wird er eurer Vereinigung beitreten. Er hat sich gerade darüber beklagt, dass er niemals vom Stallgeruch der Kaserne loskommen wird. Heile ihn bitte, von diesem Wahn!" „Es ist kein Wahn", erwiderte Ernst. „Wenn ihr verstehen könntet, wie mir zumute ist, würdet ihr nicht spotten." Peter ging zu ihm, nahm ihn bei den Schultern und rüttelte ihn. „Die Wahrheit ist grausam", sagte er hart, „sie muss dir aber einmal gesagt werden, Ernst. Du bist ein Narr! Du sitzt und brütest über Weltanschauungs-Eiern, während sich draußen im Leben, reinigende Gewitter entladen. Du glaubst, du bist bedrückt von den Vorurteilen deiner Klasse und willst nicht einsehen, dass es nur Feigheit ist, die dich bindet!" „Mir das!" Ernst sprang auf und ging auf Peter zu. „Mir wagst du das zu sagen? Mir?" Zu Tode erschrocken eilte Klara hin und krallte sich in Ernsts erhobenen Arm. Peter wich keinen Schritt zurück. Noch immer hielt er den Freund an den Schultern und zwang ihn mit ganzer

Kraft auf seinen Platz zurück. „Ja!" sagte er. „ich wage es. Ich werde nicht aufhören es zu wagen. Auch ich und Klara und Gretl sind Opfer der Verhältnisse, in die wir geboren worden sind. Nicht du alleine. Jedem Mensch hängt seine soziale Herkunft nach. Nicht die Erbsünde im biblischen Sinn, sondern der Klassen und Kastengeist, der aus der Reihe der Ahnen auf ihn übergegangen ist. Er hemmt die Menschen ununterbrochen auf dem Weg in die Zukunft und muss ununterbrochen bekämpft werden. Es ist die Evolution, die allmähliche Umwandlung und Weiterentwicklung. Ohne sie, stünden wir heute noch auf dem Niveau der Neandertaler. Ernst, willst du zurück bleiben? Fürchtest du dich vor dem Trümmerhaufen, den du übersteigen musst? Willst du zu denen gehören die „Ja, ja, ihr habt recht!" sagen, die theoretisch alles begreifen und doch in der alten Zeit bleiben? Willst du um den Stallgeruch der Polizeikaserne los zu werden, ein Marodeur, ein Nachzügler, sein? Weil die Gebote deines Vater in Stein gemeißelt sind? Es ist Feigheit, glaube mir, es ist nichts als Feigheit! Nimm deinen Geist zusammen und wenn du ihn hast, so darfst du darüber ruhig eine Polizeikappe stülpen!" Ernst hatte schweigend zugehört, den Kopf in die Hände vergraben. Nun stand er langsam und zögernd auf und umarmte seinen Freund. „Sei nicht böse, dass ich so aufbrausend war", bat er leise. „Du bist mein besseres Ich, mein Gewissen. Wenn ich dich reden höre, wird alles in mir und um mich, anders. Sei nicht mehr böse Peter. Ich wünsche mir nichts als deinen herrlichen Optimismus und deine Begeisterungsfähigkeit ..."

„Wer soll sie haben, wenn nicht wir Jungen?" meinte er lächelnd. „In der pessimistischen Tinte können wir rühren, wenn wir alt sind. Ist es nicht so, Klara?" Ihre

Augen strahlten. Sie hätte Ernst so gerne einen Kuss gegeben. Aber sie machte es nicht. Peters Anwesenheit hemmte sie. Es war ihr, als wäre es Unrecht, als sei es nicht Ernst, der diesen Kuss verdiente.

18

Es kam der Tag, an dem die Gerüchte, die durch Edberg gingen, wahr werden sollten. Das brummen von Lastwagen klang durch den grauen Alltag, der Klirren von Hacken und Schaufeln störte die Ruhe der stillen Gassen, laute Stimmen der Arbeiter, die einander riefen, pflanzten sich fort, durch das Viertel der Armen: Man baut ... baut Wohnhäuser in Erdberg!

Dort, entlang dem Donaukanal, unweit der Elendsquartiere, lag der Grund. Verwahrloste Straßen umgaben ihn, der Wind wehte, Staubwolken über Gräser und Stauden, die sich bemühten, ihren grünen Mantel über diese Stätte der Schande zu breiten. Haufen von Asche und Scherben, von Bewohnern sorglos abgeladen, lagen am Rand. Dumpfer Verwesungsgeruch kroch von ihnen her durch die im Sommer heißen Gassen, das Parfum des Armenviertels! Inmitten, wo das wuchernde Unkraut vom Schmutz noch nicht erstickt war, ragten über verfallenen Kellern bizarre Mauerreste. Generationen hatten den Grund kommen und verkommen gesehen. Die Mütter waren froh, konnten doch die Kinder hier besser spielen als auf der Straße. Jahrzehnte vergingen! Der Baugrund in Erdberg und viele ähnliche Stätten waren vergessen worden. Die Väter sahen ihre Kinder auf den gleichen Misthaufen spielen, wo sie selbst einst gespielt hatten. Jetzt aber kam eine neue Zeit. ... Sie kam über Schlachtfelder, Brandstätten und über die Gräber, von denen die hingemordet worden waren. Es war wie ein Wunder! Unter tausend arbeitenden Händen, wuchs ein Haus empor. Zauberte Freude und Hoffnung auf die blassen, zermürbten Gesichter, in den feuchten Wohnkellern der Umgebung. Scheu, von Zweifeln getrieben, kamen die Menschen, den Bau anzuschauen. Zaghaft, als fürchteten sie, jeden Augenblick fortgetrieben zu werden, gingen sie hinein. Niemand verwehrte es ihnen! Neugierde und Staunen lag auf ihren Gesichtern. „Sonnenhof" nannten sie das Haus, denn es war durchflutet von Sonne bis in den letzten Winkel. Das es aber ihnen gehören sollte, dem Volk von Wien, war neu, unerhört und schwer fassbar. Überall standen die Türen der noch unbewohnten Räume offen. Lack und Farbgeruch wehte durchs Haus und munter klang die Arbeit der Handwerker, die da und dort noch eine letzten Handgriff machten. Es gibt einen alten Spruch: „Wenn der König baut, hat das Volk was zu tun!" Hier aber baute kein König, hier baute das Volk selbst und gab sich dadurch selbst Geld und Brot. Aus hunderten Orten und aus hunderten Straßen herbeigeholt, vereinigte sich hier die Arbeit tausender Hände. Die Ziegelbrenner und Maurer, die Gerüster und Zimmerleute, Dachdecker, Steinmetze, Tischler, Stukkateure, Maler und Tapezierer, Installateure und Spengler, Schlosser, Glaser und Lackierer, sie alle, die nach langer, qualvoller Arbeitslosigkeit wieder Arbeit gefunden hatten, sie spürten es am Auszahlungstag, dass da unten, irgendwo in Erdberg, eine neue Zeit begonnen hatte. Manches arme Maurerweib, das ihren Kindern wieder einmal eine Schale Milch, ein Stück Butterbrot geben konnte, mancher Arbeiter, der endlich wieder zu den Kleinen sagen konnte: „Schaut, ich habe euch was mitgebracht!" und sie glücklich in seinen Taschen nach einem Apfel, einer Rippe Schokolade suchen ließ, sie alle hatten mitgeholfen.

Über Bretter, Leitern und Werkzeugen, trieb der Forschungseifer die ungeladenen Besucher. Frauen zupften ihre Männer am Rock und zeigten flüsternd auf alles Neue, das sie hier zum ersten Mal sahen. Männer klopften mit wichtiger Miene an Wände und Türen, prüften alles auf Stein und Bein und waren mit ihrem Ergebnis sehr zufrieden. „Erbaut von der Gemeinde Wien aus dem Erträgnis der Wohnbausteuer" stand in roten, glänzenden Buchstaben über dem Tor. Die Menschen lasen und verstanden es und waren sehr stolz darauf!

Auch die Familien Schediwy und Übel, gingen zum Erdberger – Wunder an. Peter und seine Freunde schlossen sich an. Der alte Schediwy ging mit geschwellter Brust voran und spielte den Führer, alles fand er bemerkenswert, als sei das Bauwerk einzig und alleine über seine Veranlassung gebaut worden. Immer wieder erzählte er, wie er im Bezirksrat dafür eigetreten sei, dass Erdberg im Aufbauplan der Gemeindeverwaltung nicht vergessen würde. Bei der Neuordnung der Dinge hatte man den alten Metallarbeiter geholt. Nicht ihn alleine! Auch andere Männer und Frauen aus den Reihen des schwer arbeitenden Volkes, hatten jetzt die Funktionen, die bisher nur satten Bürgern mit schönen Geschäften und mehrstöckigen Häusern, vorbehalten gewesen waren. Mit ihrem Eintritt in die Ratsstuben der Stadt und der Bezirke, war der Konzessionsschacher, die Freunderlwirtschaft, die Mastdarmakrobatik und Beziehungstechnik vorüber. Das demütige Buckerln und „Küss die Hand, Herr Armenrat!" war keinen Kreuzer mehr wert, entlockte den „Neuen", vor denen man niemals gebuckelt und „Küss die Hand!" gesagt hatte, energische Abwehr.

Die alten Leute freilich, die Pfründner und Pfründnerinnen, konnten mit der Zeit nicht Schritt halten. Für sie war ein „Armenvater", auch wenn er jetzt, Fürsorgerat hieß, eine mächtige, gottähnliche Persönlichkeit, ein dicker Bäcker-oder Selchermeister, der über die paar Kronen entschied, mit denen sie ihr Leben fristeten. Sie waren das Buckerln ja so gewöhnt, nahmen es als gerechte Strafe dafür hin, dass sie es gewagt hatten, alt zu werden und der Wohltätigkeit der Jungen zur Last zu fallen. Der alte Schediwy konnte davon Geschichten erzählen.

Einmal war ein altes Frauerl zu ihm gekommen mit einem Anliegen. „Setzen s sich erst, Mutterl!" hatte er gesagt und einen Sessel hingeschoben. „Jessas, na!" Um keinen Preis der Welt hätte sie sich niedergesetzt. Mein Gott, wenn man mit einem Herrn Bezirksrat spricht, mit so einer Persönlichkeit. Na, der alte Schediwy hatte da keine Umstände gemacht. Er hob das Mutterl auf und setzte es hin. „So, jetzt erzählen sie mir alles, was wollen." Das Weiblein blinzelte misstrauisch. Es war an einen Bezirksrat gewiesen worden und jetzt saß da ein alter, gerader Arbeiter im blauen Hemd da. „Ob des nicht ein Schwindler ist?" dachte es ..." Ob des nicht ...?" Der alte Schediwy erledigte das Ansuchen, aber bald darauf kam es wieder angehumpelt, kramte unter vielem Buckerln und „Küss die Hand!" sagen, drei schöne, rote Äpfel hervor und wollte sie dem Bezirksrat schenken. „Was fällt denn ihnen ein?" fragte der alte Schediwy ein wenig grob. „no ja", meinte das Mutterl verschämt, „Sie haben sich so viel Mühe gegeben wegen mir, gnä Herr. Ich kann ihna nix anderes ... Ich bin so viel arm ... san s net bös, gnä Herr!" Der alte Schediwy war eine Weile sprachlos. „Sagen s , war des früher so üblich, dass die armen Leut', den Armenräten Geschenke gemacht haben?" fragte er dann. Das Mutterl nickte. „Freilich, freilich ... jeder hat halt gegeben, was er können hat. Wie der Herr Fuhrwerksbesitzer noch an ihnerer Stelle war ... „. Der alte Schediwy wusste genug. „Jetzt gengan s und essen s ihnere Äpfel selber!" sagte er streng. „Ich bin ein Arbeiter! Die Arbeiter von der Landstraße haben mich in den Bezirksrat gewählt. Wenn wer was braucht, soll er zu mir kommen, dazu bin ich da! Aber schenken lass ich mir dafür nichts. Ham s gehört?" Das Mutterl schlich ganz verstört mit seinen drei schönen, roten Äpfeln davon. „Wissen s", sagte es dann zu Hause, zu einer Nachbarin, die auch eine Pfründnerin war, „Ich weiß nicht? Ob des nicht doch ein Schwindler war?" –„Verdächtig is des schon", meinte die Nachbarin. „der Herr Fuhrwerksbesitzer hat sich niemals gewehrt, wenn ma ihm küss die Hand, gnä Herr, gesagt hat!"

Ja, er konnte Geschichten erzählen, aber er machte es nicht gerne. Er schämte sich für die Helden dieser Geschichten und beschränkte sich darauf, sich selbst und seinen Kollegen scharf auf die Finger zu schauen, im jeden Versuch zum Rückfall in die früheren Zeiten im Keim zu ersticken. Auf das neue Volkswohnhaus in Erdberg aber, als die erste hervorragende Tat der neuen Stadtverwaltung, war er grenzenlos stolz. Es war für ihn ein Stück Verwirklichung jener Träume von Volksgesundheit und menschenwürdigem Leben, die er und die älteren Männer der Arbeiterbewegung seit Jahrzehnten geträumt hatten. Er führte seine Freunde und drängte sie vorwärts. Herr Übel, Karl Schediwy und die beiden

Studenten Peter und Ernst hielten mit ihm Schritt, sie ließen den gewaltigen Eindruck auf sich wirken. Die Frauen aber hielten sich bei den Details auf, untersuchten die Gasherde und Waschmuscheln, die Rollvorhänge der Fenster und die Blumenkästen der Balkone. Einmal zog Anni Karl zum Fenster. „Schau, dort unten, wo jetzt der Kinderspielplatz mit den Bänken ist ... erinnerst du dich noch?" Karl nickte. „Dort ist die Darmwäscherbaracke gestanden." Sie sahen hinunter auf den weiten, sonnigen Platz, der von jungen Bäumen umgeben war und dachten zurück, an die stinkende Stätte, die so lange der Mittelpunkt ihrer Gedanken gewesen war. Am nachdenklichsten von allen, war die Frau Resi. Sie blinzelte im hellen Tageslicht, dass da durch die Fenster fiel und zog vergleiche mit ihrem düsteren, feuchten Hofloch. Sie wäre am liebsten gleich da geblieben. An den kleinen Schani dachte sie und wie schön es wäre, wenn er hier auf dem Balkon in der Sonne sitzen und seine Schulaufgaben schreiben könnte. Frau Resi seufzte und kränkte sich. Herr Übel sagte: „Lass es gut sein, Alte, vielleicht erleben wir es noch!" Er ließ es sich nicht träumen, wie prophetisch seine Worte waren.

Als das Haus fertig war, mit seinen grauen Dächern und roten Kaminen, verstummte der Lärm der Arbeiter. Aber die Handwerker zogen nicht weit fort. Nur ein Stück und begannen aufs Neue. Es regte und rührte sich, denn es war endlich Frühling geworden. Dennoch schlug in Erdberg die Nachricht wie eine Bombe ein, dass ganze Viertel der uralten Häuser um die Krimskykaserne ... der Demolierung geweiht sei. Das weite Gebiet zwischen der Hainburgerstraße und Baumgasse geriet in fieberhafte Erregung. „Was wird werden?" „Was wird mit uns geschehen?" Diese Fragen wurden tausendmal gestellt und es gab darauf hunderte Antworten! Man stritt und redete, stellte Mutmaßungen an, ging niedergeschlagen umher oder freute sich. Die Stehweinhalle Stowasser, die für Erdberg eine Art, Nachrichtenzentrale war, hatte einen Andrang zu bewältigen, wie seit 1914 nicht mehr. Der Schankbursche Ferdl hätte alle Hände voll zu tun gehabt. Er lag irgendwo unter einem grünen Hügel in Polen, also er war verhindert. Das hatte auch etwas Gutes, es ersparte ihm manchen Ärger mit seinem Chef. Herr Stowasser, noch immer Besitzer des goldenen Verdienstkreuzes mit der Krone und Genossenschafts-Vizepräsident, aber nicht mehr Gemeinderat, hatte nämlich seit längerer Zeit ein ganz merkwürdiges Benehmen. Jedem, der ihn von früher kannte fiel das auf und wunderte sich. Manchmal war er völlig nüchtern, und wies mit Abscheu die Einladung zu einem Glaserl Wein zurück. Er hatte aber auch Zeiten in denen er, nur wenige Vierterln trank, die gerade reichten, um ihn ein bisschen gesprächiger zu machen. Man wunderte sich darüber und fand keinen sichtbaren Grund. Noch immer ging sein Geschäft wunderbar, noch immer hatte er eine robuste Gesundheit und einen buschigen Schnurrbart, der ihn als Bürger vom Grund legitimierte, noch immer gab es Leute, die ihn für einen gewaltigen Kommunalpolitiker hielten, der nur das Pech hat, augenblicklich verkannt zu werden. Noch immer wurde er zum Ehrenvorstand des Veteranenvereins „Erzherzog Karl", und zum Ehrenkassier des Sparvereins „Luckerter Heller" oder zum Ehrenobmann des Kegelclubs gewählt. Noch immer durfte er die Sitzung der Genossenschaft mit den Worten: „Meine sehr verehrten Herrn!" eröffnen, worauf rund um den Tisch die

rotwangigen Köpfe geschmeichelt wackelten. Das goldene
Verdienstkreuz mit der Krone hing auf einem roten ...
einem dunkelroten Samtpolster unter Glas und Rahmen
an der Wand. Die Gemeinderats – Kette, die nach ihm,
keiner mehr getragen hatte, lag im Tresor des neuen Rathauses als künftiges Ausstellungsstück der Städtischen
Sammlungen. „Na, ja!" tuschelten die alten Feldwebel
und Korporäle des Veteranenvereins. „Na, ja, wenn so
ein verdienter Bürger auf einmal abgesägt wird, nachher muss er sich kränken! Ich kann mich noch gut erinnern wie er in den Versammlungen mit dem Bierkrügel
auf den Tisch gedroschen hat. „Dem kleinen Mann muss
geholfen werden ..., Jawohl!" Nun kommt er zum alten
Eisen, die ... eh schon wissen!" Die alten Patrioten trafen
den Nagel beinahe auf den Kopf. Sie lagen nur ein klein
wenig daneben. Herr Stowasser war Manns genug, den
Verlust seiner Gemeinderatsstelle zu verschmerzen. „Ich
kenn keinen Neid!" hätte sein Leitspruch sein können.
Viel mehr schmerzte ihn seine Niederlage als Prophet.
Er konnte den 16. Februar 1919, den Wahlsonntag, nicht
vergessen, an dem er verkündet hatte, dass die neuen Ver-
waltungsnachfolger in drei Monaten abgewirtschaftet
haben würden. Damals war es bei ihm „oha!" gewesen.
Das stimmt! Seine Worte aber hatte er nicht vergessen!
Er war vor hundert Zeugen hingegangen und hatte im
Wandkalender den 16. Mai blau angestrichen, an dem
sich die Richtigkeit seiner Behauptung erweisen würde. –
Den 16. Mai 1919! – Später, als der Tag vorbei war und
das enttäuschte Volk von Wien seinem Stowasser keine
Triumphbogen baute, hatte er versucht, das blaue Hakerl
auszuradieren. Dabei hatte der Wandkalender ein Loch
bekommen und er hatte den Glauben an seine Sehergabe

verloren. „Fix Laudon, meinetwegen!" hatte er geflucht, „soll s noch ein Jahr so weiter gehen, oder zwei, wenn s schon sein muss. Wir versäumen nichts!" Er kaufte sich einen neuen Wandkalender. Aber das war nicht der Grund seiner Veränderung. Das erste graue Haar wuchs ihm, als in Erdberg der erste Spatenstich zu einem Volkshaus getan wurde. An dem Tag trank er sich einen Mordsrausch an. Der neue Schankbursche, lud seinen Chef auf einen ausgeborgten Schubkarren und führte ihn in die Arme seiner Gattin. „Jetzt bringen sie sich selber um!" rülpste er, während man ihm die Schuhe auszog. „Bauen wollen s von unserem Steuergeld? Schnecken! Sag ich, hörst, Alte? Schnecken! Das muss angefochten werden!" „Ja, ja", sagte Frau Stowasser, die solchen Situationen aus Erfahrung gewachsen war, „hast recht ... morgen gehst es anfechten ... zum Kaffeesieder!" Herr Stowasser gröhlte unter der Tuchent hervor: „Das mach i aa!" Es folgten noch viele Räusche, so viele wie in Erdberg Spatenstiche gemacht wurden. Die brachten ihn gehörig aus dem Gleichgewicht. Das war aber nichts gegen die Zumutung, die ihm eines Tages gestellt wurde. Die Gemeindeverwaltung schrieb, er möge, zwecks Demolierung und Neuerrichtung einer großen Wohnhausanlage seinen Besitz, der diesem Unternehmen im Wege stand, verkaufen!

Die Unterredung die kam, war kurz: „Was? Verkaufen? Wer? Ich? Wem? Euch? Am Schustersonntag!" Es gibt darüber kein Protokoll, aber er erzählte es überall herum ... hohnlachend! Er ging wie ein Haussierer von Haus zu Haus, um zu hören, ob man auch anderen Hausbesitzern ein gleiches Ansinnen gestellt habe. Das Ergebnis war niederschmetternd. Verkauft! Fast alle der elenden Hütten waren in den Besitz der Gemeinde übergegangen, das Todesurteil über das älteste Viertel des alten Erdberg war gesprochen. Die Bewohner warteten nur darauf, bis die Wohnungen in den Neubauten fertig waren, dann zogen sie um. Auf seinem Weg kehrte er auch bei Herrn Übel ein. Der hatte sich in letzter Zeit selten sehen lassen. Peter hatte ihm ein volkstümlich geschriebenes Buch über die gesundheitlichen Schäden des Alkoholgenusses geborgt und stellte bei sich die untrüglichen Symptome einer Säuferniere fest, des Bierherzens und des Deliriums tremens. Er war erstaunt, statt weißer Mäuse den Herrn Stowasser vor sich zu sehen und rief, in der Meinung, dass etwas Furchtbares passiert sein müsse, sogleich seine Frau. „Ist eure Hütte auch schon verkauft … An die Rathausbolschewiken?" wollte er wissen. „Gott sei Dank!" meinte die Frau. „Vielleicht bekommen wir endlich eine gesunde Wohnung!" „An Schmarrn kriegt s!" schnaubte Herr Stowasser, „betteln könnt s gehen, jawohl! Raus geschmissen werdet s. Sperr zu, Greißler und schau, dass d rechtzeitig nach Lainz kommst, bevor sie dort auch zum Demolieren anfangen".

Vibrierend wie vor einer Explosion sauste er weiter, um einen Verkaufsstreik zu organisieren. Er kam beim Kardinal-Nagel-Platz heraus und starrte wie geistesabwesend über den großen leeren Platz, auf dem nur die Bretterbude einer Holz und Kohlenhandlung und ein achteckiges Bedürfnishäuschen standen. Der Anblick dieser leeren Fläche vergrößerte seine Wut. „Die Kirche da, wird nicht gebaut, die uns schon der Lueger versprochen hat, aber Gemeindehäuser, die schon!" redete er ganz laut vor sich hin, denn er erinnerte sich, dass die Gemeindeverwaltung vor vielen Jahren dieses Areal mit der Verpflichtung übernommen hatte, darauf eine neue Erdberger

Pfarrkirche zu errichten. „Die Kirche da, wird nicht gebaut!" Das waren schwere Zeiten für Herrn Stowasser. Er überlegte hin und her, ging oft auf die Straße hinaus, um die Lage seines Hauses zur neuen Bau-linie festzustellen und war immer sehr befriedigt darüber, dass es justament, im Weg stand.

Das Viertel war in heller Aufregung. Da Herr Stowasser sich in der Angelegenheit schon sehr exponiert hatte, drängte sich alles in die Stehweinhalle, um seine Meinung zu hören. Auch Herr Übel ging wieder einmal hin und staunte mit den anderen darüber, dass der plötzlich so nüchtern war. Man ahnte nichts davon, dass er sich selbst tagelang zugeredet hatte: „Sei gescheit! Sauf net! Halt dein Hirn beinander! Wer weiß, wozu s gut ist?" Denn er wusste ganz genau, dass das letzte Wort bezüglich seines Hauses noch nicht gesprochen war. Er sah neue Vorschläge und neue Unterhaltungen voraus und übte sich in Mäßigkeit, um allen Anschlägen vonseiten der „Rathausbolschewiken" nüchtern begegnen zu können. Seine Agitation aber setzte er fort. „Bitte, kommt s, raus, meine Herrn!" lud er immer wieder seine Gäste ein. „ich will euch beweisen, dass gar nicht bauen können. Schaut s euch mein Häusl an! Wenn s baun, ginge die Linie grad diagonal durch die Schankstube. Ich verkauf nicht! Zwingen können s mich nicht, weil wir Gott sei Dank kein Enteignungsgesetz nicht haben. Also werden s einsehen, dass nicht bauen können, nicht einmal, wenn s wollen. Ja, wenn ein jeder Bürger so wäre wie ich ... dann könnten sich die Obergescheiten vom Rathaus heim-geigen lassen mit ihre modernen Kaluppen, wo, wie ich mir hab sagen lassen, die Klofenster direkt auf die Gassen gehen. So a Schande in unserer alten Kulturstadt Wien! Jawohl!"

Es bereitete ihm ein unbeschreibliches Wohlbehagen, den Leuten, von denen er um sein Mandat gebracht worden war, einen tüchtigen Strich durch die Rechnung zu machen. „Und wenn s zerspringen!" dachte er. Sie zersprangen nicht. Die Sonne schien, die Luft war warm. Die Wohnungen der fertigen Häuser trockneten aus. Kommissionen besichtigten sie. Alles ging wie am Schnürchen. Auch ohne den Herrn Stowasser!

„Hanusch-Hof, Stiege 9, Tür 6", stand auf dem weißen Bogen, der der Familie Übel ins Haus flatterte. Sofort beziehbar. Wenige Tage später kam ein weiterer Bogen mit der Zuweisung eines Geschäftslokals. Jede Post brachte neue Bogen: für Karl und Anni, für den Schuhmachermeister Schestak, für den Polizeirevierinspektor Voglhuber und so weiter. Auch Peter war nicht vergessen worden. Erfüllt von unbeschreiblichem Glücksgefühl ging er herum. Endlich, endlich konnte er das dumpfe Hofkabinett verlassen und war vom Käsetopf befreit. Alle Augenblicke tastete er nach der Brusttasche, wo er den Brief mit der Zuteilung einer Ledigenwohnung im Hanusch-Hof verwahrt hatte. Jeden Tag ging er hin, seinem zukünftigen Heim einen kurzen Besuch abzustatten. Er hätte gleich umziehen können. Was er besaß, ließ sich in einer Handtasche bequem unterbringen. Er wartete aber auf Onkel Übel und Karl, die versprochen hatten, ihm zu einer notdürftigen Einrichtung zu verhelfen. Herr Übel kratzte seine Nachkriegsersparnisse zusammen und richtete damit sein neues, helles Geschäftslokal ein. Auch die anderen Parteien rannten hin und her, übersiedelten ihre Möbel selber, um die teuren Umzugskosten zu sparen. Karl Schediwy hatte sich in der Fabrik zwei Tage Urlaub genommen und sich einen Handwagen geborgt. Während

er in der neuen Wohnung Karniesen befestigte und Vorhänge aufhängte, halfen sich zu Hause Anni und Resi
gegenseitig, die Möbel aus den Wohnungen in den Hof
zu tragen, wo sie gereinigt und auf den Glanz gebracht
wurden. Jetzt, wo das Leben sich erneuerte, wo man aus
dem Schatten ans Licht trat, mussten sich auch die alten
Sachen eine Auffrischung gefallen lassen. Es roch nach
Seife, Firnis und Petroleum, mit dem die Politur glänzend
gerieben wurde. In dem schmalen Hof sah es aus wie
auf dem Tandelmarkt. Auch die Frauen Voglhuber und
Schestak wollten nicht zurück bleiben. Es war ein ganz
großes Ereignis, um das sich den Duft von Aufregung
und Wanzentinktur legte.

Da kam durch die Gasse, ein kleiner magerer Mann.
Er schaute nach den Hausnummern, blieb oft stehen
und hustete ganz erbärmlich. Manchmal griff er sich an
die Brust und drückte fest darauf, als säße da ein ver-
borgener Schmerz, den er vertreiben wollte. Wer nahe
genug bei ihm gewesen wäre, hätte auch ein schreckliches Röcheln und Ziehen hören können. Es klang, als
säße einer mit einer Raspel tief unten, in einem Brunnen-
rohr. Der kleine Mann ging schwitzend die ansteigende
Gasse hinauf, betrachtete jedes Haus, trat manchmal
nahe an ein Tor heran, um die verwitterte Hausnummer
zu entziffern. Einmal holte er einen Zettel aus der Rocktasche und studierte ihn. Unter seinen linkischen Bewegungen war hastige Eile verborgen. Es war, als sei er
irgendwo hinbestellt und war getrieben von der Angst zu
spät zu kommen. Endlich hatte er das gesuchte Haus gefunden. Er betrachtete wieder den Zettel und verglich die
Nummerntafel. Dann blinzelte er zögernd in die finstere
Einfahrt. Die Kinder, die da herumlungerten, hatten ihn

längst entdeckt. Der gehörte nicht in die Gasse, darum interessierte er sie. Sie musterten ihn von vorne und von hinten. „Wen suchen s denn?" fragte endlich ein blasses Mäderl mit zwei borstigen Zöpfchen. „Ja, bitte Fräulein, ich such das Vierzehner-Haus", sagte er und sein bleiches, trauriges Gesicht hellte sich auf. „Is eh da!" erklärte ein Knirps, „Gengan s nur eini!" „Ja, aba bitt' scheen, ich such den Schediwy Karl, was sull da wohnen." „Na, eh!" sagte wieder der Knirps, „da Herr Schediwy wohnt eh da, abe er is net z Haus, er ziagt um!" „Zigt um? Oje!" sagte der Mann und sah wieder recht traurig drein. „Wo zigt er denn?" Der kleine Mann war ganz niedergeschlagen und wollte schon umkehren. Aber ein paar Kinder waren zu Anni gelaufen. „A Herr is da und fragt nach dem Herrn Schediwy!" Anni legte den Staubfetzen weg und strich das Haar aus der Stirne. „Mein Mann ist nicht zu Hause", erklärte sie ihm, der aus der dunklen Einfahrt, schüchtern in den Hof gekommen war. „Müssen sie mit ihm selber sprechen oder ...?" Der kleine Mann konnte nicht gleich antworten, denn der Staub und Terpentingeruch reizte ihn zum Husten. „Mit ihm selber, bitte scheen, wenn s meglich is", sagte er dann. „Mein Name is Nowak, ganz gewenlich, bitte mit W. Ich bin extra deswegen von Olmütz gekommen. Mit der Nordbahn bitte!" Anni war sehr erstaunt über den kleinen, blassen Mann, der fürchterlich hustete und so komisch sprach. Eigens aus Olmütz sollte er gekommen sein, um mit Karl zu sprechen. „Bitte, Herr Nowak, treten sie ein", sagte sie freundlich, und öffnete die Tür zu dem halb leeren Zimmer. „Mein Mann muss bald kommen. Wir ziehen nämlich um, wie sie sehen und er ist in der neuen Wohnung. Ich werde einen Buben hin schicken, damit er ihn holt." „Is nicht netig", meinte er bescheiden. „Karl wird schon kummen von allan, wenn i derf warten, bitt scheen." Er saß eine Weile still wie ein Mäuslein da, so schmal und mager, während Anni überlegte, ob sie ihm nicht irgendeine Erfrischung aufwarten könnte. Dann sagte er: „Karl is nemlich Kamerad von mir. Mir zwa sans beisammen gwesen bei Militär. Mir zwa warns miteinander bei Feldgericht in Polen, wo is auch gewesen der Auditor Bellowitsch, wenn ihnen hat Karl vielleicht erzählt".

In Anni stieg es siedend heiß auf. Die Worte des kleinen Mannes erinnerten sie plötzlich an Dinge, die begraben waren und jetzt wieder so lebendig waren, bis in alle Ewigkeit. An Karls Tat, wegen der er in der Baracke des Darmwäschers, im Morast der Kanäle verborgen war, die das Leben ihres alten Vaters verbitterte, die man heute noch geheim und hinter dem Rücken benützte, um Karl, seinen alten Vater, schlecht zu machen. Zum ersten Mal sah sie sich einem Mann gegenüber, der bestätigen konnte, dass Karl ein Mörder war. Plötzlicher Widerwillen gegen den kleinen Mann erfasste sie, der so still und bescheiden und doch mit der Aufdringlichkeit eines bösen Gewissens dasaß und an den schrecklichsten Dingen rührte. „Wenn Karl nur käme!" dachte sie. Sie hätte gerne einen Buben gerufen und ihn zum Hanusch-Hof zu schicken, aber sie wagte es nicht, den kleinen Mann alleine zu lassen. Mit krasser Deutlichkeit stand die Vergangenheit vor ihren Augen, die Angst um Karl, die nächtlichen Stunden am Gitter, die Schüsse damals in der Frühsommernacht, die so gellend durch die Stille gehallt hatten. Die Trauer um den Totgeglaubten, das Wiedersehen und der Kampf mit dem alten Leutgeb. Später dann, wenn man es ihr da und dort hatte fühlen lassen, was der Karl eigentlich war.

Sollte das alles wieder ausgegraben werden durch einen Herrn Nowak aus Olmütz? Es trieb sie, mit dem Mann zu reden: „Es wird Karl freuen, dass ein alter Kamerad ihn besucht, obwohl wir alle froh sind, dass diese Zeit längst vorüber ist. Haben sie zufällig in Wien zu tun gehabt?"

„In Wien, bitte scheen, hab ich niemals nix zu tun", erklärte er. „ich hab Schneiderwerkstätte in Olmütz gehabt bis vor Krieg. Ich bin kommen wegen Karl, weil mich hat Gewissen druckt. War ich bei Notar und hab gemacht wichtige Aussage„! Er holte aus der Innentasche des Rockes ein großes Kuvert hervor und legte es auf seine Knie. Anni sah den weißen, geheimnisvollen Brief. „Über den Mord an dem Auditor?" rief sie und lief zu ihm. Er blinzelte sie an. „Wenn sie eh wissen, jawohl!" sagte er. „Weil Karl damals so freundlich war und hat gesagt, er nimmt auf sich." Annis Herzschlag stockte. „Was nimmt er auf sich? Was ...?" Schrie sie und schüttelte den kleinen Mann. „No eben den Geschichte mit die Auditor, was is geschehen, bei Feldgericht in Trembowla."

Anni wich zurück und lehnte sich an die kalte Wand. In ihren verschwommenen Blicken saß Herr Nowak aus Olmütz da, klein und gekrümmt auf seinem Sessel, eine nebelhafte Spukgestalt. Undeutlich, schemenhaft stand sein blasses Gesicht vor dem dunklen Hintergrund und darin schimmerten zwei blass-blaue Augen feucht und fiebrig. Nur der weiße Brief kam deutlich, scharf hervor und bewegte sich unter röchelnden Atemzügen. ... Minuten vergingen! ... Anni schwieg, schwieg aus Angst, dass eine neue Frage die Enthüllung bringen könnte. Herr Nowak saß still und hielt den Brief auf den zitternden Knien. Er hatte die mageren, knochigen Hände verschlungen und knetete sie. Dann packte ihn ein

Hustenanfall. Er rang mit dem würgenden Reiz, der rote Flecken auf seine gelben Wangen zeichnete. Ab und zu schielte er zur Tür, die halb offen stand. Draußen knarrten und ächtzten alte Möbelstücke, die vielen Generationen einer familie gedient hatten und man hörte die Frau Schestak sagen: „Teufel soll huln die Gfraßte! Pepi, bring Terpentin!" Gleich darauf fiel polternd ein Bettladen um.

Karl kam herein. Herr Nowak stand auf und steckte den Brief in die Rocktasche. „Servus Karl, meine alte Freund!" sagte er, „no, sag, wie geht dir? Jeschusmaria, was bist du für Bamlackel, so groß und brat!" Karl stutzte einen Augenblick. Er schaute auf den kleinen Mann hinunter, „Jetzt weiß ich nicht recht ..." Sagte er nachdenklich und reichte ihm zögernd die Hand. „No, ich bin doch der Nowak, was war mit dir bei Militär. Nowak, ganz gewehnlich mit W, weil es war noch ein zweiter, was hat gehabt ein V." Jetzt erkannte ihn Karl. „Nowak", rief er, „du ...?" ... „Ja, bitte!" sagte der kleine Mann und schüttelte Karls Arm wie einen Brunnenschwengel. Anni lehnte noch immer an der Wand und beobachtete die beiden Männer. Sie hatte bemerkt, dass Karl erschrocken war. „Herr Nowak hat dir einen Brief gebracht", sagte sie leise und mühsam, „er ist deshalb nach Wien gekommen". „Einen Brief?" fragte Karl befremdet. Der zog ihn schon aus der Tasche und gab ihn dem ehemaligen Kameraden. „Steht alles drinn, sei, bitt ich, nicht bes, ich hab nicht früher kommen können!" Karl nahm den Brief, schaute ihn hinten und vorne an, öffnete ihn mit dem Taschenmesser und trat ans Fenster. Anni stand schon neben ihm und krallte ihre Hände in seinen zitternden Arm. Er schaute den Bogen an und las:

Aussage:

Betreffend die Ermordung des k. u. k. Militärauditors Mirko Bellowitsch beim Felggericht Trembowla (Galizien) am 3. Mai 1916.

Ich, Jaroslav Nowak, ehemaliger Schneidermeister, jetzt Schwerinvalide, geboren am 22. September 1882 zu Olmütz in Mähren, wohnhaft dortselbst, Masarykstr. 64, gebe in Gegenwart des Herrn öffentlichen Notars Dr. Frischauf und zweier Zeugen folgende Aussage zu Protokoll:

In der nacht vom 3. Auf den 4. Mai 1916 hatte ich auf dem Zellengang des Feldgerichtes Trembowla Wachtdienst zu versehen. Etwa zwischen zehn und halb elf Uhr erschien der Herr Militärauditor Dr. Mirko Bellowitsch in angeheitertem Zustand im Zellengang und forderte mich auf, ihm die Zelle Nr. 7, in die am Vortag eine junge polnische Lehrerin eingeliefert worden war, aufzuschließen. Ich kam diesem Befehl nach. Der Herr Auditor gab mir eine Schachtel Zigaretten und deutete mir, dass ich am Ende des Ganges verschwinden soll. Danach betrat er mit der Laterne die Zelle und machte die Tür hinter sich zu. Der Schlüssel blieb draußen stecken. Ich entfernte mich wunschgemäß, schon deshalb, weil ich weder Augen – noch Ohrenzeuge der Vorfälle werden wollte. Es war unter der Mannschaft des Feldgerichts allgemein bekannt, dass sich Herr Auditor Bellowitsch junge Mädchen und Frauen, die unter dem Verdacht, Spionage betrieben oder dem Feinde Vorschub geleistet zu haben, in das Feldgericht überstellt wurden, durch Drohungen gefügig machte. Es geschah dies immer nachts und unter dem Vorwand gerichtlicher Einvernahme. Der Auditor war unter der

281

Mannschaft sehr verhasst. Wegen kleiner Vergehen verhängte er drakonische Strafen und misshandelte seine Untergebenen auch eigenhändig. Etwa zwanzig Minuten nachdem er die Zelle betreten hatte, trieb mich die Neugier, nachzusehen, warum es darin so still geblieben war. Ich lehnte das Gewehr an die Wand, ging leise zur Zellentür und schaute durch das Guckfenster in den Raum. Die Laterne stand auf der Pritsche. Daneben lag die Reitpeitsche. Zuerst glaubte ich, die Zelle leer zu finden. Erst als ich mein Gesicht näher ans Guckfenster brachte, sah ich die junge Lehrerin, anscheinend bewusstlos, auf dem Boden liegen. Bellowitsch kniete über ihr, den Rücken zur Zellentür gekehrt. Er hatte ihren Rock in die Höhe geschoben und knöpfte gerade ihre Bluse auf. Sein Gesicht war blau-rot aufgedunsen und er schwankte hin und her. Er war vollkommen betrunken! Ich stand am Fenster und wusste nicht, ob ich hierbleiben oder wieder weggehen sollte. Plötzlich überkam es mich. Ich dachte an die entsetzlichen Quälereien, die der Auditor nicht nur den Häftlingen, sondern auch mir und meinen Kameraden angetan hatte, dachte daran, dass ich erst vor wenigen Tagen von ihm mit der Reitpeitsche geschlagen worden war, wovon mir noch die Striemen im Gesicht brannten. Ich hatte das Gefühl, dass jetzt der Augenblick der Vergeltung gekommen war. Ich wollte meine Waffe holen und durch das Guckfenster den Auditor erschießen. Sie lehnte am anderen Ende des Ganges. Ich griff nach dem Bajonett … es steckte am Lauf des Gewehres. Ohne mir über mein Vorhaben im Klaren zu sein, getrieben durch einen unwiderstehlichen Zwang, stieß ich die Tür auf und ging in die Zelle. Der Auditor hörte es nicht. Ich stand hinter ihm, legte meine Hände um seinen Hals und würgte ihn.

Ich war schon damals schwach und gegen ihn ein Zwerg. Noch während ich die Hände fest zudrückte, erschien mir der Angriff auf den großen, kräftigen Mann wahnwitzig. Ich hatte das Gefühl, dass jetzt alles aus sei und dass man mit mir kurzen Prozess machen würde. Plötzlich fiel der Auditor wie ein Sack nach vorne und riss mich mit sich. Ich stand sofort auf, wälzte den Auditor herum und leuchtete mit der Laterne. Er rührte sich nicht. Auch die Lehrerin rührte sich nicht. Es ist mir nicht möglich zu schildern, was ich empfand. Mein erster Gedanke war die Flucht. Dann fielen mir Frau und Kinder ein, daheim in Olmütz. Ich weiß nicht wie lange ich gestanden bin und auf die beiden leblosen Menschen geschaut habe. Ich wurde ganz schwach. Die Beine versagten ihren Dienst, kalter Schweiß brach aus und schüttelte mich. Ich nahm die Laterne, schlich hinaus, versperrte die Zellentür und ging zu meinem Gewehr. Ich dachte daran, mich zu erschießen, aber es fehlte mir ein Stock oder eine Schnur, um das Züngel mit den Füßen abzuziehen. Ich saß und wartete auf die Entdeckung meiner Tat. Um zwölf Uhr nachts sollte ich vom Infanteristen Karl Schediwy abgelöst werden. Die Wachen wurden nicht aufgeführt, sondern der Posten ging in das Mannschaftszimmer, das um die Ecke des Ganges lag und weckte seinen Nachfolger. Karl Schediwy war mir der liebste Kamerad, darum beschloss ich, mich ihm anzuvertrauen. Ich weckte ihn, erzählte ihm alles und führte ihn in die Zelle. Die beiden lagen noch so dort, wie ich sie verlassen hatte. Karl beugte sich über den Auditor und horchte an seinem Herz. „der steht nimmer auf, der Schuft!" sagte er dann. „Glaub ja nicht, dass du ihn umgebracht hast, Nowak, der Schlag hat ihn getroffen. Aber du musst trotzdem fort. Man sieht, dass

er gewürgt worden ist." – „Wohin soll ich?" fragte ich und
es ergriff mich wieder die lähmende Schwäche, die ich
erst mühsam überwunden hatte. „Fort!" sagte Schediwy,
„schau, dass du über die Karpaten nach Ungarn kommst.
Oder geh an die russische Front und hinüber!" „Ich kann
nicht, Karl, ich komm nicht zur Bahnstation. Lieber lass
ich mich hängen." Er sah ein, dass ich nichtmehr die
Kraft zu meiner Rettung hatte. „Heul nicht, Nowak,
ich weiß, dass du zu Hause Frau und Kinder hast. Es ist
schwer … sehr schwer!" Dann, nachdem er eine Weile in
die Laterne gestarrt hatte: „Leg dich schlafen, Nowak,
rühr dich nicht bis morgen früh. Du hast mir den Posten
ordnungsgemäß übergeben. Morgen früh bin ich weg.
Ich hab meinen Urlaubsschein in der Tasche. Verstehst
du?" Ich begriff nicht gleich, was er meinte. „ich nehme
es auf mich!" redete er weiter, „hab sowieso schon lange
mit dem Schuft abrechnen wollen. Du bist mir nur zuvor-
gekommen, Nowak. Heul nicht … Leg dich schlafen!" –
„Wenn sie dich erwischen, dann hängen wir alle zwei",
wendete ich ein, denn mir schien seine Absicht ungeheuer-
lich. „Nein", widersprach er, „dann hänge nur ich. Jetzt
geh endlich, sonst legst du dich noch als dritter dazu".
Ich ging fort, in das Mannschaftszimmer und legte mich
auf die Pritsche. In der Früh fand man den Auditor. Als
Todesursache wurde Herzschlag infolge Drosselung festgestellt. Die inhaftierte Lehrerin und Karl aber waren verschwunden. Nach beiden ging sofort eine Kurrende. Erst
nach Tagen hatte ich mich so weit gefasst, dass ich verstand welches Opfer mir Karl Schediwy gebracht hatte.
Bald darauf wurde ich an die Front versetzt, geriet, durch
zwei Lungenschüsse schwer verwundet, in russische
Kriegsgefangenschaft. Ich blieb als transportunfähig

bis zum Jahr 1922 in Omsk und galt in der Heimat als verschollen. Nach meiner Heimkehr verschlechterte sich mein Zustand derart, dass ich mich in dauernde Spitalsbehandlung begeben musste, aus der ich erst vor drei Monaten entlassen wurde. Diese Zeit nützte ich, den Wohnort Karl Schediwys zu eruieren und mache heute endlich diese Aussage, obwohl ich nicht weiß, ob es meinem heldenhaften Kameraden gelungen ist, sich der Verfolgung durch das Militärgericht zu entziehen, damit sie, wenn nicht ihm, so doch seinen Angehörigen zur Wiederherstellung seiner Ehre diene. Karl Schediwy hat mir durch seinen Opferwillen das Leben gerettet, wofür ich ihm niemals werde den gebührenden Dank abstatten können. Ich bin bereit, diese Aussage jederzeit und vor jedem Gericht unter Eid, zu wiederholen.

Jaroslav Nowak, Notar Dr. M. Frischauf
Notariatsanwärter Dr. Liebl, Kanzleileiter F. Neuböck als Zeugen

Karl hatte zu Ende gelesen, faltete die bogen langsam zusammen und steckte sie ins Kuvert zurück. „ich danke dir, Nowak", sagte er dann, „ich dank dir herzlich!" Der kleine Mann ergriff Karls hand. „No, bitte, sei nicht bes drüber. Ich frei mich ja so, dass d lebst und gsund bist wie Burgschandarm. A hibsche Frau hast ... Muss ma gratulieren! Is dir zu gönnen ..., Wirklich zu gönnen, alter Freund, meine. No, sixt, ich pfeif auf die letzte Loch. Wer is schuld? Krieg, verfluchter! No ... was kannst machen? Nix!" Auch Anni hatte dem Mann die Hand gereicht. „Darf ich ihnen eine Kleinigkeit aufwarten? Trinken sie gerne ein Glas Milch?" „O ja, bitte aba nicht jetzt. Ich muss auf

die Nordbahn. Nextens vielleicht, bitte. Sind s net bes!"
Er ging hustend, wie er gekommen war, wieder fort und
Karl begleitete ihn bis zum Haustor. Als er zurückkam,
stand Anni da und breitete die Arme aus und küsste ihn.
„Du großer, herrlicher Lügner du!" flüsterte sie tief ergriffen und aufgewühlt. „das alles hast du wegen einem
kleinen Schneider gelitten?" Karl hielt sie fest und sah
ihr in die Augen. „Wir alle haben im Krieg viel mehr um
viel weniger gelitten, als es ein kleiner Schneider ist",
sagte er ernst. „Der kleine Schneider war notwendig,
damit wir erfahren haben, was wir einander bedeuten.
Jetzt wissen wir es. Ja?" „Ja, wir wissen es!" flüsterte
Anni. Die Frau Schestak ging gerade an der Tür vorbei
und warf ihren spähenden Blick ins Zimmer. „Des ise zu
bleed", wisperte sie der Hausbesorgerin Voglhuber zu.
„Die zwa sans schon ganze Schippel Jahre verheiratet und
schnäbelns no alleweil wie Täuberl." „I tät mi schaman!"
nickte die Vogelhuberin und tunkte fest in die Wanzentinktur ein.

19

Die Frau Resi saß im Hof des Schlössels in der Erdbergstra
ße unter dem großen Fliederbusch, dessen violetten Blüten in der Sommerhitze längst verdorrt waren. Sie hatte
die große Einkaufstasche neben sich im Schatten stehen,
redete in die dunkle Tür der Kellerwerkstatt hinein und fächelte sich von Zeit zu Zeit mit dem Taschentuch Kühlung
zu. „Na, aber schau, Vater, es ist doch wegen dem Schani!"
sagte sie verärgert und beleidigt. „dass d wegen uns kommen sollst, verlangen wir eh nicht. Aber der Bub! Warum
kommt der Großvater net? Fragt er jeden Tag. Weiß er net
wo wir jetzt wohnen?" Aus der Werkstatt hörte man das
Schlurfen eines Hobels. Frau Resi machte eine Atempause und das Tüchlein fächelte. „Er hat dir die Adresse aufgeschrieben ... So schön er können hat", setzte sie dann
lockend und bittend hinzu und suchte aus ihrem Handtäschchen einen kleinen Zettel, der mit großen, eckigen
Buchstaben vollgeschrieben war. „Was soll ich ihm denn
sagen, warum der Großvater nicht kommt?" „sag ihm, der
Großvater is a alter Mann und schwach auf die Füß", hörte man den alten Leutgeb in der Werkstätte unten sagen.
Dann schlurfte wieder der Hobel. „Des sind Ausreden.
Einmal im Jahr wirst doch die zwei Stockwerke steigen
können. Schau Vater, du warst noch nie bei uns, seit wir
im Hanusch-Hof wohnen, kümmerst dich gar nicht wie s
uns geht und wie froh wir über die neue Wohnung sind?"
„Auf die Wohnung bin ich nicht neugierig", räsonierte der
Alte. „Aus dem Sack von anderen Leuten, kann man leicht

neue Wohnungen bauen. Schämt s euch net, dass aus an zusammen geraubten Geld baut is?"

„Nein, wir schämen uns nicht, Vater. Wer a ganzes Dach über dem Kopf hat, kann auch ein paar Kreuzer hergeben, dass für die Obdachlosen gebaut werden kann. Schau, wir selber zahlen ja auch die Wohnbausteuer. Die Sonne, die wir den ganzen Tag im Zimmer haben ist uns das wert. Mein Gott, wenn du den Schani sehn könntest, wie er unten am Spielplatz mit die Buben spielt, den Hunger, den er da bekommt, Vater ... nachher kannst reden. Nicht einmal gesehen hast du so einen neuen Gemeindebau. Das ist nicht gerecht, von dir!"

Der Appell an seinen Gerechtigkeitssinn, auf den er sich viel einbildete, verfehlte seine Wirkung nicht. „Na, na, gar so blöd bin ich nicht, in der Zeitung hab' ich gelesen, was die Fachleute über die neuen Häuser Schreiben. Lauter Humbug is, schreiben die Fachleute, a Augenauswischerei, hinein zwingen wollen s das Volk in ihnere roten Kasernen, damit sie s gleich beisammen haben und auf die Ringstraße treiben können, zu ihre Demonstrationen. A Sozialisierung und a Monopolwirtschaft ist das. Die Fachleute sagen, dass die Wohnungsnot dadurch nur größer wird, weil das Privatkapital natürlich keine Häuser baut, wenn die Mieter keinen Zins zahlen wollen." „Davon verstehe ich nichts, Vater", meinte Resi, nicht im geringsten eingeschüchtert, „Meinst nicht, dass die richtigen Fachleute wir selber sind, die in die neuen Häuser wohnen und nicht die Zeitungsschreiber? Wir sind dafür, dass gebaut wird, je mehr, desto besser, wir wollen, dass alle Wiener so gesunde, luftige Wohnungen haben und dass die armen Leute wissen, dass keine Viecher sind, sondern a Menschen!"

„Ich weiß, dass ihr alle angesteckt seid s von der Demagogie – der Volksverführung – „Wo man hin kommt
hört man nichts anderes. Es ist grad so, als wär das größte Wunder geschehen!"

„Vielleicht nicht, Vater? Oder glaubst du, dass wir
ohne diesem Wunder jemals raus gekommen wären, aus
unserer feuchten, dunklen Wohnung? Schau, mach uns
die Freude und komm einmal … an einem Sonntag! Der
Schani hat dir die Adresse so schön aufgeschrieben … „Sie
reichte den Zettel in den Keller hinunter, der alte Leutgeb
schaute ihn aufmerksam an und steckte ihn dann in den
Brustlatz des Schurzes. „Wie schön er schon schreiben
kann!" meinte er anerkennend. „Na ja, vielleicht erlebst du
es noch, dass ich komm …!" Mehr hatte sie nicht erreicht.
Der alte Leutgeb wäre ja so gerne zu seinen Kindern auf
Besuch gegangen. Aber er war halt ein alter Dickschädel.
„Die Sohlen täten mir brennen, wenn ich in so ein Haus
hinein ginge", sagte er zu seiner Frau, „Die Leute könnten
glauben, dass ich auch was damit zu tun hab'!" „Aber
geh", lachte die Mutter, „ich hab, von den brennenden
Sohlen nichts bemerkt und geglaubt haben die Leute auch
nichts von mir. Gewiss hast in der Zeitung was falsch gelesen, sonst spintisierest nicht so!" Der Alte sagte nichts
darauf. Er hatte die treffenden Antworten seiner Frau
fürchten gelernt und vermied es, sie unnötig herauszu-
fordern. Vielleicht hätte die Familie Übel seinen Besuch
wirklich nicht mehr erlebt, wenn nicht der Veteranenverein „Erzherzog Karl" gewesen wäre.

Der Veteranenverein hatte seinen Sitz noch immer im
Hinterstüberl des Cafe' Hubmayer in der Erdbergerstraße.
Es hing dort noch immer das Bild Seiner Majestät des
allerhöchsten Kriegsherrn, des Siegers von Aspern. Das

Bild des seligen Gründers und ersten Obmanns, sowie die schönen Tableaus, auf denen die ehrenwerten Mitglieder in der bekannten „Bitte-recht-freundlich-Pose" durch die ausgestanzten Fenster der Kartons schauten. Es roch noch immer nach Lodenmäntel und nassen Regenschirmen – genauso wie einst, auch wenn sich manches geändert hatte. Seit dem Umsturz aller Dinge im Jahr 1918 zeigte der Verein, merkliche Verfallserscheinungen. Manchen weißbärtigen Feldwebel oder gichtigen Korporal hatte man unter den Klängen des bekannten Trauermarsches: „Is schon wieder … Is schon wieder …" hinaus auf den Zentralfriedhof begleitet. Die Teilnehmer des Leichenschmauses waren immer weniger geworden. So ging der Obmann dahin, der Obmann-stellvertreter und der Kassier, bis der Herr Savladka, auf den sich nun so ziemlich alle Würden vereinten, den Vorschlag machte, die entstandene Lücke durch neue Mitglieder aufzufüllen. Dies wurde sofort in Angriff genommen.

Auf ein Werbeinserat im Vereinsblättchen der „Kaisertreuen Volkspartei", deren besonderer Stolz es war, schwarz-gelb bis in die Knochen zu sein, meldeten sich einige Anwärter, die man mit dem Brauch der schwarzen und weißen Kugeln wählte. Da man bei der Wahl die schwarzen Kugeln, sicherheitshalber gut aufgehoben hatte, war der Verein bald wieder vollzählig. Es stellte sich aber bald heraus, dass der Geist von Königgrätz und Mostar anders war, als der von Sokal und Gorlice. Die alten Helden, die noch ihre Vorderlader stopften und die Patronenhülsen mit den Zähnen aufgerissen hatten, erklärten den ganzen Weltkrieg für eine Lächerlichkeit gegen ein einziges Gefecht Anno 66, während die neuen Helden behaupteten, dass, verglichen mit der Harmlosig-

keit einer Reiterattacke unter Benedek, der Schreiber-
posten in der Kanzlei eines Korpskommandos des Welt-
kriegs nahezu lebensgefährlich gewesen sei. Die alten
Helden erklärten, dass die Geschichten eine Erfindung
der feigen und kleinmütigen Neuzeit sei, wohingegen die
neuen Helden darauf hinwiesen, dass es schon während
des Schleswig-Holsteinischen Krieges Rechnungsfeld-
webel gegeben habe. Die Folge war ein großer Krach.
Mehrere „Neue" traten aus und gingen zu den „Front-
kämpfern", nachdem sie sich beim Trafikanten in der
Ausstellungsstraße, gleich hinter dem rechten Bogen der
Verbindungsbahn, ausreichend mit Orden und Ehrenzeichen versehen hatten.

„Was machen wir jetzt? Werden wir politisch?" und
so geschah es auch!

Eines Abends, als der alte Leutgeb wieder einmal,
nach längerer Zeit im Hinterstüberl erschien, traf er dort
auf eine erregte und laute Debatte. „Ich sag' das ganze
Malör sind die neuen Häuser!" sagte ein Zugsführer, in
Zivil Rauchfangkehrermeister. „ich bin nur froh, dass zu
meinem Reyon kein so ein neues Haus gehört. I tät mich
für meinen Besen schämen, der Bagasch dort ihren Dreck
zu kehren!" „Natürlich, recht hast", ereiferte sich ein Gefreiter, „Herr Zugsführer, ich weiß nicht, ob hinter die
Häuser was dahinter steckt, ob die nicht überhaupt aus
Pappendeckel sind wie im Theater?" „Alles ist Holz …
Außen ein bisschen angeworfen mit an Malter, grad wie
die Buden im Prater", erklärte ein Infanterist. „Wenn man
in so einem Haus über die Stiegen geht, dann wackelt s
alser ganzer!" „Na … wer steckt denn nachher das viele
Geld ein, was die Leute jeden Monat zahlen?" „Na wer?
Na, wer? Rief einer mit dem Brustton der Überzeugung.

„Die, was an der Krippe sitzen. Früher einmal ... da hat s
so was nicht gegeben. Da haben wir eine Hauszinssteuer
gehabt. Die ist auf den Mieter abgewälzt worden. Der
Hausherr hat seine Rente gehabt und den Parteien ist
auch noch was geblieben. Das waren halt gesunde Zustände!" Ganz hinten zeigte ein Schneider auf, wie ein
Bub in der Schule. „Willst äußerln gehen?" „Bitte nein",
sagte der Schneider, der hier nicht viel zu reden hatte, weil
er nicht einmal Infanterist, sondern nur Pfeifendeckel,
bei einem Leutnant gewesen war, „bitte, ich möchte nur
sagen, dass der Herr Pfarrer gesagt hat, dass die neuen
Häuser die Unsittlichkeit fördern!" „Wieso?" das Interesse
wuchs. „Bitte, so! Früher haben die ärmeren Leute nur
ein Zimmer gehabt, sagt der Herr Pfarrer. Da waren die
Eltern und noch ein paar Bettgeher und sie haben sich
zurückhalten müssen, wegen der Kinder, sagt der Pfarrer.
Jetzt haben sie für die Kinder ein eigenes Zimmer und
Bettgeher sind keine erlaubt in den Gemeindehäusern,
so dass sie machen können, was sie wollen, sagt der Herr
Pfarrer!" Der Feldwebel klotzte enttäuscht." Das mir der
Unsittlichkeit verstehe ich nicht. Die besseren Leute haben
immer ein eigenes Zimmer für die Kinder gehabt!" „Ja
bitte", zeigte der Schneiderauf. „bei die besseren Leute
ist das was anderes, die halten sich von selber zurück,
sagt der Herr Pfarrer": Die Kameradschaft lachte. „Was
nutzt das alles? Es muss was geschehen ..., was sagst du
dazu Stowasser, ehemalige Bezirksgröße?"

„Ein gescheiter Politiker muss von den Gegnern
lernen. Die Kommunisten hetzen gegen die Häuser, die
wir früher nicht gebaut haben. Wir müssen gegen die
Häuser hetzen, die sie jetzt bauen. Wir müssen uns im
Namen der Bevölkerung dagegen verwahren, dass unsere

Kulturstadt, wo berühmte Theaterstücke geschrieben wurden und der Kaiser Josef unter das Volk gegangen ist, mit solchen Häusern verschandelt wird. Wir müssen im Namen der armen Leute, die das Unglück haben, in die neuen Gemeindebauten hineingezwungen zu werden, protestieren und noch einmal protestieren. Wir müssen erklären, dass mit dem historischen Grund und Boden unserer Vaterstadt nicht so eine Verschwendung betrieben werden darf und dass die Wohnungsnot endlich bekämpft werden muss durch Errichtung von Notbaracken in Simmeringer oder den Arsenalgründen. Wir müssen an die Bevölkerung die Frage stellen, ob sie das noch länger dulden will, dass ein jeder Hilfsarbeiter und ein jeder Straßenkehrer sein eigenes Häusel mit Wasserspühlung hat, als wie ein Fürst oder Graf und ob den modernen Weibern, mit den Bubiköpfen der Weg zur Bassena auf dem Gang raus zu weit ist, weil in den neuen Gemeindebauten haben s die Pipen gleich neben der Abwasch. Erst die Balkone. Die Gfraßter haben früher nicht einmal gewusst was das ist. Jetzt liegen s dort auf die Streckstühle und faulenzen in der Sonne umeinander. Blumen haben s in so grüne Kasterln und rote Ampeln, wie s früher vor die gewissen Häuser waren. Da muss ich dem Herrn Pfarrer schon Recht geben, dass das die Unsittlichkeit fördert. Ich sag nur, meine Herrn, wir müssen was unternehmen. Wir müssen die Leute aufklären, dass das Ganze nur ein Pflanz ist, ein gemeiner Wählerfang und Sadismus."

„Sehr richtig! Wir sind dafür, Stowasser, dass du das in die Hand nimmst. Du verstehst das am besten und kennst dich in die neuen Häuser aus ..." „Ich?" fragte Stowasser empört, „ich soll mich in die neuen Häuser auskennen?

Morgen lass ich mich bei die Roten einschreiben, wann ich jemals in so eine Bude hineingegangen bin". Diese furchtbare Beweisführung verfehlte ihre Wirkung nicht!

„Ja, aber wir müssten doch eigentlich die Kaluppen kennen, wenn wir dagegen hetzen sollen", meinten sie. „Was nützt der schönste Brustton der Überzeugung, wenn wir nichts wissen und blöd daher reden. Ich mein, wir müssen jemanden haben, der was mit den armen Opfern, in den neuen Häusern selber redet und sich ihre Klagen anhört. Wer weiß, was wir da noch alles erfahren könnten." „Die Idee ist nicht schlecht", stimmte Herr Stowasser zu und schaute in die Runde. „Wer von den Herrn kennt so eine Gemeindekaserne?" „Ich nicht!" „Ich auch nicht!" „Woher sollen s wir denn kennen?" „Vielleicht du?" „Bitte nein", sagte der Scheider und Pfeifendeckel, „bitte, ich weiß nur was der Herr Pfarrer sagt!" „Der Feldwebel brummte: „Mich dürft s erst nicht fragen. Ich weiß nix und will persönlich auch gar nichts wissen. Das ist Charaktersache. Ich hab nur gemeint wegen dem aufhetzen!" Herr Stowasser kratzte sich. „Hat niemand von euch vielleicht Verwandte oder Bekannte, die man fragen könnt?" „Ich hab", meldete sich der alte Leutgeb, der bis dahin schweigend zugehört hatte. „Meine zwei verheirateten Madeln wohnen jetzt im Hanusch-Hof."

„Na alsdann!" riefen alle erfreut, „Na, was sagen denn die?" „ich ... ich hab s nicht gefragt", entschuldigte sich der Alte. „Sie wollen schon lange, dass ich sie besuche. Aber ich geh nicht hin ... mir brennen die Sohlen ..." „Da machen wir kurzen Prozess", sagte Stowasser finster. „Sie gehen hin, Herr Leutgeb und schauen, dass was erfahren. Verstehen s „? „Ja, aber was werden die Leute sagen ... wenn mich wer sieht?" klagte der Alte. „Nix

werden die Leute sagen", schnitt ihm Herr Stowasser das
Wort ab. „Sie sind Bürger von Wien. Sie sind eine alte,
ehrliche Haut, der man Falschheit nicht zutraut. Sie sind
ein alter Vater, den das Unglück seiner zwei Mädchen
nicht schlafen lässt und der halt vor lauter Angst einmal nachschauen kommt. Wenn sie sich nicht alleine
hin trauen, na, so gehen wir alle mit, bis zum Haustor.
„Bitte, ja!" nickte mutig der Schneider. „Alsdann, Herr
Leutgeb, sie sind im Namen der alten Kulturstadt Wien
beauftragt, als der Bote des Erdberger Bürgertums Erkundigungen anzustellen. Ihren Bericht werde ich dann
an die maßgebenden Stellen weiterleiten."

So kam es, dass Frau Resi doch noch den Besuch ihres
Vaters erlebte.

Der Alte gönnte sich eine Galgenfrist. Er schob sein
Unternehmen von Tag zu Tag hinaus bis auf den Sonntag.
Länger ging es nicht mehr. Gekleidet in seinen schwarzen
Rock, wie immer bei wichtigen oder festlichen Anlässen,
eine weiße Nelke im Knopfloch und sein Gesicht in strenge
und abweisende Falten gelegt, ging er die Erdbergerstraße
hinunter, an der Wagenhalle der Straßenbahn vorbei und
auf den Hanusch-Hof zu. Es war das erste Mal, dass er das
Mächtige Haus mit eigenen Augen sah. Er stutzte ein wenig
über die gewaltige Größe und dachte darüber nach, wo es
in Wien ein gleich großes Gebäude geben könnte. Nur die
Hofburg fiel ihm ein. Ein solcher Vergleich aber schien
ihm zu profan. Er blieb einen Augenblick lange stehen und
überlegte kritisch. Die glatte grau-grün-glänzende Front
da, mit den unzähligen quadratischen Fenstern! Ja, ja es
ist eine rechte Kaserne, dachte er, bestimmt haben sie
kleine finstere Höfe und lange Gänge mit X Türen. Umso
mehr staunte er, als er durch das Tor ging und den weiten

sonnigen Platz sah, den die „Kaserne" umrahmte. Bald kam er darauf, dass die ausgedehnte Front aus einzelnen aneinander gebauten Häusern bestand und jedes einen eigenen Aufgang hatte. Er suchte den Zettel des kleinen Schani heraus. Jetzt bin ich also doch da! dachte er beklommen. Dann klopfte er. Frau Resi selber öffnete ihm und stand staunend, wie angewurzelt. „Ja ... is wahr? Der Großvater!" Drinnen in der Stube hörte man einen Hopser und der Schani kam heraus geschossen. Vor Eifer stolperte er und purzelte dem Großvater vor die Füße. Das war ein lustiger Empfang! Der Alte und Frau Resi lachten, Herr Übel, der jetzt mit der Würde des Hausherrn herankam, drückte dem Schwiegervater warm die Hand. „Au weh!" klagte Schani, „aber das macht nichts, wenn nur der Großvater da ist!" Der Alte wurde im Triumph in die Stube gezogen. Frau Resi drückte ihn auf das Sofa. Herr Übel hielt ihm ein Packerl Virginia hin, Schani hatte sich gleich seines Hutes bemächtigt und sich über den Kopf gestülpt. „Das ist ja Haarsträubend, was ihr mit mir treibt s , lasst s mich doch wenigstens Luft schnappen." So schnell ging aber die Aufregung nicht vorbei. Frau Resi stellte den Kaffeehäfen auf den Gasherd und jammerte dabei, dass sie gerade heute keinen Gugelhupf zum Aufwarten gebacken habe, Schani lenkte mit Geschrei die Aufmerksamkeit des Großvaters, auf ein stolzes Bauwerk aus Holzwürfeln: „Schau ... das ist der Hanusch-Hof!" Herr Übel entschuldigte sich, weil er ihn so respektlos in Hemdsärmeln empfangen habe. „Aber das macht doch nichts!" sagte der Alte ganz verwirrt. „So! Möch st nicht auf den Balkon zur Jause kommen? Lud die Frau Resi ein und er gab sich einen Ruck: „Richtig, der Balkon! Wo ist er denn?" Er erinnerte sich an die Worte Stowassers, suchte die rote

Ampel, die wirklich vorhanden war, aber er fand beim besten Willen nichts Unsittliches daran. Im Gegenteil. Es gefiel ihm, wie die Familie gemütlich beisammensaß. Über die blühenden Pelargonien in den Blumenkästen, konnte man in den Hof hinunterschauen, wo Kinder und alte Leute auf den Bänken saßen und sich sonnten. Irgendwo spielte einer auf der Geige. Kein Straßenlärm drang in diese Abgeschiedenheit. Man kam sich vor, als wäre man weit weg aus der Großstadt. Herr Übel paffte blaue Rauchwölkchen aus, die in der warmen Luft zergingen und langsam fortschwebten. Frau Resi zupfte ein gelbes Blatt von ihrem Lieblingsblumenstock, Schani schaute über den Rand seines Häferls zum Großvater und biss tüchtig in sein Butterbrot. Jetzt werde ich sie ausfragen! Nahm sich der alte Leutgeb vor und erinnerte sich an seinen Auftrag. Na, ganz so, wie man im Veteranenverein darüber redete, war es doch nicht. Die Häuser waren weder aus Pappendeckel, wie im Theater, noch aus Holz und mit Mörtel angeworfen. Sie wackelten auch nicht, wenn man über die Stiegen ging. Das war einesteils eine peinliche, andernteils eine erfreuliche Feststellung. Er sah schon die Herren, über seinen Bericht ungläubig die Köpfe schütteln. Es ärgerte ihn, dass er das undankbare Geschäft des Aufklärens für Leute übernommen hatte, die die Wahrheit nicht gerne hören würden. Nein, er wollte seinen Angehörigen hier keine Komödie vorspielen. „Die Geschichte ist so", fing er an, „die Leute reden viel, wenn der Tag lang ist. Der Stowasser und seine Freunde, haben einen Zorn auf die Gemeindebauten, weil s aber nichts darüber wissen, wollen sie s ausspionieren. Man soll einmal mit den Leuten reden, hat er gemeint. No, da sind s auf mich gekommen, weil ich doch wen hab' der da wohnt.

Jetzt sagt s einmal: seid s zufrieden oder nicht?" „Wir sind zufrieden!" Schani antwortete sofort und wischte sich die fetten Hände in die Sonntagshose. „Nicht vorlaut sein!" rügte die Mutter. „Lass ihn! Der Schani darf reden, wenn er was Gescheites weiß und wenn er die Wahrheit sagt!" meinte Herr Übel. „Ich mag keinen Buben, der ein Duckmäuser ist. Ja, wir sind zufrieden. Das siehst du doch! Wenn ich zurück müsst ... völlig unmöglich kommt s mir vor, dass wir dort so viele Jahre ausgehalten haben." „Weil wir blöd waren!" stellte Schani fest. „Geh' was weißt denn du, an das erinnerst du dich nicht mehr!" meinte der Großvater. „O ja" widersprach der, „ich weiß genau, wie wir umgezogen sind. Im Heiligenbild waren Wanzen. Die Mutter hat gesagt: „Weißt was, Schani, wir tragen das Bild zur Waldandacht in die Freudenau!" „Jetzt bist aber still!" befahl Herr Übel verlegen. „Ist das vielleicht nicht wahr?" berief er sich auf die väterliche Redeerlaubnis. „Oder ist es nicht gescheit, dass wir das Bild zur Wald- andacht getragen haben. Dort haben wir s an einen Baum genagelt, zum Auslüften. Die anderen Leute machen das auch so!" Frau Resi war rot geworden. „Mit dem Kind ist s ein Kreuz. Alles sieht er und alles weiß er. Wenn er in der Schule nur auch so gut lernen würde. Er lernt nicht brav!" „So, so, so?" der Großvater wackelte mit dem Kopf. „Sag, warum lernst nicht brav?" „Ich mag nicht!" „Wa- rum magst du nicht?" „Ich bin eh ein gescheiter Bub." „So, so, so? Ja ... wer sagt denn das?" „Der Großvater!" Der alte Leutgeb war sehr erstaunt. „Ich hab noch nie gesagt, dass du ein gescheiter Bub bist. Das werden wir später sehen." „Nicht du", meinte Schani ärgerlich, „das sagt der andere Großvater!" „Der andere Großvater? ... Jetzt weiß ich net ...was für ein anderer Großvater?" „No, der Großvater Schediwy!" ... Bums! ... Das war eine feine Bombe, die da mitten auf dem Jausentisch explodiert war. Die Eltern hatten gleich geahnt, was da kommen würde, aber sie konnten es nicht mehr verhindern. „Der ist nicht dein Großvater!" brauste der Alte auf und man sah, wie furchtbar er sich ärgerte. Schani hatte heute einen Tag, wo ihn nichts einschüchtern konnte. „O ja!" sagte er mit großartiger Überlegenheit, „der ist genau- so ein Großvater wie du". In seinem Gesicht strahlte ein unausgesprochenes „Sixt es, jetzt hast du s „! Herr Übel spielte den Beschwichtiger. Frau Resi goss ihrem Vater schnell noch eine Schale Kaffee ein und tropfte dabei auf das neue Tischtuch. Schani lächelte über die geringe Intelligenz der Erwachsenen, sagte artig: „Danke für die Jause!" und ging zu seinen Holzwürfeln, um den Hanusch- Hof durch einen großen Zubau zu erweitern. Der Alte sagte „Schwamm drüber! Lass ma dem Raubersbuam seine Freud'. Meinetwegen kann er noch fünfzig Groß- väter haben. Hauptsache ihr seid s zufrieden!"

Innerlich aber wurmte ihn die Sache sehr und verdarb ihm gründlich die Freude an dem Besuch. Er empfahl sich auch bald, nachdem er die Wohnung bis in die ver- borgensten Räume genau besichtigt hatte. Vorher er- kundigte er sich nach Peter. Der war nicht zu Hause, er hatte mit seinem Fotoapparat, die ihm Ernst Wagner zum Namenstag geschenkt hatte, einen Fotoausflug ge- macht. Beim Abschied lag der Frau Resi eine Frage auf der Zunge. Willst nicht zur Anni schauen? Wollte sie fragen. Sie wohnt einen Stock tiefer, grad unter uns. Aber sie brachte es nicht heraus!

Der alte Leutgeb ging langsam die Stiege hinunter. Jetzt, wo er hier schon vertrauter war, wollte er die Dinge näher untersuchen. Er betastete die Wände, rüttelte an dem Geländer, betrachtete mit Kennerblick Fensterrahmen und Türstöcke und fuhr mit den Fingern über den Lack. Plötzlich blieb sein Blick auf einem kleinen weißen Türschild hängen: „Karl und Anna Schediwy". Es erinnerte ihn, dass er noch ein anderes Kind hatte. Da also wohnen sie! Er stand da und dachte nach! Seine Abneigung gegen Karl war vergangen, seit er mit eigenen Augen die Aussage des Herrn Nowak aus Olmütz gelesen hatte. Gab es noch einen anderen Grund, diesem sonderbaren Menschen, der sich um eines anderen willen hatte hetzen und treten lassen, die Hand zu verweigern? Nein! Vielleicht warten s auf mich? Du hast dem Karl schwer Unrecht getan ... er ist ein ganzer Kerl, ein tüchtiger Arbeiter, ein braver Ehemann, er hat dein Mädchen glücklich gemacht! In ihm lebte seit langem der Wunsch, das Zerwürfnis gütlich beizulegen. Er wollte es aber nicht eingestehen, dass er Sehnsucht nach Frieden hatte, als letztes Glück seiner alten Tage. Hier war die Gelegenheit, den ersten Schritt zu machen. Er war ja nicht deshalb gekommen. Aber weil er schon da war, weil es sich so fügte ......Er war ein sonderbarer Kauz, der alte Leutgeb, ein eigensinniger, kratzbürstiger Sonderling, der sich nur widerwillig von den Stricken des Schicksals, dorthin ziehen ließ, wohin sein Herz ihn trieb.

„Sie sind sich nicht zu Haus', an dem schönen Tag!" murmelte er in den Bart, nachdem sein energisches Klopfen, im stillen Stiegenhaus hallte. „No ..., Ich kann sagen, dass ich da war!" Aber er hatte sich getäuscht. Man hörte flinke Schritte, dann stand er Anni gegenüber. „Vater ... du?"

„Ist s dir vielleicht nicht recht?" meinte er bärbeißig.
„Ich war bei der Resi ... Da hab' ich gedacht, schaust zur
Anni auch!" „Vaterl, liebes Vaterl!" rief Anni, von Zärtlichkeit erfüllt. Sie umarmte und küsste den alten Mann.
„Komm, gib Hut und Mantel her ... da hängen wir sie
auf ..." Er weigerte sich. „Nein ..., Nein ... Ich geh' gleich
wieder ... höchstens fünf Minuten bleib ich. Hab nur
schauen wollen, wie s euch geht. Ist der Karl da?" „Drinnen!" Karl stand mitten im Zimmer, erstaunt und ein
wenig verwirrt. Er hatte den Alten gleich an der Stimme
erkannt und seine Silhouette durch die Mattscheiben der
Vorzimmertür gesehen. Er wusste nicht, was er von dem
unerwarteten Besuch halten sollte. Der Alte kam steif
und förmlich herein. „Ich bitt' um Entschuldigung, wenn
ich störe", meinte er. „es ist der reine Zufall, dass ich da
bin. Ich war bei der Resi ... na, wie ich über die Stiegen
geh' ... Könnst doch einmal nachschaun, hab' ich mir gedacht, vielleicht haben s a Freud'. Sie entschuldigen schon,
Herr Schediwy!" „Seien sie uns herzlichst willkommen.
Wir haben oft davon gesprochen, wie froh uns ihr Besuch machen würde." Der Alte räusperte sich geschmeichelt. „Na, ja, ich weiß selber nicht, warum ich nicht schon
früher gekommen bin. Ich hab sie für schlecht gehalten,
ich habe mich getäuscht. Ich hab' viel mitgemacht mit
der Anni und ihnen. All' die Jahre hat es keinen Frieden
gegeben in meinem Haus. Glauben s , dass man davon
verbittert wird?" „Wollen wir nicht alles begraben, was
war?" fragte Karl. Anni, die sich um den Alten kümmerte, bat schmeichelnd: „Bitte, bitte, Vaterl, sei wieder gut
auf uns ... auf den Karl und mich! Wir haben nicht auf
dich hören können ... dazu haben wir uns viel zu lieb gehabt. Bitte, bitte, Vaterl!" Annis Worte griffen warm an

sein altes Herz. Es war eine Dummheit, das Ganze! Dachte er, die Jungen haben Recht gehabt. Ja, ja ..., so ist das Leben! Er nahm Anni am Kinn und hob ihren Kopf zu sich: „Nur eines will ich wissen, Mädchen und das musst' mir schwören, bei allem was dir heilig ist: Bist du glücklich?" „Ja, ja!" rief Anni, „Ich bin glücklich, das schwöre ich dir!" „Dann ist s gut. Dann red' ich nichts mehr drein. Die Jugend ist grausam, sie zieht fort von den Alten und baut sich ein eigenes Nest. Wir Alten können nichts anderes machen, als ja und amen dazu sagen." Er holte sein taschentuch heraus und schneuzte seine Rührung hinein. Ich weiß nicht, wie mir ist! Dachte er still das ganze Herz schmilzt mir wie ein Eisbrocken. Dann merkte er, dass Karl noch immer wartend da stand. „No,...geben s mir die Hand, Herr Karl. Ich hab' schon gehört von ihrem Opferwillen und das hat mir imponiert. Wenn ich das gleich gewusst hätte, da wäre alles anders gekommen. Glauben s nicht?" Karl nickte und reichte ihm die Hand. Anni stand dabei und strahlte. Endlich, endlich war alles wieder gut, endlich die Versöhnung gekommen, die sie schon so lange herbeigesehnt hatte. Es ging um die Ruhe des Vaters, um das Glück dieses alten, braven Mannes, der sich aus Unverstand und Starrköpfigkeit gekränkt hatte. Anni versuchte nicht, nach dem Grund zu forschen, warum ihr Vater plötzlich so zugänglich geworden war. Erfüllt mit Vorurteilen, von falschen Vorstellungen beeinflusst, verstimmt durch die Redereien seiner Freunde im Veteranenverein war er gekommen. Zu lauern und ein Machwerk der politischen Verführung zu enthüllen. Enttäuschung glaubte er zu finden, Verzweiflung und Anklage ... aber, er fand glückliche Menschen, frohe Familien, den taghellen, sonnenwarmen Sonntagsfrieden genießend. Das war nicht die Umgebung, in der Hass und Streit gedeihen konnten. Die waren verbannt! Sie mussten sich zurückziehen in die schmalen Höfe und düsteren Löcher der alten Häuser, wo die Menschen eng beieinander wohnten und einander im Weg sind. Hier war Hoffnung! Das Leben atmete hier rein und klar, hier blühte die Freundschaft um die Wette mit den Blumen der Balkone, hier gedieh Liebe zwischen den Menschen...! Der Alte wusste es nicht, aber er empfand es. Es kam ihm vor, als könne er hier, zum ersten Mal in seinem Leben, den Körper recken und dehnen, den das düstere Schlössel das enge, alte Erdberg an richtiger Entfaltung gehindert hatte. Er glaubte, zum ersten Mal die Wärme der Sonne, die Farben der Natur, die Größe der Welt zu empfinden und verstand mit einem Mal den glühenden Fanatismus, den das Volk für die von ihm erkämpfte neue Zeit empfand. Das machte ihn besinnlich und demütig. Trotzdem aber fiel er noch einmal in seinen alten Groll zurück. „Möchtest du nicht auch dem Karl seinen Vater die Hand geben?" fragte Anni, die in ihrer Freude alles gerettet glaubte. „Er ist da ..., draußen auf dem Balkon!" Ja, dort saß wer hinter der Glastür, mit irgendeiner Bastlerei beschäftigt, denn man hörte Hämmern und Sägen. Dort saß der alte Schediwy und bemühte sich, Bretter, die er schon zugeschnitten hatte, fein säuberlich zusammen zu schrauben. Der alte Leutgeb war sprachlos. „Er ist da?" fragte er dann. „Nein ..., dem geb' ich nicht die Hand." Er bekam einen roten Kopf und auf seiner Stirne zogen sich drohende Falten zusammen. Der alte Schediwy hatte es gehört. Er schaute ins Zimmer und sagte: „Recht hast, Leutgeb! So eine alte Feindschaft muss man in Ehren halten. Lass dich nur nicht zu was zwingen. Du bleibst im Zimmer und ich am Balkon. Wir ignorieren uns halt. Gelt?" Der Leutgeb überlegte einen Augenblick. Wenn es nach ihm gegangen wäre, wäre er jetzt auf und davon gerannt. Sein Stolz aber duldete es nicht. „wenn s t glaubst du kannst mich rausekeln, nachher irrst du dich, Schediwy", sagte er bockbeinig. Justament geh' ich nicht, ich hab genauso ein Recht da zu sein, wie du!" „Freilich, freilich!" nickte Schediwy und bohrte Löcher für die Schrauben. Karl und Anni mischten sich nicht ein. Sie wussten ja, dass an der ganzen Feindschaft ein Dreckknödel schuld war, den der alte Schediwy vor vierzig Jahren auf den Sonntagsanzug Leutgebs geworfen hatte. Karl zwinkerte seinem Vater zu und sagte: „Ärgern sie sich nicht, Herr Leutgeb. Ich weiß genau, dass sie mit meinem Vater einen alten Zwist haben. Ich war damals noch gar nicht auf der Welt und die Anni auch nicht. Wir sind wirklich unschuldig daran, dass wissen sie doch?" „Mich irritiert gar nichts!" er rekelte sich wohlig auf seinem Stuhl. „Ich bin auf Besuch und alles andere ist mir Wurst!" „Genau dasselbe hab' ich sagen wollen!" sagte Schediwy. „Da hab' ich dir Arbeit erspart!" „Ich dank dir vielmals!" So häkelten sie eine Weile herum. Dann war wieder Ruhe. Schediwy klopfte auf dem Balkon an seinen Brettern herum, der Leutgeb saß drinnen und ließ sich von seinem Schwiegersohn erzählen, durch welche Schwierigkeiten die junge Familie gegangen war, bis sie hier, im Hanusch-Hof ihr warmes Nest gefunden hatten. „Anni, du bringst mir den Kaffee auf den Balkon? Damit ich den Herrn Schwiegervater nicht stören tu!" „Willst was von mir?" fragte Leutgeb gereizt. „Von dir? Gar nix! Lass mir meine Ruh'! „Na, das ist ja noch schöner! Ich red' zu ihm! So was! Ich bin still und muck mich nicht vor lauter Respekt vor dem Herrn Bezirksrat!" „Bist' mir neidig? Ich kann dir nur sagen, dass ich nix davon hab' … keinen luckerten Heller … Nur Aufregung und Scherereien. Wenn ich aus der Fabrik heim komm, warten die Leute schon auf mich. Oft wird's elf und zwölf, bis ich ins Bett komm …" „Jessas, die Wichtigkeit!" rief der alte Leutgeb und schlug sich klatschend auf s Knie, „du tust grad so, wie wenn s ohne dich nicht ginge. Warum hast du dich denn um das Mandat gerissen, wenn st nur Scherereien davon hast?" „Ich habe mich nicht darum gerissen … meiner Seel' net! Ich war immer da, wenn sie mich gebraucht haben. Früher hab' ich die „Gleichheit" und die „Arbeiter Zeitung" ausgetragen. Das war keine Spielerei, sag ich dir. Von der Druckerei ist die ganze Auflage mit dem Einspänner im Galopp in die Verwaltung geführt worden. Dort sind wir schon alle gestanden. Schwupp! hat jeder ein Packel unter seinem Rock versteckt und ist zu den Abonnenten gerannt. Hinter uns sind in einem anderen Einspänner zwei von der Preßpolizei gekommen mit einem Konfiszierungsbefehl vom Landesgericht. Das war eine Hetzjagd! Gewöhnlich haben die Kieberer nichts mehr gefunden. Dafür sind vis-a-vis auf der Gumpendorferstraße schon andere „Geheime" gestanden und sind und nachgegangen. Wo ein Durchhaus war sind wir hinein … Und hinten wieder raus, oder irgendwo hat schon ein anderer gewartet. Der hat das Packl übernommen und ist davon. Wir sind gemütlich weiter gegangen, bis uns der Kieberer gestellt hat: „Was haben sie da, unter dem Rock?" Aber wir haben unter dem Rock nichts gehabt. Die Kieberer sind mit einer langen Nase abgezogen. „Ja, ja" nickte der alte Leutgeb, „und rausschmeißen hast dich lassen müssen, wenn st in die Werkstätte werben, agitieren gekommen bist, zum Beispiel von einem gewissen Leutgeb in der Erdbergerstraße". „Das trag ich dir nicht nach. Es waren finstere Zeiten, wo man nichts reden oder glauben durfte, was nicht gepasst hat. Seitdem ist doch vieles anders geworden!" „Natürlich, alles nur, weil du dabei warst, wenn du nicht dabei gewesen wärst ...!" „Das glaubst du doch selber nicht, Ich weiß, dass ein einzelner Mensch eine große Null ist, besonders, wenn er so ein armer, ungebildeter Kerl ist, wie ich. Aber wir sind mehr und immer mehr geworden, bis die Herrn in der Regierung mit uns haben rechnen müssen. Trotzdem habe ich meinen Anteil daran und den lass ich mir nicht nehmen. Groß ist er freilich nicht! Aber, wenn ich mir das riesen Haus da anschaue, den Hanusch-Hof, so denke ich mir: Siehst, Schediwy, der kleine Baum, da unten auf dem Spielplatz oder das Blumenkisterl da oder die Tür, durch die der Herr Leutgeb hereingekommen ist, ist dein Verdienst. Ohne die dreißig Jahre Arbeit und politische Werbung, die du geleistet hast, ohne die schwarze Liste, auf der du gestanden bist, wäre der Baum, das Blumenkisterl oder die Tür nicht da. Das ist mein Verdienst und darum bin ich zufrieden. Anni und Karl saßen da und hörten das sonderbare Gespräch der Männer. Nur manchmal sahen sie einander an, glücklich, dass es gelungen war, die Hitze der beiden Kampfhähne zu mäßigen. Sie verstanden die verschiedenen Welten der beiden gut. Zwei Leben voll harter Arbeit, zwei Leben, erfüllt von dem Bestreben, entgegengesetzten Weltanschauungen zum Sieg zu helfen, bäumten sich noch einmal auf, als Beweis, dass der Zweck des Lebens, Kampf über Wiegen und Gräbern ist ..., für die Zukunft.

Der alte Leutgeb verstand den tiefen Sinn in den Worten seines alten Feindes, aber er fand es sonderbar und schwer begreiflich, dass der Lohn eines langen Lebens in dem Bewusstsein bestehen sollte, einen einzigen Stein zu dem Gebäude beigetragen zu haben, in dem es sich andere, fremde Menschen behaglich machen. Darum sagte er: „Dann bist du bescheiden, Schediwy, das muss ich schon sagen. Schau ich habe mich auch geplagt, ich hab' mir was erwirtschaftet, ich könnte mich auf meinem Grund und Boden ausruhen und von meinen Sparkreuzern leben, wenn s der Himmel nicht anders beschlossen hätte. Ich hab wenigstens gewusst für wen ich mich ab racker … für mich und meine Kinder. Aber du … du hast nichts davon und bekommst nichts dafür, solange du noch arbeiten kannst, ist s gut … nachher wirst zum Graffelwerk gehaut. Vielleicht hast du in eurer Zeitung einen Nachruf von fünf Zeilen. Ich weiß nicht, ob du so viel gespart hast, dass du dir deine Leich selber zahlen kannst." „Ja, du hast Recht. Von deinem Standpunkt aus, hast du ganz recht." Nickte er ernst. Der alte Leutgeb richtete sich plötzlich auf und fragte: „Was nagelst denn da, Schediwy?" „Ein Bücherbrett für den Peter, Er braucht über dem Tisch ein Bücherbrett. Warum fragst du?"

„Na, weil ich dir nicht länger zuschauen kann. Das ist eine Pfuscherei, was du da machst. Die Bretter gehören gepfalzt, nicht geschraubt oder genagelt. Das hält keine vierzehn Tage." „ich verstehe nicht viel davon", gestand Schediwy ein wenig beschämt, „Ich bin ein Metalldreher … mit Holz hab ich mein Lebtag nichts zu tun gehabt." „Das sieht man!" „Ich hab s dem Peter aber versprochen …, eigentlich nicht, ich wollt ihn damit überraschen, weil er so jammert, dass er seine Bücher nichtmehr unter bringt." Da erwachte ein Floh im Ohr des alten Leutgeb und kitzelte ihn fürchterlich. „Du bist ja der Großvater, da hast du Verpflichtungen, natürlich." „Wieso bin ich der Großvater?" erkundigte der sich arglos. „Geh, tu nicht so!" polterte der alte Leutgeb los. „Glaubst, ich weiß es nicht? Ganz narrisch ist der Schani auf seinen Großvater, der ihm einredet, dass er ein gescheiter Bub ist. Ich bin die reine Null … nur der Großvater Schediwy gilt was. Sei still! Ich will nichts wissen … höchstens das eine, wie du dazu kommst, dich für den Schani seinen Großvater auszugeben? Ha?" Er war sich nicht bewusst, wie lustig seine Erbostheit wirkte. Anni lachte hell auf. Es war ein lustiges, befreiendes Lachen, in das auch Karl und sein vater einstimmten. Der alte Leutgeb stutzte und sah sich um. „… No …, was gibt s da zum Lachen? Bin ich euer Narrentattel?" „Aber Vater, was denkst du denn", rief Anni und klatschte froh in die Hände, „lieb bist du in deiner Eifersucht … wie der heilige Nikolo, der sich über einen Konkurrenten aufregt. Geh' mach s noch einmal!" „Ja, Schnecken!" brummte der Alte, wobei er ein grimmiges Lächeln nicht verbeißen konnte. „Eifersüchtig? Ich und eifersüchtig? Dass ich nicht lach! Aber ärgern tut mich das! Wie kommst du dazu, mir meinen Schani abspenstig zu machen? Ich bin der Großvater, verstehst? Nicht du!" Alle lachten und der alte Schediwy sagte: „Bitte schön, wies gefällig ist, herr Großvater! Wenn der kleine Schani mich lieber hat als dich, dann bist du selber schuld. Kümmerst du dich um ihn? Warst du schon einmal auf Besuch da? Hast du schon geredet und gespielt mit ihm? Hast ihn schon Hoppareiter machen lassen oder in seine Schulhefte geschaut? Na siehst du? Für ein Kind ist der der Großvater, der sich wie einer aufführt. Du hast das nicht gemacht und jetzt dafür die Strafe!" Jetzt war der alte Leutgeb gründlich geschlagen. Das ärgerte ihn. Aber er konnte es recht und schlecht verbergen. Er saß noch eine Weile und rüstete sich dann zum Aufbruch. Bevor er aber ging, schaute er sich die Bastelarbeit genauer an. Sein Urteil war niederschmetternd." Mir tun die Augen weh, wenn ich so einen Pfusch anschauen muss. Mit so was, willst eine Überraschung machen? Schämst du dich nicht? Ich nehme jetzt die Bretter mit und mach daraus eine ordentliche Stellage, was sich sehen lassen kann. Am Donnerstag ist sie fertig. Hast gehört?" „das kann ich nicht von dir verlangen", wehrte sich der Schediwy. „Jetzt willst die Bretter hinschleppen und die Stellage am Donnerstag wieder her?" „Die Bretter trag ich leicht! ... Aber, dass ich dir die Stellage her schlepp ... so blöd bin ich wieder nicht. Hol' sie schön selber. Wirst doch noch wissen, wo meine Werkstatt ist?"

Das war ein ereignisreicher Sonntag. Später, als sie alleine waren, saßen Anni und Karl draußen auf dem Balkon und genossen die Kühle der Dämmerung. Längst war der fröhliche Lärm der Kinderspiele ausgeklungen, die Geige verstummt. Rote Balkonlampen glühten auf. Es war so still, so schön, so friedlich. Anni lehnte sich an Karls Schulter, nahm seine Hand ..." Mir war es, als hätte ihm etwas gefehlt bei uns", sagte sie leise und scheu. „er hat so gesucht, geschaut ..." Karl lächelte im Dunkel. „Fehlt, was du glaubst, das er sucht, nicht uns ... dir und mir?" „Ja, Karl!" flüsterte sie. „Jetzt müsste es uns nicht mehr fehlen. Wir sind befreit, wir sind Menschen geworden und haben unseren Anteil an Licht und Sonne." „Ja", sagte sie und drückte Karls Hand, „Jetzt müsste es uns nichtmehr fehlen ... jetzt nicht mehr ..."

20

Mit mächtigen Schritten ging die Zeit über das Land. Peter und Ernst fühlten es. Seit drei Jahren besuchten sie gemeinsam die Universität. Noch zwei Semester und wieder ging ein wichtiger Lebensabschnitt zu Ende. Wieder wie damals, als sie das Gymnasium verlassen hatten, kam die Schicksalsfrage. Nicht mehr so düster und ängstigend, aber doch streng. Es war Sommer!

Die Bücher und Kolleghefte hatten Ferien, wie ihre Besitzer. Die Sonne, über Wasser und Wiesen, der Schatten des Waldes lockten und riefen! Vom Ernst des Studiums befreit fühlten sie es: Wir sind Jung! Wir sind jung! So viele Straßen führten aus der Stadt ins Grüne. Die Mädchen waren fort, ließen es sich in einem Studentinnenheim mitten im Wienerwald gut gehen. Die Burschen aber waren gerne daheim geblieben. Frühmorgens wanderten sie fort, spät abends kamen sie heim, oder sie lagen irgendwo am Strand der Donau und gingen erst abends hinaus in den düsteren Wald, den die Nacht mit geheimnisvollen Lauten und spukhaften Schatten füllte. Schweigend wanderten sie hinaus zu den Hügeln von Neustift und Salmannsdorf. Lauer Wind streute den Duft der Rosen aus den Gärten, gemischt mit dem Heugeruch der Wiesen, über ihre Wege. Eine Beschaulichkeit, die hunderte Gedanken weckte. Wo die Buchen rauschten und die Glühwürmchen ihren magischen Schein durch die Büsche trugen, machten sie Rast und sahen schweigend auf ihre Stadt hinunter, die hell wie ein Sternenfeld im dunklen Land lag. Wien, die vielgelobte, die vielgelästerte Stadt, die Stadt ihrer Jugend! Lange saßen die beiden jungen Männer auf dem kühlen Gras, sie schauten nach dem fernen Leuchten der tausend Lampen. Ernst saß ganz still, in ihm war eine große Angst, die ihn zaghaft und kleinmütig machte. „Ich glaube, ich werde nicht alt werden", sagte er unvermittelt, „es ist, als hätte der Kalender meines Lebens nur mehr wenige Blätter!" „Fühlst du dich krank?" „Nein ... Nein." „Warum dann?" Ernst gab keine Antwort. Es war so leer und traurig in ihm. „Warum dann?" fragte Peter wieder. „Wie kann ein junger, gesunder Mensch solche Ahnungen haben?"

„Wie? Ja, das weiß ich selber nicht. Ich habe sie ..., aber sie ängstigt mich nicht. Ich weiß nur eines auf der Welt, das ich nicht verlassen möchte. Klara!" In Peter begann es zu kochen. Er hasste seinen Freund, wenn er elegisch wurde. Spottlust stieg in ihm auf, das Bedürfnis, mit Worten dreinzuschlagen. Jetzt schwieg er, denn Ernst sprach von Klara. „Was wird aus Klara werden, wenn ich nicht mehr bin?" fragte Ernst in das Dunkel hinein. Peter dachte: Er redet wie ein alter Vater, der sich um sein Kind sorgt. Er hätte gerne gelacht, hell aufgelacht, um dem Freund die eigene Komik zu beweisen, aber es schnürte ihm die Kehle zu. Es lag etwas in seiner Stimme, das jede heitere Auslegung zurückwies. „Nun", fragte Ernst und drehte ihm den Kopf zu, „nun?" Dann sagte er, da Peter nichts erwiderte, sondern verlegen Grashalme aus dem Boden rupfte: „Es ist vielleicht eine unpassende, überflüssige Frage, aber ich möchte doch, deine Antwort hören: Hast du Klara gern?" „Ja ..., natürlich ..., ich habe Klara gerne, genauso wie Gretl. Wir sind doch miteinander aufgewachsen!" Da lächelte Ernst überlegen und beugte sich ganz nahe zu seinem Freund. „Nein, nein", sagte er leise, fast unhörbar, „du liebst sie!" Der Nachtwind trug die Worte fort in das Rauschen des Waldes. Peter saß unbeweglich, wie erstarrt. Seine Augen waren weit offen und sahen nach den flimmernden Lichtern am Horizont. Sein Geheimnis, das er verborgen und gehütet hatte, war kein Geheimnis mehr. Er war einsam und hilflos wie ein ertappter Dieb. Sag nein! schrie es in ihm, sag nein! – „Ja!" antwortete er laut und fest, „ich liebe sie!" „Dann ist es gut, jetzt bin ich um eine Last leichter, es hat mich schwer gedrückt!"

Die Freunde sprachen kein Wort mehr darüber. Das Gefühl der Unbehaglichkeit und Scheu, das anfangs zwischen ihnen war, verging allmählich. Es schien in Vergessenheit geraten zu sein. Nach wie vor machten sie ihre Ausflüge und Wanderungen und beschlossen sogar, den Mädchen, im Studentinnenheim einen Besuch zu machen.

Es war Mitte Juli 1926.

„Hole mich morgen früh ab", hatte Ernst gesagt, „wir werden uns Fahrräder ausborgen und eine Partie in die Lobau machen. Vergiss deinen Fotoapparat nicht, dort unten gibt es wunderschöne Motive". Am anderen Morgen traf Peter pünktlich an. – Ernst war nicht mehr da. – „Er ist in die Berge gefahren", erklärte Frau v. Pivnitzka, die Peter mit all ihrer altmodischen Höflichkeit empfing. „Denken sie nur, er tritt schon im Herbst in die Polizeidirektion ein. Mein Schwager, der Hofrat, hat es beim Präsidenten durchgesetzt, dass er schon jetzt ... Noch vor Vollendung seines Studiums ... aufgenommen wird. Sie wissen es ja, Ernst war nicht gerade begeistert davon, als es ihm sein Vater gestern sagte. Schließlich aber war er vernünftig genug, dieses unvermutete Glück richtig zu würdigen. Nur einen kleinen Urlaub hat er sich vorher noch ausgebeten ..., ein, zwei Wochen in den Bergen! Heute früh ist er mit dem ersten Zug fort!" Peter war überrascht. „Davon wusste ich nichts!" „Sie hätten mitfahren sollen! Das wäre schön gewesen. Allerdings kostet es Geld. Ich weiß nicht, ob ihr Herr Pflegevater ..."?

Peter überhörte diese Gemeinheit. Ernst weggefahren ohne mich zu benachrichtigen? Ging es durch seinen Kopf, Ernst weggefahren ... Langsam von lähmender Angst befallen, ging er. Draußen vor dem Haustor blieb er stehen und schüttelte immer wieder den Kopf. Was sollte er machen, um diesen Vorfall zu verstehen. Nichts! Warten! Er wird mir schreiben, dachte er, wird mir die Gründe seiner plötzlichen Abreise, ja Flucht, erklären. Gewiss würde er das machen!

Er ging den ganzen Tag unruhig herum, schaute hundert Mal in den Briefkasten, obwohl er wusste, dass es zu früh war und seine Nachricht noch nicht eingetroffen sein konnte. Morgen fahre ich zu den Mädchen! beschloss er, ich halte es alleine nicht mehr aus. Nur die Früh-post wollte er noch abwarten. Um acht Uhr lauerte er schon hinter der Tür. Sooft Schritte über die Treppe kamen, schlug sein Herz zum Zerspringen. Jetzt! Jetzt! Einmal war es der Rauchfangkehrer, dann wieder eine Hausfrau, die vom Einkaufen kam. Sie alle bereiteten ihm, ohne es zu wissen, Qualen. Endlich schien es der Briefträger zu sein. Man hörte schwere, schlurfende Schritte: Sch..., sch...! Dann eine Pause. Er blieb irgendwo stehen, um Post einzuwerfen. Jetzt kam er ins Stockwerk hinauf. Sch... sch...! Ein wenig müde und überdrüssig. Dazwischen schnaufte er. Jetzt musste er unmittelbar vor der Tür stehen. Schnell! Schnell! wollte Peter rufen, um ihn anzufeuern. Der gute Mann ließ sich Zeit. Eine Weile war es ganz still, man hörte nur sein Schnaufen. Endlich rührte sich was am Briefkasten. Die Klappe klirrte und dann ein Plumps.

Nichts von Ernst ..., aber ein Brief, von Klara! Enttäuscht und neugierig, riss er den Umschlag auf. „Ernst war heute hier", schrieb Klara. „Er will in die Berge und sein Ziel ist der Sonnblick. Wir sind in größter Angst um ihn. Bitte schreib sofort, was zu Hause vorgefallen ist. Oder komm selbst. Es ist besser wenn du selbst kommst. Wir erwarten dich." Peter überlegte nicht lange. Klaras Brief hatte alles noch düsterer gemacht. Zehn Minuten später war er auf dem Weg zum Bahnhof und eine Stunde später war er bei den Mädchen. „Er ist fort, ohne mir ein Wort zu sagen!" berichtete er. „Er war hier", sagte Klara, „gestern früh ..., wir waren auf dem Turnplatz ..., plötzlich rief man uns. Ernst stand am Tor. „Ich fahre in die Berge", sagte er, „wollte euch noch einmal sehen! ... lebt wohl! Grüßt mir Peter! Dann hat er uns beide geküsst und ist fort!" „Und ihr?" schrie Peter, „ihr habt ihn gehen lassen?" „Nein", sagte Gretl bedrückt, „wir sind eine Weile gestanden und haben uns angeschaut. Es ist uns alles so merkwürdig vorgekommen. „Wir müssen ihm nach ihn fragen, hat Klara dann gesagt. Aber wir waren im Turntrikot und haben uns so nicht auf die Landstraße getraut." „Und wenn ich splitternackt gewesen wäre", sagte Peter. „Ich bin schnell hinauf um unsere Kleider zu holen, wir haben sie übergezogen und sind Ernst nach. Er war noch nicht weit gekommen, ging mit großen Schritten, dem Bahnhof zu." „Und? Und? Habt ihr ihn eingeholt?" Gretl schüttelte den Kopf. „Wir sind gerannt und haben ge-

314

rufen. Er muss uns gesehen und gehört haben. Ein Autobus hat uns überholt. Ernst hat ihn angehalten und ist eingestiegen." „Eine Flucht also!" „Ja", sprach Klara mit Tränen in den Augen, „es war Flucht. Er ist geflohen..., auch vor uns!" Peter berichtete von der Verabredung zur Radpartie und der Mitteilung der Tante. „Was sollen wir machen?" fragte er voll Verzweiflung. Klara schlug vor ihm nachzufahren, zum Sonnblick. Vielleicht ließ sich dort eine Spur finden. „Wenn es eine Flucht war, so hat er euch absichtlich irregeführt. Ich glaube nicht, dass er tatsächlich dort zu finden ist. Wie könnten wir dieses weite Gebiet durchforschen?" Das sahen die Mädchen ein. „Es ist unerträglich, hier zu sitzen und zu warten, wir müssen nach Hause. Der Hofrat muss alle Hebel in Bewegung setzen..., man muss ihn finden, man muss!" „Papa würde uns auslachen, wenn wir ihm so was zumuten", warf Gretl ein. „Vielleicht sind wir alle drei hysterisch?" „Ich nicht! Ich nicht!" Peter war überzeugt, dass es sehr ernst war. „Ernst kommt wieder!" versuchte, Gretl sich und ihren Freunden einzureden. Denkt daran, was wir mit ihm schon alles erlebt haben. Ist er nicht immer wieder vernünftig geworden? Gewiss hat ihn wieder der alte Lebensüberdruss gepackt und die Verzweiflung über sein zweckloses Dasein. Die Bergluft wird ihn gesund machen. Er liebt die Natur, ihre Nähe wird ihn beruhigen. „Ja!" sagte Klara und es klang wie ein Gebet. Sie schwiegen. Draußen lag die Mittagssonne über den Wäldern, sandte einen steilen, goldglitzernden Strahl auf das Wasserglas auf dem Tisch, in dem eine blutrote, Rose steckte. Im Garten lachten helle Mädchenstimmen. Sie aber saßen still und starrten vor sich hin. Peter hielt die schwüle Luft des Zimmers nicht mehr aus. Er war am Ende seiner Selbstbeherrschung angelangt. „Ich fahre nach Wien zurück!" sagte er. „Was werdet ihr machen?" Die Mädchen sahen einander an, nur einen Augenblick lang. „Wir kommen mit!" Schnell warfen sie ihre wenigen Dinge in ihre Taschen. Das erweckte die Neugier der Kameradinnen. Keiner aber klärte sie auf. Sie hatten es eilig sie liefen zur Bahn, obwohl sie wussten, dass diese Eile zwecklos war. Auf der Fahrt kamen sie überein, dem Hofrat, noch keine Mitteilung über die Befürchtungen zu machen. Die unerwartete Rückkehr würde sich auch anders erklären lassen. Man wollte warten! Es wurden bange Tage voll Ungewissheit. Die beiden Mädchen waren tagsüber bei Peter. Bei Gretl zu Hause hielten sie es nicht aus, sie wussten, dass sie den Argwohn der Tante erregen könnten. Spaziergänge machten sie nicht, da jede Stunde eine Nachricht von Ernst kommen konnte. So saßen sie in seinem Junggesellenheim, kochten ein bescheidenes Mahl, aber Lust zum Essen hatte keiner. – Eine Woche verging! –

„Ich finde es unerhört, dass Ernst nicht wenigstens eine Ansichtskarte schreibt!" stellte Frau v. Pivnitzka fest. Der Hofrat maß dem keine Bedeutung bei. Er knurrte etwas von Schutzhütten und schlechter Postverbindung. Er hatte ein wichtiges Referat bei der Staatspolizei inne und vergaß darüber alles andere. Peter wanderte mit den Mädchen im Hanusch-Hof umher, besuchten die Familien Übel und Schediwy, ja selbst den Bezirksinspektor Voglhuber, der in seinem Wohntrakt das Amt des Hausmeisters hatte. Gretl und Klara saßen gerne bei den Kindern. Der Schani war stolz, zwei neue Tanten zu haben und gab mit ihnen tüchtig an. Wie ein König, der Besuchern sein Reich zeigt, führte er sie herum. „Das ist der Ferdl und das der Pepi!" stellte er vor, „Das ist die Deli, sie holt dem Herrn Voglhuber immer das Bier. Ihr Vater ist ein Geldbriefträger." Klara erfand lustige Spiele und sah mit wehem Herzen, dem munteren Treiben zu. Alle Kinder hatten sie lieb gewonnen.

Es war der neunte Tag nach Ernsts Abreise. Noch immer war keine Nachricht, von ihm gekommen. Da hörte Peter wieder die schlurfenden Schritte des asthmatischen Briefträgers die Treppe herauf kommen. Wieder schnaufte es draußen vor der Tür, wieder klirrte die Briefkastenklappe und ein Poststück wurde eingeworfen. Ein Brief von Ernst! Unverkennbar war die große, steile Schrift des Freundes. Peter wollte auf den Balkon eilen und die Mädchen rufen, die unten auf dem Spielplatz saßen. Aber er besann sich. Der Brief war an ihn gerichtet, er durfte ihn lesen. Seine Hände zitterten. Es waren vier eng beschriebene Seiten:

Mittersill, den 17. Juli 1926. Mein lieber Freund! Dieser Brief gilt Dir, Klara und Gretl. Ich weiß, dass ihr eine Nachricht von mir mit Ungeduld erwartet habt. Ich richte ihn an Dich, weil ich es Deiner Klugheit überlassen will, den Zeitpunkt zu bestimmen, an dem auch die Mädchen von ihm erfahren sollen.

Lieber Peter! Ich bin in die Berge gefahren. Während ich das schreibe, sehe ich die unendlichen Schneefelder des Großvenedigers in der Morgensonne. Eine Nacht ist vorüber, in der ich kein Auge geschlossen habe. Ich bin jetzt ruhig und habe alles unter Kontrolle. Darum musst auch Du ruhig und gefasst hören, was ich Dir zu sagen habe. Ich werde niemals zu Euch zurückkehren. Ich bin ein Schwächling und schäme mich. Ich weiß, Ihr steht fest im Leben und alle Niedertracht kann Euch nicht wankend machen. Das gilt besonders von Dir und Klara. Gretl wird es mit Eurer Hilfe noch lernen. Ich aber war immer nur ein schwankendes Rohr, das aus sumpfigen Boden vergeblich zur Sonne strebte. Ich gestehe es ein und bekenne es feierlich – heute, da ich nicht mehr lüge –, dass ich Euch, Dir Klara und meiner Schwester, tiefe Dankbarkeit für Eure Güte und Hilfe schulde. Aber ich bin zu schwach. Ich kann mich nicht weiter von Euch stützen und tragen lassen. Ich gebe nur mir selber die Schuld. Ein Mensch muss seiner Zeit gewachsen sein, wenn er an ihr nicht zugrunde gehen will. Ich fühle mich meiner Zeit nicht gewachsen, ich fühle mich nicht gerüstet, ihre Prüfungen zu bestehen. Ihr wisst, wohin Herz und Vernunft, mich geführt haben. Ich habe meine Klasse verlassen, ohne in einer anderen wurzeln zu können, weil ich die Kraft und Zähigkeit nicht hatte. Das habe ich erkannt. Ich werde in den Bergen bleiben. Ich werde das Ende nicht suchen, aber ich werde es finden. Sucht mich nicht! Ich bin froh und frei, ein Mensch mitten in der Natur, die gewaltig und weise ist. In Deinen Händen, liegt es, die Spuren, die mein Dasein bei Euch hinterlassen hat, zu verwischen! Schone meinen Vater! Er ist ein alternder Mann, der nicht ahnt, dass er nur eines der vielen Werkzeuge ist, deren sich die dunkle Seite des Lebens, gegen die helle bedient. Schont ihn und schweigt! Sag Klara und Gretl, dass ich sie liebe. Sag Klara, dass sie mein Glück war! Sie möge mich in Erinnerung behalten! Denk an die Nacht auf dem Dreimarkstein! Denk daran, was ich dich fragte! Deine Antwort hat mich glücklich gemacht. Sie nahm die letzte Last von mir! Lebe wohl, Peter! Lebe wohl, Klara! Lebe wohl, Gretl! Werdet glücklich! Ich war es durch Euch

Ernst

Peter hatte zu Ende gelesen. Die zitternde Erregung war gewichen, große Ruhe kam über ihn. Wieder las er: In Deinen Händen, Peter liegt es, die Spuren, die mein Dasein bei Euch ..., zu verwischen! Peter stand auf, ging auf den Balkon und schaute zum sonnigen Spielplatz. Dort saßen die Mädchen von Kindern umringt. Behutsam und genau faltete er den Brief und verwahrte ihn tief unten in der Lade. Dann ging er, um sich an den Kinderspielen zu beteiligen.

Der Hofrat hatte die Teilnahme aller, die ihn kannten. Seine Kollegen in der Polizeidirektion, die Bewohner des Hauses, seine näheren und ferneren Freunde drückten ihm die Hand mit gemurmelten Worten des Beileids oder schickten ihm einige Zeilen des Mitgefühls. Niemand bezweifelte es mehr, dass Ernst einem Unfall zum Opfer gefallen war. Dreißig Mal hatte der Amtsgehilfe den Kalender umgeblättert und eben sooft hatte der Hofrat den Kopf geschüttelt: Keine Hoffnung mehr! Was man tun konnte, war getan worden. Rettungsexpeditionen hatten das Sonnblickgebiet durchkämmt, Militärpatrouillen waren zu den unmöglichsten Stellen vorgedrungen, viele Meter Seil hatte man in Spalten und Schluchten abgerollt..., umsonst! Einen Monat lang war Ernst gestorben, täglich mehr und mehr. Er wurde für tot erklärt. Der Herr Hofrat Wagner war ein gebrochener Mann. Sein Haar war jetzt ganz grau und sein Rücken gebückt. Man ging in der Polizeidirektion auf Zehenspitzen um ihn herum, klopfte leise an die Tür seines Büros und legte sein Gesicht in ernste Falten ehe man es betrat. Sogar der Herr Präsident kam zu ihm, blickte mit seinen kleinen Augen durch den Zwicker, rieb seinen weißen Spitzbart, sagte „Hm! Hm!" und drückte ihm schweigend die Hand. Jeder fühlte den großen Verlust, der den armen Hofrat getroffen hatte: der einzige Sohn, ein junger Mann, der zu den besten Hoffnungen berechtigte, der Stolz und die einzige Freude eines alten Vaters! Man trauerte mit ihm und überließ es der Zeit, den Schmerz zu mäßigen und die Wunde des Herzens zu schließen.

Peter trug eine schwere Last! Ihm blieb es überlassen, im Sinn seines Freundes zu handeln und die beiden Mädchen davon abzuhalten, in wildem Schmerz, die Anklage gegen den alternden Vater hinauszuschreien." Er ist ein alternder Mann! Schont ihn und schweigt!" Ernsts Vermächtnis – Peter hütete es! – Obwohl die Mädchen nicht an einen Unfall glaubten, ließ er Monate vergehen, ehe er ihn enthüllte. Er wartete den Winter ab, wo sie lesend und studierend beisammen saßen. Dennoch war es erschütternd. Vor ihnen auf dem Tisch lag der Brief und die Mädchen starrten ihn an, wie eine kostbare Reliquie. „Was hat dich Ernst in jener Nacht gefragt?" forschte Gretl, „Was hast du ihm geantwortet, dass er glücklich war und eine Last von ihm nahm?" „Es betrifft Klara", erwiderte er, „Klara ganz alleine... und ich kann es jetzt nicht sagen!" Klaras große, feuchte Augen schauten so fragend aus dem Dunkel. Sag es mir, bettelten sie, sag es mir! Er schüttelte den Kopf. „Nicht jetzt!" Er fürchtete sich vor der Stunde, in der er Klara, Rechenschaft über diese geheimnisvolle Stelle ablegen musste. Mehr als früher verbarg die brennende Sehnsucht nach dem Mädchen hinter der Maske selbstloser Freundschaft. Seine Gesichtszüge waren hart und starr geworden. Beherrscht von Augen, dunkel, rätselhaft die alles in ihren Bann zogen. Die Mädchen fürchteten und liebten sie. Das Geheimnis quälte sie. „Sag es uns! Sag es uns!" bettelten sie dann und wann, aber Peter weigerte sich. „Es betrifft mich ganz alleine?" fragte Klara einmal, als Gretl nicht dabei war. „warum sagst du es mir nicht? Wie kannst du verschweigen, was Ernst und mich betrifft?" Sie hatte Peters Hände genommen und liebkoste sie bittend. Er saß still und ließ es sich gefallen. Es tat so wohl, so wohl! Es war, als sei der Augenblick gekommen, alles, alles zu sagen, hinzuknien vor Klara, den Kopf in ihren Schoß zu legen und die ewigen alten, ewig gleichen Worte zu sprechen, mit denen ein Herz , um das andere wirbt. Es wäre eine Befreiung gewesen, ein lösendes, entfesselndes Gefühl, auch wenn sie gesagte hätte: Nein! Geh fort … Ich weiß keine Antwort! „Tu's! rief es in ihm, nimm sie in deine Arme, damit sie weiß, dass du es nicht länger verbergen und geheim halten kannst. Seine Liebe bereiteten ihm körperliche Schmerzen. Aber er hielt stand, denn die Stunde war noch nicht gekommen, die er dafür bestimmt hatte. „Nicht dich und Ernst betrifft es", sagte er streng und hart. „Es betrifft dich … und mich! Niemand kann mich zwingen es zu sagen, ehe ich es nicht will. Auch du nicht!" Er hatte seine Hände aus denen Klaras befreit. Er brauchte viel Kraft um seine Schwäche zu unterdrücken. „Auch du nicht, Klara!" Mühsam verbiss sie den Schmerz, sah ihn an: „Ich werde dich fragen…, immer wieder!"

Sie trafen sich erst wieder bei Hofrats Wagners allwöchentlicher Gesellschaft. Frau v. Pivnitzka hatte sich das ausgedacht! Der Herr Hofrat war leicht überredet worden und brachte meist jüngere, sogar junge Kollegen mit, die er mochte, so dass es manchmal eine nette Unterhaltung gab. Gretl hatte Lust, ihrer Tante ins Gesicht zu sagen: Du willst mich verheiraten und führst mich den Männern vor! Sie ließ es aber, um des lieben Friedens willen und begnügte sich damit, die jungen Herrn, schlecht zu behandeln. Sie hatte bald den Ruf eine „unverwüstliche Junggesellin" zu sein. Die Tante sah das mit scheelen Augen und sagte einmal beiläufig: „Wie du dich benimmst! Musst du denn unsere Gäste immer mit deiner Gescheitheit peinigen? Als ich jung war, habe ich es ängstlich vermieden, gescheiter zu scheinen, als die jungen Herr in unserer Gesellschaft. Wobei ich bemerken möchte, dass ich im Offizierstöchterinstitut eine vorzügliche Bildung erhalten habe. Musst du über empirischen Kritizismus oder über die Relativitätstheorie dozieren? Steig herunter vom Piedestal der Wissenschaft und werde ein junges Mädchen!" – „Bitte", entgegnete Gretl, „dann musst du auch Papas Kollegen ersuchen, aus ihren Aktenkellern heraufzusteigen und junge Männer zu werden. Siehst du nicht, dass es mir Freude macht ihnen ihre Unwissenheit zu beweisen. Ich weiß natürlich, warum sie kommen und wenn sie zu balzen beginnen, tusche ich sie. Peter zwickt mich vor Freude immer unter dem Tisch..." „Er zwickt dich?" rief die Tante entsetzt, „was ist das wieder? Ja, er ist ein roher Bursche! Dr. Stössel aber, dessen Vater Generaldirektor der Hüttenwerke ist, der würde so was nie tun!" „Es ist mir lieber, Peter zwickt mich, als Dr. Stössel küsst mir die Hand!" stellte sie fest. „Wenn Peter mich zwickt, so bedeutet das etwas ... Wenn mir Dr. Stössel die Hand küsst, so ist das eine fade Schmeichelei. Jeder Affe braucht eine Puppe, mit der er auf der Promenade angeben kann. Vielleicht will er, dass ich seine Puppe werde? Vielleicht wünscht er sich auch nur einen Hofrat und künftigen Polizeivizepräsidenten zum Schwiegervater ... mit dem Umweg über mich!" Frau v. Pivnitzka verschluckte sich und es fielen ihr eine ganze Reihe Maschen von der Nadel. Sie strickte

gerade für ihren Schwager einen Schal. „Wir machen es
nur für Papa", meinte sie und sie wurde verdächtig rot auf
ihren hageren Wangen. „Er soll sich ablenken, ein wenig
zerstreuen." „Ich habe nie etwas anderes gedacht", meinte
Gretl unschuldsvoll.

Klara traf Peter also erst wieder beim Hofrat. Er und
Gretl standen im Vorzimmer und schauten in eine Zeitung. „Hast du gehört?" fragte er hastig. „Schattendorf!
Frontkämpfer haben aus vergitterten Fenstern geschossen Und einen Kriegsinvaliden und ein achtjähriges Arbeiterkind getötet!" Klara wusste es schon. Sie kam von der
großen Protestversammlung, die vor dem Rathaus unter
freiem Himmel abgehalten worden war. Für die Opfer
des „blutigen Sonntag", am 30. Jänner 1927. „Ein achtjähriges Kind getötet!" rief Gretl, „dreizehn Schrotku-
geln haben sein armes Körperchen zerrissen! Der Schädel des Invaliden Csmarits wurde durch einen Vollschuss
zertrümmert. Sein Gehirn klebte an den Alleebäumen!"

Es war das Gesprächsthema des Abends. Der Hofrat
kam später als üblich, denn auch in der Polizeidirektion
hatte das Ereignis Unruhe und Verwirrung hervorgeru-
fen. Er brachte Dr. Stössel mit, denn er wollte sich den
Abend nicht verderben lassen. „Essen wir! Essen wir!" rief
er fröhlich, „ich habe Hunger!" Er summte auf dem Weg
ins Speisezimmer die Arie: „Fröhlich sei mein Abendessen!" aus Don Juan. Die Tante war froh, ihren Schwager
so gut gelaunt zu sehen. Es kam jetzt nur mehr selten vor
und sie erkundigte sich sogleich nach der Ursache. „Warum?" meinte er, „da war doch eine Demonstration wegen der Schattendorfer Vorfälle … Alles in Ruhe verlaufen.
Da freu' ich mich immer, es erspart viele Scherereien". Dr.
Stössel saß artig am Tisch, zauste sein Bärtchen, ließ hin

und wieder seine weißen Pferdezähne sehen und teilte seine Aufmerksamkeit zwischen seinem Vorgesetzten und dessen schöner Tochter. „Ich staune über deinen Hunger, Papa", begann Gretl, die sich eine winzige Portion genommen hatte. Peter griff es auf und sagte: „Was dort unten im Burgenland geschehen ist, verschlägt auch mir den Appetit. Es ist ein entsetzlicher Beweis dafür, wohin unsere politischen Verhältnisse steuern, von den menschlichen gar nicht zu reden. Ein Kriegsinvalide und ein Arbeiterkind …! Dr. Stössel zog seine Oberlippe hoch, was bei ihm gleichbedeutend mit mäßigem Gelächter war. Der Hofrat sagte: „Ihr könnt mir jetzt wirklich Ruhe geben! Gefühlsduselei kommt nach dem Dessert. Nach den Essen können sie mich für alles verantwortlich machen, Herr Peter, von der Erschaffung der Welt bis zur Bleichsucht meiner Schwägerin. Bis dahin bitte ich um Pardon!" Er speiste unter beifälligem Gelächter des Dr. Stössel weiter. Der Hofrat schnitt endlich eine dicke Zigarre an, steckte sie zwischen die Zähne und zündete sie an. „So", meinte er dann, behaglich in den Stuhl gelehnt, „jetzt stehe ich ganz zur Verfügung. Sie glauben also wie gewöhnlich, dass ich daran Schuld bin?" „Das meine ich gewöhnlich nicht, Herr Hofrat. Ich meine gewöhnlich nur, dass es ihnen manchmal sehr schwer fallen muss, mit denen am Ruder zu stehen, die momentan den Regierungskurs bestimmen!" „Wieso?" fragte der und blies dicke Rauchwolken aus. „Wieso stehe ich am Steuerruder?" „Das zu fragen, erlaube ich mir ebenfalls", bemerkte Dr. Stössel bescheiden. „Bildlich gesprochen!" erklärte Peter. „Lassen wir das Steuerruder und nehmen wir dafür einen Spieß … einen langen Jagdspieß. Nehmen wir an, dass dieser Spieß so lang ist, dass ihn hundert Männer tragen müssen. Wenn nun die hundert Männer mit ihrem Spieß – so wie die sieben Schwaben – durch den Wald gehen und sie stechen einen Hasen tot, so sind sie doch alle Jäger …, der an der Spitze genauso, wie der am Ende des Spießes." „Fabelhaft!" lachte der Hofrat. „Es geht noch weiter", sagte Peter ohne sich beirren zu lassen. „wenn nun die hundert Männer mit ihrem Spieß nicht einen Hasen, sondern einen Menschen totstechen, so sind sie doch alle …, oder sagen wir in milder Form …, so haben sich doch alle zumindest der fahrlässigen Tötung schuldig gemacht. Auch der, der das Ende des Spießes hält". „Gut, zugegeben", meinte der Hofrat, „was soll er dann aber machen?" „Den Spieß auslassen! Sich von den anderen distanzieren!" Der Hofrat betrachtete gedankenvoll die Asche seiner Zigarre. „Was ich an euch Jungen bewundere, ist die Konsequenz im Denken. Ihr betrachtet alles im Leben, mag es noch so unwichtig sein, vom Standpunkt eurer Weltanschauung!" Dr. Stössel hatte sich bisher sehr wenig an der Debatte beteiligt. Er hatte nur Augen für Gretl und tat nur aus Höflichkeit so, wie wenn nichts interessanter wäre als dieses Gespräch. Er schloss sich, nachdem sich die Gäste verabschiedet hatten, Peter an und wanderte mit ihm durch den kalten Jänner-abend. „Sie haben vollkommen Recht!" begann er nach einer Weile, die sie schweigend nebeneinander hergegangen waren. „Ich bin deshalb, noch lange nicht ihrer Ansicht…, theoretisch, bitte, ja …, aber nicht praktisch. Ich denke nur, dass das Ganze eine große Schweinerei ist. Ich sitze an der Quelle und weiß es aus Erfahrung. Das Gesetz, von dessen Objektivität so viel geredet wird, ist sozusagen nur der Wandschirm, über den man nach der Bevölkerung mit Steinen wirft. Ich wäre kein moderner Mensch, wenn ich das nicht begreifen würde.

Aber, was wollen sie? Soll ich deshalb Sozialist werden? Ich handle nach dem weisen Spruch: Nach mir die Sintflut und schaue, dass ich bei meinen Vorgesetzten beliebt bin!" „Ich bewundere ihren Zynismus, Herr Doktor!" Dr. Stössel lächelte vor sich hin. „Diese Ehrlichkeit, bin ich mir selber schuldig, ich bin durchaus kein Kommissknopf, wie sie vielleicht glauben. O nein, ich lese gern und verstehe es auch sonst, mir das Leben angenehm zu machen. Nur die Uniform darf ich nicht anziehen …, da werde ich ein Vieh!" „Die Uniform ist die entsetzlichste Erfindung der Menschheit", sagte Peter und Dr. Stössel nickte. „Ja, nicht wahr? Man mag in Zivil soeben eine Fliege aus dem Kaffee gefischt haben, um ihr das Leben zu retten. Kaum aber hat man die Uniform an, ist man bereit, den nächsten Menschen kaltblütig abzustechen. Das ist ein Phänomen der Zivilisation."

„Ich bin nur neugierig, wann das Pulverfass hochfliegen wird. Ich denke mir oft: Das werden sich die Leute nicht gefallen lassen! Jetzt wird es ihnen endlich zu dumm geworden sein. Genau genommen, ist die Bevölkerung nichts anderes wie ein Pferd. Man probiert, wie viel man ihm aufladen kann, ohne dass die Stränge reißen." „Was geschieht, wenn die Stränge einmal reißen?" fragte Peter. „Das werde ich ihnen sagen: „Fühlen wir uns zu schwach, dann werden wir uns in Sicherheit bringen…, genauso wie 1918 …, fühlen wir uns aber stark genug, dann werden wir schießen!"

Das Geschworenen-Gericht, zu einer niedrigen Komödie missbraucht, sprach die Meuchelmörder von Schattenhof frei…! Zu viel war dem geduldigen Pferd aufgeladen worden und die Stränge rissen!

21

Karl Schediwy saß daheim am Lager seiner Anni. Er hatte sich in der Fabrik einen freien Tag erbeten, um seiner Frau in ihrer schweren Stunde nahe zu sein. Nervös und reizbar, für nichts anderes empfänglich, sah er nicht den herrlichen Julitag. Er hatte schon zeitig in der Früh alles herbei gebracht, was die Frau verlangt hatte. Nun saß er da in der Angst, der sich kein Mann entziehen kann, drückte und streichelte Annis Hand, sprach ihr Trost zu und ermunterte sie, indem er sich gefasster zeigte, als er es war. „Es wird vorüber gehen", flüsterte sie lächelnd, „dann werden wir nicht mehr alleine sein, gelt Karl? Die Freude die mein Vater haben wird!" Frau Resi war da und die alte Leutgebin. Plötzlich kam die Frau des Briefträgers Müller, herein. Gerade ist mein Mann heimgekommen, sagte sie ganz verstört. „In der Stadt ist eine große Demonstration. Die Wache reitet in die Menschen hinein. Mein Gott, was wird da wieder werden?" „Haben s das sagen müssen? Haben sie nicht gewusst, dass meine Schwester dran ist?" Die Frau war ganz entsetzt über ihre Dummheit. „Nein,... Es ist eh nichts, nur ein kleiner Krawall", stotterte sie, „regen sie sich nicht auf, Frau Schediwy. Mein Mann übertreibt so gern!" „Geh und erkundige dich, Karl!" bat Anni, „ich will es wissen!" Karl hielt es für das Klügste, ihr jetzt nicht zu widersprechen. Er hatte es ja selber erst erfahren und ging zum Briefträger Müller hinüber, der die Nachricht gebracht hatte. Bald kam er blass zurück. „Das Schwur-

gericht hat die Schattendorfer Mörder frei gesprochen!"
berichtete er. „Die Arbeiter aus den Betrieben sind auf
den Ring gezogen, um zu demonstrieren. Berittene Wache
hatte versucht, sie zu zersprengen. Es gibt Verwundete. Das Wachzimmer in der Lichtenfelsgasse beim
Rathaus brennt!" Anni hatte es gehört. „Du musst fort!"
sagte sie, „Geh sofort!" „Ich?" fragte Karl, „Ich soll jetzt
fort von dir, gerade jetzt, wo ... wo ... Nein, das kann niemand von mir verlangen!" „Ich verlange es, Karl! Hier
wird ein Kind geboren ..., dort sind Menschen vielleicht
in Lebensgefahr. Geh augenblicklich...!" Karl stand vor
ihrem bett und schwankte. Er sah Frau Resi an, die alte
Leutgebin und dann wieder sein Weib. In Annis Blicken
lag eine Kraft, die nur er alleine kannte und der er sich
fügen musste. „Gut!" sagte er, „gut..., ich geh'!" Er kniete neben dem Bett nieder und umarmte sie. Als sich die
Tür hinter ihm geschlossen hatte, brach sie schluchzend
zusammen. Karl aber rannte die Treppe hinunter. Die
Frauen des Hanusch-Hofes standen draußen vor dem
Tor und fragten jeden der etwas Neues wusste. Die Frau
Voglhuber konnte sich kaum aufrecht halten. „Mein
Mann! Mein Mann!" heulte sie, „Werde ich ihn wieder
sehen, meinen armen Mann?" Man schleppte sie hinein
und zwang sie, sich auf eine Bank zu setzen. Die Frauen bemühten sich um sie, aber sie ließ sich nicht beruhigen. Die kleine Deli Müller stand dabei. Sie war ganz ruhig und ganz blass. Sie starrte mit großen Augen auf die
Frau Voglhuber. Oh, die kleine verstand gut was Angst
und Sorgen sind. Die Mutter hatte ihr oft erzählt, welche Angst sie gehabt hatte, als der Vater im Krieg war.
Nächtelang hatte sie geweint und auf die nächste Feldpostkarte gewartet, in der er schrieb, dass er noch lebt

und gesund ist. Jetzt war der Vater da und die Mutter gab gut acht, dass er nicht in die Stadt gehen würde. Aber die arme Frau Voglhuber! Der kleinen Deli tat das Herz weh, wenn sie daran dachte, dass irgendwer dem armen, guten Herrn Voglhuber was zuleide tun könnte. Er war ja kein schlechter Wachmann, sondern einer von den alten, die selbst Wiener sind und genau wissen, wie man die Wiener zu behandeln hat. Die kleine Deli war so traurig. Aber dann fiel iht etwas ein. Der Vater und die Mutter saßen neben der Frau Voglhuber und redeten ihr zu. Niemand gab auf sie acht. Da schlich sie in die Wohnung. Schnell zog sie ihre grüne Wanderbluse an und das dreieckige Tuch der „rote Falken". So huschte sie hinunter und davon. „Wo gehst du hin, Deli?" fragte Schani, der am Tor stand. „Pst!" meinte Deli, „verrat mich nicht! Ich geh' den Herrn Voglhuber suchen!" schon rannte sie mit mageren Beinchen davon. Schani dachte, „wenn die Deli geht, geh' ich auch!" Denn er war ja auch ein „roter Falke" und wollte hinter dem Mädchen nicht zurück stehen. Er wusste was los war, aber er sah nicht die Gefahr sondern, nur das Abenteuer. Er lief, um seine Spielgefährtin noch einzuholen. Die aber hatte einen großen Vorsprung und er fand sie nicht mehr.

Karl hatte sich einer Sanitätskolonne des Republikanischen Schutzbundes angeschlossen. Unter Lebensgefahr – denn die Armbinden mit dem roten Kreuz schützten nicht vor einem wohlgezielten Schuss – wenn er die Opfer holte, wo sie soeben gefallen waren und in sein Auto lud. Seine Hände, sein Gesicht klebte voll Blut, seine Kappe hatte er verloren und unter seinem wirren Haar rann Schweiß in seine Augen. Er hatte viel gesehen, viel erlebt im Krieg …, dass aber ließ sein Herz erstarren. Er stand auf dem Trittbrett des Wagens, der durch die Straßen raste und schwenkte sein Taschentuch, auf das er mit Blut ein rotes Kreuz gezeichnet hatte. Würde es diesmal wieder gelingen, durch die Polizeikette durchzukommen? – Da kam ein Auto entgegen. Vorne, neben dem Fahrer, stand ein kleiner Knabe in der grünen Wanderbluse und dem roten Tuch der „Roten Falken". Er stand aufrecht da, das Gesicht vor Eifer und Erregung gerötet, klammerte sich mit einer Hand an den Wagen und schwenkte mit der anderen eine kleine Sanitätsfahne. Die beiden Autos rasten aneinander vorbei. Karl hatte den Knaben erkannt! „Schani!" schrie er, dass sich seine Stimme überschlug, „Schani!" Der Bub hörte ihn nicht. Das Motorengeräusch übertönte seinen Ruf. Er stand da, sah geradeaus in den sausenden Wind und schwenkte die Fahne, damit man dem Auto den Weg frei machte. – Karl sah ihm nach, bis es dort verschwand, wo die Salven krachten und die Getroffenen auf dem Pflaster lagen. Ein sonderbares Gefühl durchschauerte ihn: da war ein Kind, tat seine Pflicht inmitten der Todeshölle wie ein Mann und zu Hause vergingen seine Eltern in ohnmächtiger Angst. Karl überlegte wie er zu Schani kommen könnte, aber er fand keine Möglichkeit. Er musste es dem Zufall überlassen, ihn wieder zu treffen.

Im Hanusch-Hof herrschte heillose Verwirrung. Bald hatte man das Verschwinden der beiden Kinder entdeckt. Niemand kümmerte sich mehr um die Frau Voglhuber, denn alles rannte, um Schani und Deli zu suchen. Sie konnten ja nicht weit sein. Sie waren gewiss nur aus Neugier ein wenig stadt-werts gelaufen. Dann sah man, dass die Falkenausrüstung fehlte. Es traf die Eltern wie ein Keulenschlag.

Inmitten dieses entsetzlichen Wirrwarrs von Gehen und Kommen, von Türzuschlagen, Rufen und Weinen, lag Anni in schweren Geburtswehen. Es war nicht möglich, ihr die Ereignisse zu verheimlichen. Sie fühlte die Not der Frauen und in jeder Minute, in der sie schmerzfrei war versuchte sie zu trösten. Sie dachte an alles und an alle. „Ist Peter mit den Mädchen gekommen?" fragte sie. Aber niemand wusste es!

Heute war der 15. Juli, Ernsts Todestag!

Peter war früh nach Rekawinkel gefahren, um die Mädchen abzuholen, die dort Ferien gemacht hatten. Es war beschlossen worden, den ersten Jahrestag des traurigen Ereignisses zu Hause zu verbringen, damit der Hofrat Wagner nicht alleine und sich selbst überlassen war. Dort wurden sie, noch bevor sie zurück fuhren, von den Ereignissen überrascht. Augenblicklich machten sie sich auf: Nach Wien! Der Bahnverkehr aber war eingestellt worden. Unruhe und Nervosität hatte Österreich, hatte Europa erfasst. Je weiter man von der Katastrophe entfernt war, desto größer wurde sie dargestellt. Man sprach von Revolution, von der Flucht der Regierung, erzählte von furchtbaren Barrikadenkämpfen und schilderte Wien als einen brennenden Trümmerhaufen. Auch der Bahnhof Rekawinkel war von Menschen umlagert, von Ausflüglern und Sommergästen, die in großer Sorge um ihre Angehörigen in Wien waren. Nur wenige konnten Autos oder Fuhrwerke auftreiben, die meisten standen nur ratlos da und gaben sich der Verzweiflung hin.

„Wir müssen nach Wien!" sagte Peter, „wenn nicht anders, so zu Fuß!" Klara und Gretl stimmten zu. Bald fanden sich andere, die mitmachen und den dreißig Kilometer langen Weg gehen wollten. Man marschierte über die staubige Landstraße, aber schon nach einer Stunde, zerfiel die Schar in kleine Gruppen. Wer schlecht zu Fuß war, blieb zurück, wer starke, lange Beine hatte schritt voran. Unbarmherzig brannte die Sonne und dichte Staubwolken stiegen auf. Peter und die Mädchen kamen gut voran. Sie sprachen kaum miteinander. Sie hatten nur einen Wunsch: heimzukommen! In Preßbaum gelang es ihnen, einen Kutscher zu finden, der bereit war, sie bis Purkersdorf zu fahren. Weiter um keinen Preis der Welt. Nun hockten sie auf dem hopsenden Wägelchen und fuhren durch die Ortschaften, wo aufgeregte Menschen an den Straßen standen und Nachrichten erwarteten. Der Kutscher setzte sie in Purkersdorf kaltblütig ab und steckte sein Geld ein. Nun ging es wieder zu Fuß weiter, sie waren müde, aber die Stadtgrenze war nahe und bald würde man sie erreicht haben. Es ging durch Mariabrunn und Hütteldorf zur Mariahilferstraße. Je mehr sie sich der Stadt näherten, desto eiliger liefen sie. Sie fühlten nicht die brennenden Füße, dachten nicht daran, dass sie von Staub und Schweiß bedeckt waren und einen merkwürdigen Anblick boten. Aber niemand kümmerte sich um sie. Auf der Mariahilferstraße standen Neugierige in Gruppen beisammen. Peter erkundigte sich, ob man in die Stadt hinein gehen könnte. Niemand wusste es! Hier war es noch ruhig, aber wer konnte sagen, ob nicht im nächsten Augenblick ein Polizeiauto angerast kommen und in die harmlosen Leute hineinfeuern würde. Das war schon hundertmal am Tag geschehen, selbst draußen in den Vororten, wo nicht die geringste Gewalttat verübt worden war.

Peter und die Mädchen beschlossen, die Mariahilferstraße so weit wie möglich hinunter zu gehen, um dann rechts über den Karlsplatz den dritten Bezirk zu erreichen. Glücklich kamen sie bis zur Lastenstraße. Auch dort standen Gruppen beisammen und sahen zum Justizpalast hinüber, von dem dichte, schwarze Rauchwolken aufstiegen. Es waren Neugierige die zusehen wollten. Ausländische Journalisten hörten ihren Erzählungen zu und notierten sie. Hausgehilfinnen führten Hündchen an der Leine, spazieren. Vor einem Gasthaus saßen Männer und tranken Bier. Wenige Stunden hatten genügt, um die Wiener an die mordende Polizei in den Straßen ihrer Stadt zu gewöhnen. Man wusste sehr genau, dass hier nicht die Entscheidung um das WIE der Republik fallen würde. Man wunderte sich nur, dass die Polizei noch immer nicht aufhörte, die völlig sinnlosen Massaker einzustellen. Nur die Neugier hielt die Menschen hier fest. . Hätte man nicht hin und wieder eine ferne Gewehrsalve gehört oder wäre nicht ein Sanitätsauto durchgerast, hätte nichts daran erinnert, dass man sich am Rande eines Schlachtfeldes befand.

Peter und die Mädchen standen auch eine Weile und hörten die Berichte von Augenzeugen der Greueltaten. Klara ging und kaufte sich bei einem Eisverkäufer, der mit seinem Karren dastand und mit der Glocke bimmelte, eine Portion Eis, um ihren Durst zu stillen. Plötzlich kam Bewegung in die Menschen. Die weiter vorne an der Babenbergerstraße gestanden waren, begannen zu laufen und rissen alle anderen mit sich. Man stob auseinander, in die Eschenbachgasse oder die Gumpendorfer Straße hinein. Peter riss die Mädchen an sich und rannte mit den anderen an der Schule vorbei und zur Rahlstiege. Hausfrauen mit Einkaufstaschen, Männer in Hemdsärmeln, die gekommen waren um nach der Lage zu sehen, die Biertrinker aus dem Gasthausgarten, noch ihre Krügeln in der Hand, alte würdige Herrn, Schulkinder, Hunde, alle in wirrem Durcheinander, flüchteten in die Rahlgasse und zu der Mauer, wo die Stiege von der Mariahilferstraße hinunter geht. Hinter ihnen kam eine Kette von Polizisten die schossen. Sie waren plötzlich von der Lastenstraße hergekommen und zerstreuten die Ansammlung der Neugierigen mit scharfen Salven. Im Augenblick, als der Menschenhaufen hinter den steinernen Mauern der Stiege Schutz gesucht hatten und sich in alle Winkeln duckten, kam ein weiterer Menschenstrom von der Mariahilferstraße über die Stiege in die Rahlgasse. Zwei, drei Salven knallten, Geschoße durchschnitt die Luft. Menschen stürzten getroffen nieder, andere stiegen über sie hinweg, hingen wie Trauben an dem Geländer, stürzten in die Tiefe, wo sie krachend aufschlugen. Dann war die Stiege menschenleer. – Nur Tote und Zertretene lagen dort und ein paar Schwerverletzte krümmten sich in entsetzlichen Schmerzen. Blut lief über die Stiege, wie über die Kaskaden eines Wasserfalls. Die Menschen waren hier zwischen zwei Schützenketten wie in einem Sack gefangen. Oben an dem Geländer, tauchten die Köpfe der Polizisten auf.

Klara, die mit Gretl und Peter hinter dem Holzhäuschen kauerte, in dem Straßenbahnfahrscheine zu haben sind, schrie gellend auf und sank zusammen. Ein breiter Blutstrom quoll aus ihrer Brust und über Gretl. Peter drehte das Mädchen um und riss die Bluse auf, um die Wunde zu finden. Aber er sah, dass es zu spät war. – Klara lebte nicht mehr. Sie lag da, bleich, mit zuckenden Gliedern, geöffnetem Mund und weit aufgerissenen, starren Augen. In der Hand hielt sie immer noch dir Tüte mit dem Eis ...

Zur selben Zeit wurde ein Kind geboren! Es war ein Knabe und er begrüßte diese sonderbare Welt, wo die einen sich bemühen, dem letzten, ärmsten Wurm ein freundliches Dasein zu schaffen und die anderen in blindem Hass neunzig Menschen töten und tausende zu Krüppeln schießen, mit lauter, kräftiger Stimme.

22

Eine traurige Nacht sank nieder. Ein heftiges Gewitter, das in der Abenddämmerung heraufgezogen war, beendete diesen Sommertag, der allen, die ihn erlebt haben, unvergesslich bleiben wird. Ein kurzer, schwerer Wolkenbruch ging nieder und trieb die Menschen heim, in ihre Wohnungen. Bald waren die Straßen öd und leer. Wachekordons hielten sie abgeriegelt, ließen niemanden durch. Keiner sollte die Blutlachen sehen, von den Leibern, die morgens noch gelebt hatten. Gespenstisch einsam, standen die Lichtreklamesäulen an den Straßenbahnhaltestellen. Manchmal huschte fast geräuschlos, ein Feuerwehrzug, der Ablöse brachte, oder ein Sanitätsauto vorbei. Heimlich, versteckt vor den Augen der Wiener schaffte man die Leichen weg, reihte sie im Volksgarten auf den Stufen des Theseustempels auf. Parouillen suchten die Straßen nach Geschossen und Patronenhülsen ab, die später als Beweis gegen die Mörder hätte dienen können.

Über allem stand groß und drohend wie eine gigantische Fackel das Flammenmeer des brennenden Justizpalastes. Ruhig und majestätisch stiegen die Feuerzungen auf, in den nächtlichen Himmel, breit und farbenprächtig, wie ein riesiger Vorhang, vor dem sich die Silhouette des Parlaments mit ihren Giebeln und Dreigespannen scharf und deutlich abhob.

Karl kam zurück und stürzte ans Bett seines Weibes. Da war das Leben, das ewige, unvergängliche Leben. Beide

weinten vor Glück und Freude. „Schau zum Schwager",
sagte Anni dann, nachdem sie Karl lange geküsst und
liebkost hatte, „schau nach Peter und Gretl!"

Karl ging, obwohl er müde und aufgewühlt war! Hier
wie an tausend Orten Wiens, ging die Tragödie weiter.
Herr Übel war, nachdem Schani verschwunden war und
nicht mehr gefunden wurde, in wilde Raserei verfallen.
Sein Alles, sein Einziges, sein Kind, das an seinem Herzen
festgewachsen war, sein Schani irgendwo draußen in der
tobenden Hölle! Nein, er konnte diesen Gedanken nicht
ertragen. Nur mit Mühe konnte ihn seine Frau über-
wältigen und festhalten. Alles stand zu befürchten, denn
der sonst so stille, lustige Mann war seiner Sinne nicht
mehr mächtig. Allmählich, als die Stunden ohne Nachricht vergingen, beruhigte er sich zwar, verfiel aber dann
in eine Lethargie, die um seinen Verstand fürchten ließ.
Grau und bis zur Unkenntlichkeit entstellt saß er in der
Küche und starrte, unverständliche Worte murmelnd,
auf den Boden. Niemand wusste, was in ihm vorging.

Frau Resi stand seit vielen Stunden unten am Tor.
Sie konnte nichtmehr weinen und nichtmehr zittern.
Alle Tränen, alle Kraft, die sie besessen hatte, waren
längst verbraucht. Wie eine Statue stand sie da, starr
und regungslos, sah die Erdbergerstraße hinauf, wohin
er gegangen war und woher er kommen musste. Musste!
Ihr Mutterherz kannte nichts anderes! – Und er kam! –
Er kam daher, husch, husch, husch, wie er fortgelaufen
war, schlich im Dunkel durch das Tor an der Lände, wo
niemand stand und niemand passte. Vorsichtig sah er
sich um, ob er wohl ungesehen in die Wohnung kommt?
Sie haben bestimmt nicht gemerkt, dass ich fort bin, in
dem Wirbel! Dachte er und wischte sich die schmutzigen

Hände an den Hosen ab. Fuhr mit den Fingern durchs zerraufte Haar: Wenn sie mich fragen, wo ich war, no so sag ich, an der Donau fischen! Schani hatte nur eine Sorge: ob Deli schon zurück sei, damit sie gleich ihre Erlebnisse austauschen könnten.

Er rannte die Stiege hinauf und horchte an der Tür. Plötzlich wurde er gepackt und fortgetragen. Als er wieder sehen konnte, war er in der Wohnung der Schediwys. Karl stand groß und breit vor ihm. „No, wo waren wir denn, Herr Schani?" fragte er ernst. Schani zupfte eine Weile an sich herum und meinte dann verlegen: „Ihnen kann ich nichts vormachen … Sie sind nicht so blöd wie der Vater. Ich hab der Sanität geholfen …, warum bin ich denn sonst ein „roter Falke?" „Komm her, Schani!" rief Anni, „du kriegst ein Busserl von mir und dann zeige ich dir meinen Kleinen, den ich heute bekommen habe!" Schani ging folgsam hin, bekam ein Busserl und besah dann erstaunt den Familienzuwachs. „Das ist aber kein Bruder von mir?" fragte er dann, „da hätt ihn müssen die Mutter kriegen". „Freilich! Nein, das ist dein Cousin!" „Fein!" schrie er aus vollem Hals, „jetzt hab ich auch einen, wie der Pepi!" Karl stand dabei und dachte: Wie kindlich ist dieses Kind und was mögen seine Augen heute gesehen haben? Dann zog er ihn zur Waschschüssel und reinigte ihm Gesicht und Hände. „So, jetzt gehen wir zum Vater!" Der saß noch immer in der Küche und redete kein Wort mit der Nachbarin, die ihn bewachte. Karl deutete Schani, auf dem Gang stehen zu bleiben und ging zuerst alleine hinein. „Hör zu Johann, ich will mit dir reden!" begann er. Herr Übel sah apathisch auf. „Reden?" „Ja…, ich möchte dir nur sagen, dass du einen Sohn hast, wie ich mir wünsche, dass meiner wird. „Dein Sohn ist ein kleiner Held, Johann, ein wirklicher Held …, er traut sich nur nicht herein!" Jetzt verstand Herr Übel. „Was?" fragte er leise, „was … der Schani …, ist er da?" „Natürlich!" lachte Karl, so gut er es zustande brachte, „er hat nur Angst, dass er Schläge bekommt!" Jetzt kam Schani zaghaft herein. Ruppig und mager, mit zerschundenen Knien und schwarzen Trauerrändern unter den Fingernägeln, stand er da in seiner kurzen, blauen Leinenhose und dem Falkenhemd. „Ich war fischen, Vater", log er, „aber … aber … weißt Vater … ich hab aber nichts gefangen, drum kann ich auch nichts mitbringen!" Herr Übel starrte ihn eine Weile lang an, stand dann von seinem Stockerl auf und fiel vor dem Kind auf die Knie. „Schani!" schluchzte er, „Schani … Mein Bub!" Karl ging zum Tor, um Resi auf das Wiedersehen vorzubereiten.

Mit schwerer Mühe hatte Peter, der sich selber zusammennehmen musste, Gretl zu sich nach Hause gebracht, nachdem der Platz an der Rahlstiege geräumt und der Leichnam Klaras weggeschafft worden war. Das Mädchen war von einer Schrecklähmung befallen worden, konnte weder aufstehen, noch gehen, noch ein Wort hervorbringen, so dass Peter es in ein nahe gelegenes Haus tragen musste. Eine gütige alte Frau nahm sie in ihrer Wohnung auf, bettete es auf ihr Sofa und machte alles was sie tun konnte. Nach Stunden erst, war es soweit, dass er Gretl fortschaffen konnte. Die alte Frau borgte ihr einen Mantel, unter dem sie ihr blutbeflecktes Kleid verbergen konnte. In diesem Mantel saß sie jetzt in Peters Wohnung, als Karl eintrat. Sie sprach nicht. Sie weinte nicht! Sie war ganz ruhig und von beängstigender Blässe. Niemand hatte sie bewegen können den Mantel und das Kleid auszuziehen. Sie wehrte sich wütend gegen jeden Versuch, sie gütig dazu zu zwingen, so dass man ihr endlich ihren Willen ließ. Klaras warmes, rotes Blut hatte das leichte Sommerkleid durchtränkt und es erstarrend, an ihrem Körper festgeklebt. So saß sie, zusammengekauert da. Karl versuchte mit ihr zu sprechen." Sollen wir ihren Vater verständigen, damit er sie abholt?" Gretl gab keine Antwort. Peter sagte: „Bleib du bei ihr, ich werde versuchen, den Hofrat zu finden. Wer weiß wo sich der heute aufhält". Karl war einverstanden und Peter wollte gehen. „Bleib da!" rief sie plötzlich, „bleib da ... es nützt nichts ... Ich werde nie mehr nach Hause gehen!" Peter blieb, er war froh, dass er den Weg nicht machen musste. Es stand ihm ja noch ein schwererer bevor: zu Klaras Vater!

Auch drüben in der Wohnung des Geldbriefträgers Müller war Angst und Verzweiflung zu Gast, wie in hunderten, tausenden Wohnungen Wiens. Adele, die kleine Deli, war noch nicht zurück- gekommen. Der Vater war fort gegangen, um sie zu suchen, war schweißtriefend heimgekehrt und wieder fortgegangen, ratlos, verzweifelt. Jeden Menschen fragte er, jedem Kind lief er nach, um zu schaun ob es nicht sein Kind, die kleine Deli, sei. Ja, man hatte „rote Falken" gesehen, Mädchen und Buben, die unerschrocken und mit bewundernswerter Ruhe überall halfen, wo es notwendig war. An den Verband-Plätzen, an den Brunnen, auf den Straßen des Gemetzels. Helden waren diese Kinder, durchglüht von einer revolutionären Hilfsbereitschaft, die ihnen ihre Gemeinschaft eingepflanzt hatte. Die kleine Deli aber hatte niemand gesehen. Schani berichtete, was er wusste: Deli war fortgelaufen aus Angst um den Bezirksinspektor Voglhuber, der immer so gut zu ihr war und auf dessen Schoß sie oft gesessen hatte. Das war alles was er sagen konnte. „Wissen s, Herr Müller, die Deli ist gescheit. Sie ist gewiss in einer Falkengruppe in einem anderen Bezirk. Sie wird schon heim kommen. Wissen s die Falken halten fest zusammen ... uns geschieht nichts!" Alle glaubten, dass Schani Recht hatte, nur den Eltern war es ein schwacher Trost.

Die Sommernacht war kurz, aber sie schien endlos zu dauern. Wenige Menschen in Wien konnten schlafen. Überall sah man Lampen um die unruhige, gepeinigte, aufgepeitschte Menschen saßen. Zu viele waren Zeugen der Vorfälle gewesen und wenn es nicht persönliches Leid war, das den Schlaf verscheuchte, war es das Mitgefühl, die Sorgen um die Zukunft.

Was wird werden, was wird geschehen?

Der Morgen dämmerte in eine Stadt, die wie tot und verlassen war. In den Geschäften gingen die Rollläden nicht auf, die Straßenbahnen standen in den Remisen und wo sonst reges Leben herrschte, lagen öde Flächen. Alle, alle ohne Ausnahme waren der Generalstreikparole gefolgt, die als stummer Protest gegen das Blutbad des schwarzen Freitags ausgegeben war. Auf den Plätzen und an den Straßenkreuzungen, standen Doppelposten der Polizei, schwer bewaffnet und jeden Augenblick bereit, die Henkersarbeit aufs Neue zu beginnen. Ein graues, unvergessliches Bild!

Gretl war bei Peter geblieben. Er pflegte und umsorgte sie, machte ihr ein Bett bereit in dem sie nur die Augen schließen brauchte, um den erlösenden Schlaf zu finden. Alle Augenblicke fuhr sie hoch, von Schauern oder wilden Träumen geweckt, griff stöhnend nach Peters Hand, der bei ihr saß. Er bemühte sich, zu denken. Es war so kalt und leer in ihm und so unsagbar traurig. Klara lebte nicht mehr, die er so still geliebt hatte, so viele Jahre lang. Klara, die ein Vermächtnis Ernsts war und die größte Sehnsucht seines Lebens. Sie war nicht mehr, lag irgendwo kalt und starr bei den anderen, den vielen und niemals würde er ihre sonnigen Augen sehen, ihre dunkle, gütige Stimme hören. Peter griff nach seinem Herz. Wie sonderbar! Hier, hier im Herzen saß der Schmerz, ein deutlicher Schmerz, dessen Stelle man genau zeigen konnte. Es war, als säße eine harte schwere Kugel da, die drückte und zur Erde niederzog. Jedes andere Gefühl, Hunger, Durst und Müdigkeit war vorbei, nur dieser Schmerz, allein beherrschte den Körper. Durch die Vorhänge kroch das Morgenlicht herein. Gretl atmete in kurzen, hastigen Zügen. Peter dachte an ihren Vater, den Hofrat Wagner. Dann an den Herrn Rechnungsrat Neubauer. Den hat gewiss der Gedanke in den Schlaf gewiegt, dass seine Tochter wohlbehalten, draußen in Rekawinkel ist und von allen verschont geblieben war.

Armer, alter Mann! Dein einsames Witwerleben, hast du für dein Kind gelebt, geschunden und gerackert hast du dich, damit aus deinem Mädel einmal was Rechtes wird. Wer begrüßt dich jetzt, wenn du aus dem Amt nach Hause kommst? Wer wird dir dein karges Nachtmahl bereiten? Wer wird still bei dir sitzen, wenn du nachts arbeitest und so dem Staat deine Gesundheit opferst? Was ist dein Leben noch wert, du armer, alter Mann? Wie ein grausamer, kalter, stählerner Bohrer wühlte der Schmerz in Peters Brust. Er sah zu dem bleichen Mädchen, legte seine Hand leicht, ganz leicht auf die glatte, hohe Stirne und strich das Haar zurück. Es war, als seien sie die ein-

zigen Menschen auf dieser Erde. Karl kam und brachte
eine Kanne heißen Kaffee mit, „Trink!" sagte er, „es wird
dir gut tun". Leise besprachen die beiden Männer, wie
sie Herrn Neubauer die furchtbare Nachricht beibringen
sollten. Auf Zehenspitzen schlichen sie fort und über-
ließen den Platz der Frau Resi.

Nach einer Stunde kamen sie mit Herrn Neubauer
wieder. Er wusste alles und war völlig gebrochen. Gretl
schlief noch! Man wagte es nicht sie aufzuwecken. Aber
sie erwachte von dem leisen Weinen des Rechnungsrates.
Plötzlich saß sie aufrecht im Bett, sah verstört um sich
und erinnerte sich gleich wieder an alles. Herr Neubauer
umarmte sie. Sie hielt ihn lange in den Armen und spürte
seine Tränen an ihrer Wange. Um zehn Uhr, kam der
Hofrat. Er hatte den Brief erhalten, den Peter abgegeben
hatte und kam in großer Eile. Über die Uniform hatte
er einen dunklen Mantel angezogen, dessen Kragen die
Goldlitzen verbargen. Er trug einen steifen Hut dazu
und nur die rote Egalisierung der Hose verrieten sie.
Als er Den Mantel auszog, sah man einen Gürtel, an
dem zwei Revolvertaschen hingen. – Es war ein widerlicher Anblick. –

„Mach dich fertig, ich bring dich nach Hause!" sagte
er. „Ich habe nur fünf Minuten Zeit ..., muss augenblicklich auf das Kommissariat zurück, wo ich heute eingeteilt
bin." „Geh weg!" schrie Gretl, „ich will dich nie mehr
sehen!" Der Hofrat war sehr erstaunt. „was hat sie ... was
ist mit ihr?" Peter zuckte mit den Schultern. Hinten saß
Herr Neubauer und seine roten Augen sahen nach dem
Polizeioffizier. „Also, Gretl ... Ich habe keine Zeit! Halte
mich nicht zum Besten!" schrie er grob. „Was soll das
heißen? Wo ist Klara?" – „Da!" – Gretl hatte den Mantel

aufgerissen, alle konnten das Kleid mit den furchtbaren braun-roten Blutflecken sehen. – „Da!" – Der Hofrat stutzte. „Was ... Was ist mit Klara?" fragte er und sah zu Peter. „Sie ist tot ...ist ermordet worden ... Von ihren Polizisten!" sagte der. Der Hofrat drehte sich augenblicklich zu ihm um: „Herr ... Herr Doktor ..., ich möchte sie warnen ... nur unserer langjährigen Bekanntschaft verdanken sie es ..." Gretl stellte sich zwischen die Beiden. „Schweig!" schrie sie gellend, „du wagst es, hier aufzubegehren, du wagst es, hier zu drohen, wo das Blut noch raucht, das mit deiner Hilfe vergossen worden ist. Jetzt ist die Stunde da, hörst du, wo ich es dir sagen kann! Jetzt sollst du es wissen, dass es ein Geheimnis gibt, ein Geheimnis, das wir dir verschwiegen haben, du Banditenführer, weil wir Mitleid mit dir hatten. – Ja, Mitleid!... Wo ist dein Sohn Ernst? Wo ist mein Bruder? Weißt du es Vater, wo die Sohn ist? In den Bergen verschollen? Ja ..., Nicht war, wir haben dich geschont und haben es herumgetragen und dir weiter die Hand gegeben und mit dir gesprochen. – Umgebracht hat sich mein Bruder ... deinetwegen! ... deinetwegen!... „Was redest du da?" gurgelte der Hofrat hervor und seine Augen quollen aus den Höhlen, „was ... redest... du ...da?"

Gretl war am Ende ihrer Kraft. Sie warf sich aufs Bett und wand sich in Weinkrämpfen. Peter beugte sich über sie. Herr Rechnungsrat Neubauer hatte das blutige Kleid gesehen und war zusammen gebrochen. Nun, da der Hofrat dastand und geistesabwesend vor sich hin schaute, schlich er wie eine Katze auf ihn zu und krallte sich in seine Uniformbluse. Er, der kleine, schwache Mann schüttelte den Hünen und keuchte dabei heiser: „Du Schuft! Du Schuft! Wo ist mein Kind? Mach mir mein Kind lebendig!

Mein einziges Kind!" Einen Augenblick lang ließ der Hofrat alles mit sich geschehen, dann erwachte die Brutalität in ihm, die der vergangene Tag in ihm und seinesgleichen erweckt hatte. „Auslassen, Hund!" brüllte er, „auslassen, oder ich schlag dich nieder!" Peter packte den Rechnungsrat und trennte so die Beiden. Er führte ihn zu seinem Stuhl. Dann reichte er dem Hofrat Mantel und Hut. „Gehen sie!" sagte er streng und befehlend. „Ich erinnere sie daran, dass sie nur fünf Minuten Zeit haben!" Der Hofrat weigerte sich nicht und verschwand.

Der Geldbriefträger Müller irrte in der traurigen Stadt umher und suchte seine Tochter, wo immer es möglich war. Er fragte in den Bezirksgruppen der roten Falken, in den Spitälern, in den Wachstuben. „Gehen sie ins Allgemeine Krankenhaus", sagte ihm ein Wachmann, der ihm den Zutritt in die Polizeidirektion verwehrte. Schon wurde es Abend. Er war so müde und phlegmatisch. Er setzte Schritt vor Schritt ...sch ... sch ... sch, wie er es auf seinen Zustellgängen gewohnt war, hübsch langsam und gleichmäßig. Es war als suche er sein Kind schon Jahre lang, seit einer Ewigkeit. Der Schauer, der ihn befiel, sooft er durch die Krankenhäuser ging und die Freude, dass Deli nicht unter den Leichen war, hatten ihn abgestumpft. Mit anderen, die ihre vermissten Angehörigen suchten wie er, ging er in den kühlen Leichenkeller des großen Spitals hinunter und an den Pritschen vorbei, wo die Toten aufgereiht lagen. Endlich blieb er vor einer stehen, auf der unter einem Tuch, ein kleiner Körper lag. „Da bist du ja, Deli! Sagte er still und nahm den Hut vom Kopf. „Warum bist denn fortgegangen von uns, mein Kind? Du hättest den Voglhuber ja doch nicht finden können." Er nahm das leblose Körperchen in seine Arme und wiegte

und küsste es und wischte ihm das Blut aus den Mundwinkeln. Dann band er das Rote-Falken-Tüchlein ab und
verwahrte es sorgfältig in der Brusttasche.

Seine Rückkehr brachte neue Trauer in den Gemeindebau!

Karl, Peter, Gretl und Herr Übel saßen an Annis Bett.
Sie waren froh beisammen zu sein. Später kamen noch
die alten Leutgeb und Schediwy dazu. Die waren Freunde
geworden! Ihre Freundschaft bestand zwar in gegenseitigem Hänseln, aus dem manchmal ein kleiner Streit
wurde, aber sie steckten viel beisammen und schienen
alles vergessen zu haben, was war. Plötzlich war der Bezirksinspektor Voglhuber nach Hause gekommen. Man
dachte nichtmehr daran, dass er ein alter Hausgenosse
war, der gute „Onkel" der Kinder, der liebe Mensch, den
man nur kennen musste, um ihn zu mögen, sondern
man sah in ihm nur mehr den Träger der Polizeiuniform.
Männer und Frauen kamen aufgeregt zu Karl und ver-
langten, dass irgendetwas geschehen müsse.

„Wir werden zu ihm gehen und ihn fragen!" entschied
Karl und machte sich begleitet von Peter, Herrn Übel
und Gretl, auf den Weg. Man klopfte und trat in die
Hausbesorgerwohnung ein. Voglhuber saß am Küchentisch. Das unberührte Abendessen stand da, beiseite-
geschoben. „Guten Abend, Voglhuber!" grüßte Karl.
Herr Übel drängte sich vor: „Wir sind gekommen, weil
wir fragen wollten, ob du auch dabei warst?" Der Bezirksinspektor hob den Kopf und sah seine Freunde
an, aber er gab keine Antwort. „Lasst s meinen Mann
Ruh'!" rief seine Frau, „er ist euch keine Rechenschaft
schuldig, ob er dabei war oder nicht!" „Wir wollen dich
nicht aufregen, wir wissen schon, dass du müde bist.

Aber schau, da im Gemeindebau weinen Eltern um ihre Kinder und Kinder um ihre Eltern. Möchtest du unter einem Dach mit einem Menschen leben, der vielleicht schuld ist, dass du dein Liebstes begraben musst? Sag nein, du warst nicht dabei! Wir wollen s dir gerne glauben. Sag du hast in die Luft geschossen! Nur sag was!" Der Bezirksinspektor redete noch immer nicht. Er schaute einen nach dem anderen an, am längsten Gretl. Sie sagte: „Der Hofrat Wagner, ist nichtmehr mein Vater. Man hat Klara Neubauer neben mir totgeschossen. Doktor Peter Tichy war dabei. Sie dürfen reden, ohne dass ich sie verraten werde." „Das Fräulein Klara?" er war sehr betroffen. „Ja", sagte Karl, „Erschrick nicht, wenn du es noch nicht weißt. Wie wir in der Früh gehört haben, was in der Stadt los ist, da hat die kleine Deli Angst um dich bekommen ..." Frau Voglhuber sprang auf: „Nein! Sagt s es ihm nicht! Seit s still!" Karl hatte zu reden aufgehört und bereute es selbst, davon begonnen zu haben. „Was ist mit der Deli?" fragte er, „red' doch, Karl!" „Die Deli hat Angst um dich bekommen, die Leute haben erzählt, dass Wachleute misshandelt worden sind. Da hat sie sich ihr Falkentüchlein umgebunden und ist heimlich fort ... In die Stadt, dich suchen. Weißt du, wo sie jetzt ist? ... Im Leichenkeller vom Allgemeinen Krankenhaus!" Es war kein menschlicher Schrei mehr, den er ausstieß. Dann polterte sein Kopf auf den Küchentisch. Die vier standen beklommen da und warteten. „Voglhuber", geh sei gescheit, komm zu dir! Mein Schani war auch drinnen und ist gesund zurückgekommen. Du kannst ja nichts dafür!" sagte Herr Übel. Der Bezirksinspektor raffte sich mühsam auf und versuchte aufzustehen. „Wo ist meine Bluse, Alte und mein Säbel und mein Gewehr?" Er suchte alles zusammen und schirrte sich an, wie wenn er in den Dienst gehen wollte.

„Wo gehst du hin?" – „Was tun sie denn?" – Er ließ sich nicht stören, schnallte den Säbel um und nahm den Karabiner und ging durch die Tür und die Stiege hinauf. Karl und die anderen folgten ihm. Was würde er tun? Was hatte er vor? An der Tür der Familie Müller blieb er stehen und klopfte. Der Briefträger öffnete und erschrak, als er den bewaffneten Polizisten sah. „Ja, ich bin s, Müller! Ist deine Frau da?" Er ging gleich weiter in die Stube. Voglhuber stand in der Mitte und sagte: „Franz, Frau Müller! Ich habe gehört, was euch geschehen ist und ich bin gekommen, damit ihr mir verzeiht. So wie ich dort am Ring war und hineingeschossen habe in die Menschen, so komme ich zu euch. Fragt mich nicht, wie das möglich war ..." Er hatte es in einer Art gesagt, die das Herz zerdrückte. „Na, na, Voglhuber", meinte der Briefträger, „wer hat denn dir die Schuld gegeben? Vielleicht wäre es mir an deiner Stelle genauso gegangen. Die Schuldigen sind ganz woanders. Gib mir die Hand, Voglhuber, ich weiß, dass du die Deli gern gehabt hast wie ein eigenes Kind!" Voglhuber verbarg seine Hand hinter dem Rücken und schüttelte den Kopf. „Ich danke dir Müller", sagte er leise und traurig, „aber die Hand kann ich dir nicht geben!" dann ging er fort. Gleich darauf ertönte ein Schuss. Der Bezirksinspektor lag im Hof. Ein Geschoß aus seinem Dienstgewehr hatte ihm den Schädel zerschmettert.

Er war das letzte Opfer des 15. Juli 1927 im Hanusch-Hof.

23

Niemand, der es hörte, wunderte sich darüber, dass der junge Doktor und nunmehrige Archivar im Pädagogischen Institut der Stadt Wien, Peter Tichy, demnächst Gretl Wagner heiraten würde. Jeder fand es selbstverständlich, dass die beiden Menschen, die durch die Ereignisse so fest aneinander gekettet waren, nicht mehr auseinander gehen wollten. Auch ihnen selbst, die mit dem Tod Klaras und dem Bruch Gretls mit dem Vater so einsam und von allem losgerissen waren, schien es selbstverständlich und anders gar nicht möglich. Sie gaben einander die Hände zu einem letzten Bündnis! Der Hofrat hatte nichts unversucht gelassen, seine Tochter zurückzugewinnen. Von der Drohung bis zur demütigen Bitte war er herabgestiegen. Gretl aber blieb fest. Die wenigen Minuten dort hinter dem Fahrkartenhäuschen an der Rahlstiege waren für ihr Leben entscheidend geworden. Im Geknatter der Gewehrsalven, war es ihr wie Schuppen von den Augen gefallen. Arbeiten wollte sie, Tag und Nacht, mithelfen, die Schatten aufzuhellen. So saß sie als Kindergärtnerin unter den jungen, ganz jungen. Immer musste sie an Klara denken, die Kinder so lieb gehabt hatte und versuchte ihr nachzueifern. Der Hofrat konnte das nicht verstehen. Er hatte nun keinen Sohn und keine Tochter mehr... beide verloren an eine neue Idee, die er nicht begreifen konnte, aber mit wildem, tödlichem Hass verfolgte. Dafür besaß er einen Orden, den ihm die Beherrscher dieser seltsamen Republik verliehen hatten...!

Er war ein rechter Lausbub geworden, aufgeweckt und intelligent, der alle Fragen und Probleme, die ihn selbst betrafen, alleine zu lösen versuchte. Nur lernen wollte er nicht. Der Herr Übel hätte aus ihm so gerne einen zweiten Peter gemacht, einen Gelehrten, der frühzeitig kurzsichtig wird und sich womöglich einen Vollbart wachsen lässt. Aber das war nichts für Schani! Ein Tischler oder Schlosser wollte er werden, bohren und hämmern und löten, womöglich eine großartige Erfindung machen, das ja! Jedenfalls musste man dabei eine blaue Hose und Bluse anhaben und recht viele Schwielen an den Händen. Jede freie Minute verbrachte er in den Werkstätten der Umgebung oder bei den Arbeitern der Straßenbahn in der Remise. Zu Hause hatte er eine Kiste voll Werkzeug und zu Weihnachten hatte er ein kleines, blaues Schlossergewand bekommen. Jetzt war nichts mehr vor ihm sicher! „Mutter hast du kein Schloss, das hin ist?" fragte er, begierig darauf es zu reparieren. Wenn alle Schlösser gut waren, so machte er sie einfach kaputt, ja er schreckte selbst vor Kaffeemühlen und Taschenuhren nicht zurück und rückte ihnen gleich mit Stemmeisen zu Leibe. Das kam der Familie Übel sehr teuer.

Zum Glück war jetzt die Hochzeit von Onkel Peter und Tante Gretl. Während die Erwachsenen um den Tisch saßen, hockte er draußen auf dem Balkon und hämmerte höchst geheimnisvoll herum. Dann kam er in die Stube und überreichte dem Brautpaar ein riesengroßes, uraltes Vorhängeschloss, an dessen Bügel zwei große Herzen hingen. Die waren aus Blech ausgeschnitten, auf dem einen stand Peter, auf dem anderen Gretl. In das Schlüsselloch war ein eiserner Bolzen getrieben und auf beiden Seiten gut vernietet. Kein Mensch hätte das

Schloss mehr aufgebracht, die beiden Herzen waren für immer gefangen. Das war ein sinnvolles Geschenk und fand die gebührende Bewunderung.

Der alte Schediwy war lustig wie selten. „Wenn ich so denk, wie die Zeit vergeht!" begann er nachdem er lange, einen nach dem anderen angeschaut hatte. „Wie die Jugend wächst und in unsere Fußstapfen tritt. Da bin ich, ein alter, kranker Mann, der schon viel am Buckel hat und sich nichtmehr lange damit herumschleppen wird. Da ist der Karl und seine Frau, das ist die zweite Generation. Dann kommt der Peter mit seiner Gretl. Ihr fangt jetzt erst an und werdet noch ein Stückerl weiter kommen. Dem Schani, gehört die Zukunft! Er wird das ernten, was die zweite und dritte Generation ausgesät hat. Der Kleine da, in seiner Wiege, der Anni ihr Herzblatt … der sieht vielleicht schon eine neue Welt!

„Eine bessere Welt!" sagte Anni und alle nickten, „eine Welt, die jeder Menschen erträumt und die er sich einmal erkämpfen wird … ohne Krieg!"

Erfüllt sich der Traum?

FSC
www.fsc.org
MIX
Papier | Fördert
gute Waldnutzung
FSC® C083411

Zeitfracht Medien GmbH
Ferdinand-Jühlke-Straße 7
99095 Erfurt, Deutschland
produktsicherheit@kolibri360.de